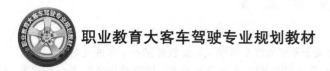

职业教育大客车驾驶专业规划教材

大客车驾驶基础

交通运输部运输服务司 组织编写

李 勤 主 编

人民交通出版社股份有限公司
China Communications Press Co.,Ltd.

内 容 提 要

本书为职业教育大客车驾驶专业规划教材之一,根据交通运输部办公厅、教育部办公厅、公安部办公厅、人力资源社会保障部办公厅联合下发的《关于开展大客车驾驶人职业教育试点工作的通知》(办公厅〔2014〕100号)编写而成。本书主要内容包括:汽车理论基础、大客车驾驶技能的形成和培养、驾驶的速度控制、转向的运用与控制、制动的运用与控制、车辆相对位置的控制、安全驾驶与绿色驾驶。

本书为大客车驾驶专业的核心教材,也可作为道路客运驾驶人素质提升的培训用书和参考用书。

图书在版编目(CIP)数据

大客车驾驶基础 / 李勤主编. —北京:人民交通出版社股份有限公司, 2017.7
职业教育大客车驾驶专业规划教材
ISBN 978-7-114-13992-5

Ⅰ. ①大… Ⅱ. ①李… Ⅲ. ①公共汽车—汽车驾驶员—职业教育—教材 Ⅳ. ①U471.3

中国版本图书馆 CIP 数据核字(2017)第 162245 号

职业教育大客车驾驶专业规划教材
书　　　名:大客车驾驶基础
著　作　者:李　勤
责任编辑:郭　跃
出版发行:人民交通出版社股份有限公司
地　　　址:(100011)北京市朝阳区安定门外外馆斜街 3 号
网　　　址:http://www.ccpress.com.cn
销售电话:(010)59757973
总　经　销:人民交通出版社股份有限公司发行部
经　　　销:各地新华书店
印　　　刷:北京建宏印刷有限公司
开　　　本:787×1092　1/16
印　　　张:12.5
字　　　数:288 千
版　　　次:2017 年 7 月　第 1 版
印　　　次:2024 年 8 月　第 2 次印刷
书　　　号:ISBN 978-7-114-13992-5
定　　　价:30.00 元

(有印刷、装订质量问题的图书,由本公司负责调换)

职业教育大客车驾驶专业规划教材 编写委员会

（按姓氏笔画排列）

王　杨　　乔士俊　　祁晓峰　　李　斌

李　勤　　吴晓斌　　张开云　　张则雷

周　铭　　徐新春　　翁志新　　郭　跃

凌　晨　　蒋志伟　　解　云　　戴良鸿

前 言
FOREWORD

为进一步贯彻落实《国务院关于加强道路交通安全工作的意见》(国发〔2012〕30号)的有关要求,"将大客车驾驶人培养纳入国家职业教育体系,努力解决高素质客运驾驶人短缺问题",经交通运输部、教育部、公安部和人力资源社会保障部共同研究,于2014年07月29日发文《关于开展大客车驾驶人职业教育试点工作的通知》(厅运字〔2014〕100号),决定在江苏、安徽、云南三省各选取一至两所具备资质的职业技术学院、高级技工学校,开展大客车驾驶人职业教育试点工作。为了认真落实通知精神,提升大客车驾驶人职业教育的办学水平,人民交通出版社受交通运输部委托,特组织试点院校编写职业教育大客车驾驶专业规划教材,以供本专业教学使用。

本套教材总结了全国交通高级技工学校、技师学院多年的专业教学经验,结合道路客运企业对大客车驾驶人的特殊要求,注重以学生就业为导向,以培养能力为本位,教材内容符合大客车驾驶专业教学改革精神,适应道路客运企业对大客车驾驶技能型紧缺人才的要求。本套教材中部分教材内容是在江苏汽车技师学院《大客车驾驶专业教学标准和课程标准》研究课题的课程体系框架下确定的。本套教材具有以下特色:

1. 按照交通行业职业技能规范和国家职业资格标准构建课程体系和教材体系。本套教材遵循大客车驾驶学制培养的具体要求,为贯彻国家职业资格标准,保证提高大客车驾驶专业学生的技术素质和服务质量奠定了良好的基础。

2. 本套教材注重实用性,体现先进性,保证科学性,突出实践性,贯穿可操作性,反映了汽车工业的新知识、新技术、新工艺和新标准,其工艺过程尽可能与当前生产情景一致。

3. 本套教材体现了汽车驾驶高级工应知应会的知识技能要求,更注重了汽车驾驶传统经验与现代大客车技术的有机结合。

4. 本套教材文字简洁,通俗易懂,以图代文,图文并茂,形象直观,形式生动,容易培养学生的学习兴趣,提高学习效果。

《大客车驾驶基础》为本套教材之一,主要内容包括:汽车理论基础、大客车驾驶技能的形成和培养、驾驶的速度控制、转向的运用与控制、制动的运用与控制、车辆相对位置的控制、安全驾驶与绿色驾驶。

本书由江苏汽车技师学院李勤担任主编并负责统稿。江苏汽车技师学院蔡亮编写第一章和第四章,江苏汽车技师学院李勤编写第二章和第五章,江苏汽车技师学院陈文清编写第三章,浙江交通技师学院王哲强编写第六章和第七章。本教材在编写的过程中还要感谢江苏汽车技师学院吴斌、解国林、胡军、张士虎和周晓鹏老师的大力支持。

限于编者水平,加之大客车驾驶专业在全国已停办数年,书中难免有不当之处,敬请广大院校师生提出意见和建议,以便再版时完善。

编写委员会
2017 年 3 月

目 录
CONTENTS

第一章　汽车理论基础 ··· 1
　第一节　汽车的动力性指标及驱动力 ··· 1
　第二节　汽车的制动性 ··· 7
　第三节　汽车的操纵稳定性 ·· 17
　第四节　汽车行驶平顺性 ·· 19
　第五节　汽车的通过性 ··· 25
　第六节　汽车的燃油经济性 ·· 31
第二章　大客车驾驶技能的形成和培养 ··· 37
　第一节　驾驶技能形成的规律 ··· 37
　第二节　心理技能训练对驾驶技能形成的影响 ·································· 45
　第三节　驾驶技能培养的规律 ··· 50
第三章　驾驶的速度控制 ·· 56
　第一节　速度的变换与控制的基本原理 ··· 56
　第二节　一般道路和城市道路速度的控制 ··· 61
　第三节　高速公路速度的控制 ··· 68
　第四节　复杂道路与特殊条件驾驶速度的控制 ·································· 72
第四章　转向的运用与控制 ··· 82
　第一节　转向盘操作控制的基本原理 ·· 82
　第二节　转向盘转弯时的运动轨迹预测与控制 ·································· 85
　第三节　提高转向控制能力的训练科目 ··· 87
　第四节　各种道路对转向的要求和控制 ··· 90
第五章　制动的运用与控制 ··· 94
　第一节　制动系统和缓速器的操作控制原理 ····································· 94
　第二节　制动的操作和运用对车辆的影响 ······································· 102
　第三节　各种道路制动的操作要求 ·· 108
第六章　车辆相对位置的控制 ··· 116
　第一节　车辆在道路上的相对位置 ·· 116
　第二节　车辆超、会、让车中对位置的控制 ···································· 120
　第三节　车辆在各种环境和道路条件下相对位置的控制 ·················· 122
　第四节　相对位置培养的训练方法 ·· 141

第七章　安全驾驶与绿色驾驶 ·· 154
　第一节　安全驾驶基本知识 ·· 154
　第二节　节约驾驶 ·· 172
　第三节　车辆的环保驾驶 ·· 182
参考文献 ·· 189

第一章 汽车理论基础

汽车作为生活和运输的主要交通工具,具有机动、灵活、快捷等特点,驾驶汽车要达到"安全、迅速、经济、舒适"等要求,必须了解汽车行驶时受到的各种外力,从而更好地指导汽车有关知识的学习、研究和驾驶实践。

第一节 汽车的动力性指标及驱动力

一、汽车的动力性指标

汽车动力性反映的是汽车在各种行驶条件下达到最高平均行驶速度的能力。因此,从获得尽可能高的平均行驶速度的观点出发,汽车动力性主要应由汽车的最高速度、加速能力和最大爬坡度这三个方面的指标来评定。

(一)汽车的最高车速 v_{amax}

汽车的最高车速是指汽车以厂定最大总质量状态下,在风速≤3m/s 的条件下,在干燥、清洁、平坦的混凝土或沥青路面上,能够达到的最高稳定行驶速度,单位为 km/h。一般轿车最高车速为 130~200km/h,客车为 90~130km/h,货车为 80~110km/h。

(二)汽车的加速能力

汽车的加速能力是指迅速提高行驶速度的能力,通常用汽车加速时间来评价。加速时间是指汽车以厂定最大总质量状态在风速≤3m/s 的条件下,在干燥、清洁、平坦的混凝土或沥青路面上,由某一低速加速到某一高速所需的时间 t,单位为 s。

汽车加速时间分原地起步加速时间与超车加速时间两种。

(1)原地起步加速时间指汽车由起步后,以最大的加速度换挡,加速到某一车速所需的时间。一般常用原地起步到行驶至 400m 距离所需的时间(s)来表明汽车原地起步加速能力;也有用原地起步到行驶速度为 100km/h 所需的时间来表明汽车原地起步加速能力。

(2)超车加速时间指用高挡或次高挡由某一车速全力加速至另一高速所需的时间。超车加速能力采用较多的是用高挡由 30~40km/h 全力加速行驶至某一高速所需的时间来表示,还有用车速/加速时间关系的加速曲线来全面反映汽车加速能力的。加速时间对平均行驶车速影响很大。

(三)汽车的最大爬坡度 I_{max}

最大爬坡度是指汽车满载时在良好路面上用第一挡克服的最大坡度,代表汽车的爬坡能力。爬坡度用坡度的角度值(以度数表示)或以坡度起止点的高度差与其水平距离比值(正切值)的百分数来表示(图1-1)。

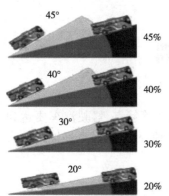

图1-1　最大爬坡度

表述这种汽车爬坡能力的计量方法就是百分比坡度,用坡的高度和水平距离的比例来表示,即百分比坡度 = $\tan\theta \times 100\%$,其中 θ 是坡面与水平面的夹角。各种车辆的爬坡能力不同,越野汽车要在坏路或无路条件(图1-1)。

下坡行驶时,汽车的爬坡能力是一个很重要的指标,要求其最大爬坡度达到60%,即30°左右或更高。此时,客车主要行驶在良好路面上,车速高,加速快,虽不要求其爬坡能力,但实际上其低挡加速能力大,所以爬坡能力也强。

此外,为了保证道路上各种车辆能畅通行驶,要求各种车辆在常见的坡道上必须保证一定的车速来表明其爬坡能力。例如,要求汽车在3%的坡道上能以60km/h的车速行驶。

二、汽车的驱动力

为了确定汽车沿行驶方向的运动状况,我们需要掌握沿汽车行驶方向作用于汽车的各种外力,即驱动力与行驶阻力。根据这些力的平衡关系,建立汽车行驶力方程式,就可估算汽车的最高车速、加速性能和最大爬坡度。

(一)汽车的驱动力

在汽车行驶中,如果驱动轮在路面上无滑转现象,驱动轮给路面一个向后的力。按作用与反作用定律,路面将给驱动轮一个反作用力 F_t,作用于驱动轮,称为汽车的驱动力。它用来克服行驶阻力,使汽车正常行驶。驱动力 F_t 由发动机产生的转矩经传动系传到驱动轮,产生驱动力矩 T_t,驱动轮在 T_t 的作用下给地面作用一圆周力 F_0,地面对驱动轮的反作用力 F_t 即为驱动力,如图1-2所示。

驱动力 F_t 的计算公式如下:

$$F_t = \frac{T_t}{r} \tag{1-1}$$

式中:T_t——作用于驱动轮上的转矩;
　　　r——车轮半径。

T_t 和发动机的输出转矩、变速器的传动比、主减速器的传动比及整个传动系统的机械效率都有关系。

(二)汽车驱动力的影响因素

1. 发动机的速度特性——外特性

节气门全开或高压油泵供油齿杆处于最大供油量位置时,发动机发出的功率(P_e)、转矩(T_{tq})与发动机转速(n)之间的关系曲线(图1-3),称为发动机的外特性。

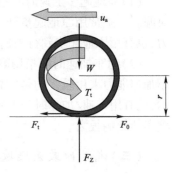

图1-2　汽车的驱动力

发动机外特性曲线是在不带风扇、空气滤清器、消声器、废气净化器、发电机、空气压缩机等条件下测出的。外特性是在各种稳定工况下测得的,在节气门全开的加速工况下,某瞬时转速的功率和转矩均小于外特性稳定转速下的值,一般要小5%~8%。这是由于加速时供气,特别是供油的滞后,混合气成分较稀,发动机热状况跟不上所引起的。由于对变工况下发动机的特性研究不够,且与稳态数值相差不大,所以在汽车动力性计算中,加速能力按稳态工况下的使用外特性来计算。

带上全部附件设备时的发动机特性曲线,称为使用外特性曲线,如图1-4所示。使用外特性与外特性相比:汽油机的最大功率约小15%;货车柴油机的最大功率约小5%;轿车与轻型货车柴油机的最大功率约小10%。

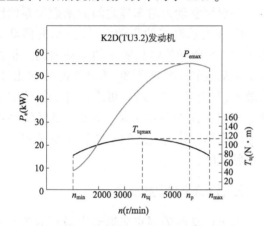

图1-3 汽油发动机外特性中的功率与转矩曲线　　图1-4 发动机外特性曲线与使用外特性曲线

2. 传动系的机械效率

发动机所输出的功率在经传动系传至驱动轮的过程中,有部分功率用于克服传动系各机构中的阻力。

传动系的功率损失,由传动系中的变速器、传动轴、万向节、主减速器等部件的功率损失所组成。其中,变速器和主减速器的功率损失较大,其他部件的功率损失较小。

传动系的功率损失分为机械损失和液力损失两类。

传动系的机械损失是指齿轮传动副、轴承、油封等处的摩擦损失。机械损失与啮合齿轮的对数、传递的转矩等因素有关。液力损失是消耗于润滑油的搅动、润滑油与旋转零件之间的表面摩擦等功率损失。

传动效率因受到多种因素的影响而有所变化,但对汽车进行初步的动力性分析时,可把传动效率看作一个常数。各部传动效率见表1-1。

各 部 传 动 效 率　　　　　　　表1-1

部件名称	$\eta_T(\%)$	部件名称	$\eta_T(\%)$
4~6挡变速器	95	单级减速主减速器	96
辅助变速器(副变速器或分动器)	95	双级减速主减速器	92
8挡以上变速器	90	传动轴的万向节	98

3. 车轮半径

车轮装有充气轮胎,在不同情况下具有不同半径。自由半径指车轮处于无载时的半径,静力半径指汽车静止时,车轮中心至轮胎与道路接触面间的距离,滚动半径指车轮几何中心到速度瞬心的距离。一般自由半径最大,静力半径次之,滚动半径最小。上述三个术语的含义和应用范围均有不同,但一般在汽车速度比较低的时候,可以近似地认为:滚动半径 = 自由半径 = 静力半径。在一般性分析、计算时,通常忽略其差别,统称为车轮半径,符号记作 r。

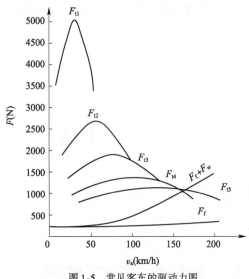

图 1-5 常见客车的驱动力图

(三) 汽车的驱动力图

一般用驱动力与车速之间的函数关系曲线 F_t—V_a 来表示汽车的驱动力,即汽车的驱动力图。图 1-5 所示为常见客车的驱动力图。根据汽车发动机的外特性曲线、传动系的传动比、传动效率、车轮半径等参数,可求出各个挡位的发动机相应转速的驱动力值。同时,根据发动机转速与汽车行驶速度之间的转换关系可求出汽车行驶速度。

三、汽车的行驶阻力

汽车运动时需要克服运动中遇到的各种阻力。汽车在水平道路上等速行驶时必须克服来自地面的滚动阻力和来自汽车周围的空气阻力。当汽车在坡道上上坡行驶时,还必须克服汽车重力沿坡道的分力,即坡度阻力。汽车加速行驶时需要克服的惯性力,称为加速阻力。汽车行驶的总阻力为:

$$\sum F = F_f + F_w + F_i + F_j \tag{1-2}$$

式中:F_f——滚动阻力;
F_w——空气阻力;
F_i——坡道阻力;
F_j——加速阻力。

在上述各种阻力中,滚动阻力和空气阻力在任何行驶条件下都是存在的。克服这两个阻力所消耗的能量是纯消耗,且不能回收利用。但坡度阻力和加速阻力并不是这样,它们可分别在下坡和滑行时重新利用。

坡度阻力在上坡行驶时存在,在水平道路上行驶时没有坡度阻力。

加速阻力在汽车加速行驶时存在,等速行驶时没有加速阻力。

(一) 滚动阻力

当车轮在路面上滚动时,由于两者间的相互作用和相应变形所引起的能量损失的总称,即为滚动阻力。

车轮滚动时,轮胎与路面的接触区域产生相互作用力,轮胎和支承路面发生相应的变形。由于轮胎和支承面的相对刚度不同,它们的变形特点也不同。当弹性轮胎在混凝土路、沥青路等硬路面上滚动时,轮胎的变形是主要的。这时,轮胎由于有内部摩擦,产生弹性迟滞损失,使轮胎变形时损耗了一部分能量。

车轮在硬路面上的滚动损失绝大部分是轮胎变形的能量损失,即表现为弹性迟滞损失的轮胎橡胶、帘布等材料内的分子摩擦损失,以及内胎与外胎、轮胎与轮辋、橡胶与帘布层等轮胎各组成物间的机械摩擦损失。车轮在软路面上的滚动阻力是土壤变形引起,但并不仅仅是机械摩擦损失。

滚动阻力系数是概括轮胎变形、道路变形以及接触面上的摩擦等损失的系数,滚动阻力系数与行驶车速以及轮胎的构造、材料、气压等有关。

轮胎的结构、材料和气压对滚动阻力系数有很大影响。在保证轮胎具有足够的强度和使用寿命的条件下,采用较少的帘布层、较薄的胎体以及采用较好的轮胎材料,均可减少轮胎滚动时的迟滞损失,减小滚动阻力。子午线轮胎的滚动阻力系数较低。在软路面上行驶的汽车,采用大直径宽轮缘的轮胎,使其与路面的接触面积增加,减小路面变形,因而可得较小的滚动阻力。

滚动阻力系数与径向载荷有一定关系,载荷增加使轮胎变形增加,加大迟滞损失,因而滚动阻力系数也增加,但影响很小。所以可以认为滚动阻力系数不随径向载荷的大小而变化。对滚动阻力系数影响最大的是路面的类型、表面状态和力学物理性质等。当路面无变形时,滚动损失仅由轮胎变形损失所决定;当路面有变形时,滚动损失大部分为路面变形损失所组成,且其数值较大。所以混凝土路面、沥青路面、碎石路面、土路、沙地、雪地、冰道等路面类型,干燥、潮湿、有无尘土和雪等表层,高低凹凸不平程度等表面状态,以及道路粒度、抗压强度、抗剪强度等力学物理性质都会影响路面有无变形、变形的大小和性质。不仅如此,在不同路面上,不同的轮胎形式、结构、材料、尺寸、气压和不同的行驶车速、受力情况,对滚动阻力系数的影响也不相同。所以,不同路面,尤其是在各种因素的综合影响下,所有的滚动阻力系数能在很大的范围内变动。即使同一种轮胎,沿各种类型路面滚动时的滚动阻力系数差别也很大。

(二)空气阻力

汽车行驶时,需要排开周围的空气,汽车前面受气流压力并且形成真空,产生压力差,此外还存在着各层空气之间以及空气与汽车表面的摩擦,再加上冷却发动机、室内通风以及汽车表面外凸零件引起的气流干扰等,就形成了空气阻力。它包括压差阻力(又称形状阻力)、诱导阻力、表面阻力(又称摩擦阻力)、内部阻力(又称内循环阻力)以及干扰阻力。空气阻力与汽车的形状、汽车的正面投影面积有关,图 1-6 所示为客车与货车空气阻力随车速的变化。

空气阻力的大小与汽车—空气的相对速度的平方成正比。当汽车高速行驶时,空气阻力的数值将显著增加。汽车指标中经常见到的风阻就是计算空气阻力时的空气阻力系数,这个系数越小越好。常见轿车、货车、客车的空气阻力系数的比较,见表 1-2。

几种车型的空气阻力系数　　　　　表1-2

车　型	空气阻力系数	车　型	空气阻力系数
轿车	0.3~0.5	客车	0.5~0.7
货车	0.7~0.9		

（三）坡道阻力

汽车上坡行驶时，汽车重力沿坡道的分力称为汽车坡道阻力，但在下坡时是助力，如图1-7所示。道路坡度用坡道角及坡度表示。坡度是坡高与相应的水平距离之比，可用百分比表示。

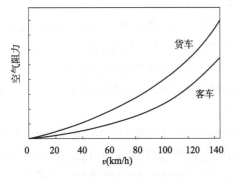

图1-6　客车与货车空气阻力随车速的变化
（设风阻系数相当）

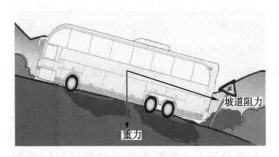

图1-7　坡道阻力示意图

由于坡度阻力与滚动阻力都是与道路有关的阻力，而且都和汽车重力成正比，所以可把这两种阻力合在一起考虑，称为道路阻力。

（四）加速阻力

汽车加速行驶时，需要克服汽车质量加速运动时的惯性力，这就是加速阻力，但减速是助力。

四、汽车行驶的驱动与附着条件

汽车行驶时，作用于汽车的外力有驱动力和行驶阻力，它们相互平衡。表示汽车驱动力（F_t）与行驶阻力之间关系的等式，称为汽车的驱动力平衡方程，即：

$$F_t = F_f + F_w + F_i + F_j \tag{1-3}$$

（一）汽车行驶的驱动条件

由汽车驱动力平衡方程可知：

$F_t = F_f + F_w + F_i$，汽车将等速行驶。

$F_t > F_f + F_w + F_i$，汽车将加速行驶。

$F_t < F_f + F_w + F_i$，汽车将无法移动或减速行驶以至停车。

可见汽车行驶的必要条件是：

$$F_t \geq F_f + F_w + F_i \tag{1-4}$$

式(1-4)称为汽车的驱动条件,但还不是汽车行驶的充分条件,它反映了汽车本身的行驶能力。可以采用增加发动机转矩,加大传动比的办法来增大汽车的驱动力,以保证汽车的驱动条件。

(二)汽车行驶的附着条件

上述增大驱动力的办法是有限的,它只有在驱动轮与路面不发生滑转时才有效。在一定的轮胎与路面条件下,当驱动力增大到一定程度时,驱动轮将出现滑转现象,增大驱动轮的转矩,只能使驱动轮加速旋转,地面切向反作用力并不增加。这表明汽车行驶还要受轮胎与路面附着条件的限制。

(三)汽车的驱动与附着条件

驱动力不能超过附着力,只能小于或等于附着力。因此,为了保证汽车正常行驶,轮胎与地面必须有良好的附着性能,即附着力足够大,地面才能在附着力的限制下对驱动轮作用足够的切向反作用。换言之,附着力并不是地面对车轮作用的一个力,而是限制驱动力大小的一个界限。在附着力的限制之内,驱动力才能真正发挥出来。

附着条件表达式:

$$F_t \geq F\varphi \tag{1-5}$$

汽车与地面之间的摩擦力大于或等于汽车的驱动力,即车轮在路面上不打滑。

(四)影响附着系数的因素

影响附着系数的主要因素是:路面的种类和状况、轮胎的结构和气压,以及其他一些使用因素。

松软土壤的抗剪强度较低,其附着系数较小。潮湿、泥泞的土路、土壤表层吸水量多,抗剪强度更差,附着系数下降很多,是汽车越野行驶困难的原因之一。

坚硬路面的附着系数较大,因为在硬路面上,轮胎的变形远较路面的变形为大,路面的坚硬微小凸起部分嵌入轮胎的接触表面,使接触强度增大。

现代胎面花纹轮胎为了提高抓地能力,胎面上有纵向曲折大沟槽,胎面边缘上有横向沟槽,使轮胎在纵向、横向均有较好的抓地能力,又提高了在潮湿路面上的排水能力。由于胎面上大量的细微花纹,且胎面在接地过程中有微小滑动,因此可进一步擦去接触面间的水膜。这样轮胎接地面积后部可以与路面直接接触,提供足够的附着力。

汽车行驶速度提高时,多数情况下附着系数是降低的。这一点对于汽车的高速制动尤为不利。

第二节 汽车的制动性

一、汽车制动性评价指标

汽车的制动性是汽车主要性能之一。制动性的好坏直接影响行车安全,也关系到汽车的动力性能否有效发挥。汽车的制动性是指汽车行驶时能在短距离内停车且维持行驶方向的稳定性和在下长坡时能维持一定车速的能力,即行车制动性和驻车制动性。改善汽车的制动性始终是汽车设计、制造和使用维修部门的重要任务。

评价汽车的制动性一般用三方面的指标:制动效能、制动效能的恒定性和制动时的方向稳定性。

(一) 制动效能

制动效能包括制动距离、制动减速度。具体来讲,制动效能是指汽车迅速减速直至停车的能力,即在良好路面上,汽车以一定的初速度制动到停车的制动距离或制动时汽车的减速度。它是制动性能最基本的评价指标。表1-3为乘用车、货车、客车等几种车型制动减速度部分要求。

乘用车、货车、客车等几种车型制动减速度部分要求　　　　表1-3

机动车类型	制动初速度 (km/h)	空载检验充分发挥的平均减速度 (m/s^2)	满载检验充分发挥的平均减速度 (m/s^2)	实验通道宽度 (m)
三轮汽车	20	≥3.8		2.5
乘用车	50	≥6.2	≥5.9	2.5
常见货车	50	≥5.6	≥5.2	2.5
常见客车	50	≥5.0	≥4.5	3.0

(二) 制动效能的恒定性

制动效能的恒定性是指抵抗制动效能的热衰退和水衰退的能力。制动效能的抗热衰退性是指汽车在高速行驶或下长坡连续制动时制动效能保持的程度。因为汽车的制动过程实际上是把汽车行驶的动能通过制动器吸收转换为热能的过程。制动器自身温度升高以后,摩擦副摩擦系数下降、摩擦力矩下降、制动力矩下降、制动减速度减小、制动距离增大的现象,称为制动器的热衰退。所以制动器温度升高后能否保持在冷状态时的制动效能,已成为设计制动器时要考虑的一个重要问题。

抗水衰退能力,是指汽车在潮湿的情况下或涉水行驶后,制动效能保持的程度。在这种情况下,由于制动器表面水膜的作用,造成摩擦系数降低、制动力减小。在实际过程中可以通过踩制动踏板来解决水衰退问题。

(三) 制动时的方向稳定性

制动时,汽车方向的稳定性是指制动时不发生跑偏(制动时汽车偏驶,但后轮沿前轮的轨迹运动)、侧滑(制动时汽车一轴或双轴发生横向滑动,前、后轮轨迹不重合)或失去转向能力(如前轮抱死拖滑,汽车将失去转向能力)的性能。若制动时发生上述现象,则汽车将偏离(驾驶人给定方向行进)。它会对交通安全产生极大的影响,严重时会造成恶性交通事故。

二、汽车制动时车轮的受力分析

汽车受到与行驶方向相反的外力时,才能从一定的速度减小到较小的车速或直至停车。

这个外力只能由地面和空气提供。但由于空气阻力相对较小,所以主要外力实际上由地面提供。地面提供的这种使汽车减速至停车的力,称为地面制动力。而地面制动力的大小,是由制动过程中制动器产生的摩擦力矩的大小来决定。当汽车质量一定时,地面制动动力越大,制动减速度越大,制动距离也越短。所以,地面制动力的大小对汽车制动性能具有决定性的影响。

(一)地面制动力

地面制动力是使汽车制动而减速或停车的外力,它的产生源于制动力矩,在制动力矩的作用下,地面反作用于车轮,使汽车减速或制动的外力。地面制动力的大小取决于两个摩擦副的摩擦力:一个是制动器内制动摩擦片与制动鼓或制动盘间的摩擦力,一个是轮胎与地面间的摩擦力——附着力。

(二)车轮制动力

车轮制动力是由制动系统的设计参数所决定,仅取决于制动器的摩擦力矩,即取决于制动器的形式、结构尺寸、车轮半径、摩擦副的摩擦系数、制动传动系统的油压或气压(即制动踏板力),在结构参数一定的情况下,一般与制动系统的油压或气压成正比。但制动器摩擦副的摩擦系数和摩擦作用的大小,在实际使用中变化很大,因此必须正确地维护和调整,以保证制动器技术状况良好。

(三)地面制动力、车轮制动力与附着力之间的关系(图1-8)

汽车制动时,根据制动强度的不同,车轮的运动可简单地考虑为减速滚动和抱死拖滑动两种状态。

1. 车轮做减速滚动

当制动踏板力较小时,制动器摩擦力矩不大,地面与轮胎之间的摩擦力即地面制动力,足以克服制动器摩擦力矩而使车轮滚动。显然,车轮滚动时的地面制动力就等于制动器制动力,且随踏板力增大成正比地增大。但地面制动力是滑动摩擦的约束反力,它的值不能超过附着力。

2. 车轮抱死滑拖

当制动器踏板力或制动系液压力上升到某一值,地面制动力达到地面附着力值时,车轮即抱死不转而出现拖滑现象。制动器制动力由于制动器摩擦力矩的增长而仍按直线关系继续上升。但若作用在车轮上的法向载荷不变,则地面制动力达到地面附着力的值后不再增大。若要增大地面制动力,此时只能通过提高附着系数来实现。

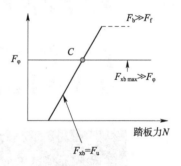

图1-8 地面制动力、车轮制动力及附着力的关系

由此可见,汽车的地面制动力首先取决于制动器制动力,但同时又受地面附着条件的限制,所以只有汽车具有足够的制动器制动力,同时地面又能提供高的附着力时,才能获得足够的地面制动力。

(四)硬路面上的附着系数

汽车的制动过程实际上并不只是包含滚动和抱死拖滑两种状态,而是一个从车轮滚动到抱死拖滑的一个渐变的连续过程。车轮在路面上的运动是一个边滚边滑的过程。车轮未制动时,车轮可以认为是纯滚动状态。当车轮抱死时,车轮在路面上的运动处于纯滑动状态,即制动过程实质是从车轮滚动到边滚边滑,再到抱死拖滑的一个渐变的连续过程。通过观察制动过程中轮胎留在地面上的印痕(图1-9),可以发现轮胎印痕基本分三个阶段。

(1)车轮印痕的形状与轮胎胎面花纹基本一致,车轮接近于纯滚动。

(2)车轮做边滚动边滑动的混合运动,此时印痕内还可以辨认出轮胎花纹,但花纹渐趋模糊,车轮运动不只是纯滚动,胎面与地面还发生一定程度的相对滑动,即车轮处于边滚边滑的状态。

(3)车轮做纯滑动,此时车轮抱死拖滑、印痕粗黑,看不出轮胎花纹。

从这三段的变化情况可以看出,随着制动强度的增加,车轮滚动成分越来越少,而滑动成分越来越多。一般用滑动率 s 来说明这个过程中滑动成分的多少。当车轮做纯滚动时,$s=0$;车轮抱死做纯滑动时,$s=100\%$;做边滚动边滑动时,$0<s<100\%$。

附着系数的数值主要取决于道路的材料、路面的状况与轮胎结构、胎面花纹、材料以及汽车运动的速度等因素。制动力系数 φ_P 与滑动率 s 之间的关系,如图1-10所示。

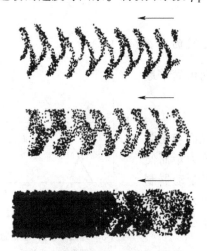

图1-9 制动时轮胎留在地面上的印痕

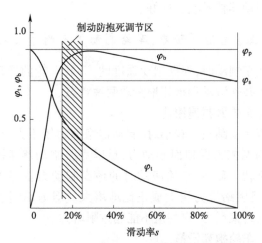

图1-10 制动力系数 φ_P 与滑动率 s 之间的关系

在装有ABS的制动系统中,每个车轮上各安置一个转速传感器,将关于各车轮转速的信号输入电子控制装置。电子控制装置根据各车轮转速传感器输入的信号对各个车轮的运动状态进行监测和判定,并形成相应的控制指令。各处液压电磁阀均不通电而处于关闭状态,电动泵也不通电运转,制动主缸至各制动轮缸的制动管路均处于沟通状态,而各制动轮缸至储液器的制动管路均处于封闭状态,各制动轮缸的制动压力将随制动主缸的输出压力而变化,此时的制动过程与常规制动系统的制动过程完全相同。

在制动过程中,电子控制装置根据车轮转速传感器输入的车轮转速信号判定车轮趋于抱死时,ABS就进入防抱死制动压力调节过程。例如,电子控制装置判定右前轮趋于抱死,电子控制装置就使控制右前轮制动压力的进液电磁阀通电,使右前进液电磁阀转入关闭状态,制动主缸输出的制动液不再进入右前制动轮缸,电子控制装置就使右前进液电磁阀和出液电磁阀都断电,使进液电磁阀转入开启状态,使出液电磁阀转入关闭状态,同时也使电动泵通电运转,向制动轮缸送制动液,由制动主缸输出的制动液和电动泵泵送的制动液都经过处于开启状态的右前进液电磁阀进入右前制动轮缸,使右前制动轮缸的制动压力迅速增大,右前轮又开始减速转动。

ABS 通过使趋于抱死车轮的制动压力循环往复地经历保持—减小—增大过程,而将趋于抱死车轮的滑动率控制在峰值附着系数滑动率的附近内,在该 ABS 中对应于每一个制动轮缸各有一对进液和出液电磁阀,可由电子控制装置分别进行控制,因此,各制动轮缸的制动压力能够被独立地调节,从而使四个车轮都不发生制动抱死现象。

滑移率为 10%～20% 时,可获得较大纵向附着系数 φ_t 和一定的侧向附着系数 φ_b,但两者并不都是最大的。

三、制动效能及其恒定性

汽车的制动效能是指汽车迅速降低车速直至停车的能力。评定制动效能的指标是制动距离 S(m)和制动减速度 j(m/s²)。

(一)制动距离与制动减速度

制动距离是检验汽车制动效能的最基本指标之一,也是最直观的指标。

从制动的全过程来看,包括驾驶人反应时间、制动系协调时间、持续制动时间和制动系释放时间 4 个阶段。一般所指制动距离是从驾驶人刚踩制动踏板起到完全停车为止汽车所驶过的距离。即制动器起作用和持续制动两个阶段中汽车驶过的距离 S_2 和 S_3。因此,制动距离:

$$S = S_2 + S_3 \tag{1-6}$$

决定汽车制动距离的主要因素是制动器起作用的时间、最大制动减速度(或最大制动器制动力)和制动的起始车速。制动距离是一个较为综合的制动性能指标,又是一个比较简单而又直观的指标,实用中最为方便。

制动初速度稍有不同,制动距离会相差很大,汽车制动距离随初速度的增长呈平方式增长。

$$S = \frac{v_0^2}{254\varphi(T_1 + T_2)} \tag{1-7}$$

式中:T_1——制动器反应时间(s);

T_2——驾驶人反应时间(s)。

制动减速度是制动时车速对时间的导数。它反映了地面制动力的大小,因此与制动器制动力(车轮滚动时)及附着力(车轮抱死拖滑时)有关。

制动减速度与制动力有直接关系,即地面制动力是使汽车强制减速直至停车的最本质因素。因此,用制动力检验汽车的制动性能是从本质上进行检验的方法,也能全面地评价汽车的制动性。

（二）制动效能的恒定性

制动效能因使用环境的不同而发生改变，制动效能的稳定性就是指抗制动效能下降的能力。

1. 热衰退

汽车高速制动时，制动器温度也会很快上升。制动器温度上升后，摩擦力矩常会有显著下降，这种现象称为制动器的热衰退。这是因为制动时，摩擦片温度很高，大大超过生产成型时的最高温度。于是，摩擦材料中的有机物发生分解，产生一些气体和液体，它们在摩擦表面间形成有润滑作用的薄膜，使摩擦系数下降，因而出现了制动效能的热衰退现象。严重时，制动蹄表面会烧糊，即使冷却下来，摩擦系数也不能恢复。它们覆在摩擦表面起润滑作用，致使摩擦系数下降。新使用的摩擦片在使用初期，产生的气体较多，摩擦系数降低也较多。用来评价制动器热衰退程度的指标是热衰退率。衡量抗热衰退性能一般以连续制动时制动效能占冷制动效能的百分数作为评价指标。

热衰退对制动效能的影响程度与制动器的结构类型有关，不同结构类型的制动器在不同摩擦系数下，其制动器效能因数的变化如图1-11所示。由图看出，双向自动增力蹄及双向增力蹄制动器，由于结构上的几何力学的关系产生增力作用，具有较大的制动效能因数。摩擦因数变化时，制动效能按非线性关系迅速改变。因此，摩擦因数的微小改变，能引起制动效能大幅度变化，即制动器的稳定性差。双减力蹄制动器情况与之相反。增、减力蹄式制动器介于二者之间。这里要特别强调，盘式制动器的制动效能没有鼓式制动器大（一般盘式制动器常加装真空助力器以增大制动效能），但其稳定性好。高强度制动时，摩擦材料的摩擦因数虽有下降，但对制动效能影响不大。同时，盘式制动器和鼓式制动器相比，反应时间

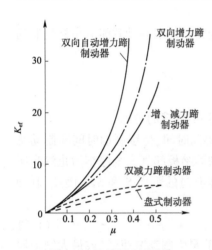

图1-11 制动效能因数曲线

短且不会因为热膨胀而增加制动间隙。因此，盘式制动器已普遍用作轿车的前制动器，用作轿车后制动器的也不少。目前，各种吨位的货车，包括重型货车（行驶于公路上做长途运输的）、牵引车，采用盘式制动器的也日益增多。总之，盘式制动器越来越广泛地用于高速轿车、重型矿用车。

制动器发生热衰退后，汽车经过一段时间的行驶和一定次数的和缓制动使用，由于散热作用，制动器的温度下降，摩擦材料表面得到磨合，制动器的制动力可重新提高，称为热恢复。试验表明，鼓式制动器的热衰退程度比盘式制动器严重，而在热恢复时，盘式制动器的散热效果好，热恢复也较快。

摩擦副的材料是影响热衰退的另一个重要因素，为提高制动器的热稳定性，除了改进石棉摩擦材料的组成成分和压制工艺外，对高性能轿车或行驶条件恶劣的载货汽车，采用热稳定好的金属摩擦材料更为适宜。此外，为避免石棉造成的公害影响，无石棉摩擦材料是制动摩擦材料的发展方向，并已得到应用。

2. 水衰退

汽车涉水后制动效能的变化是制动效能稳定性的内容之一。涉水后由于制动器被水浸湿,制动器摩擦副的摩擦系数会降低,制动效能也会降低,这种现象称为水衰退现象。若水衰退发生在汽车一侧车轮制动器上,则会造成左右车轮制动力不等,使汽车制动时的方向稳定性变差。

汽车制动时产生的热量可使摩擦片干燥,汽车涉水后,多踩几次制动踏板(一般为5~15次),有意识地提高制动器温度,使水分迅速蒸发。经过若干次制动后,制动器可逐渐恢复浸水前的性能,称为水恢复,水衰退的程度可用浸水后的制动效能与浸水前的制动效能的比值(%)反映。

图1-12标出了鼓式制动器和盘式制动器在浸水后制动效能的下降程度及经过若干次制动后制动效能恢复的情况。由图可见,鼓式制动器的水衰退影响比盘式制动器要大,效能的恢复也较慢。原因在于鼓式制动器的效能因数受摩擦系数下降的影响较大;另外,盘式制动器的制动盘在旋转时易于使盘上的水甩出,并且制动块的压力较高,也易于将摩擦片上的水分挤出。

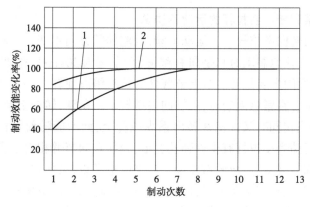

图1-12 制动器的水衰退及恢复
1-鼓式制动器;2-盘式制动器

除上述对制动效能稳定性的影响因素外,在液压制动系统中,制动液在高温下会汽化,在制动管路形成气泡,影响液压能的传递,使制动效能降低,甚至造成制动失效,这种现象称为气阻,在汽车下长坡或多次连续使用制动后易发生。

四、制动时汽车方向的稳定性

汽车制动时的方向稳定性是指在制动过程中,汽车按驾驶人给定的轨迹行驶的能力,即保持直线行驶或按预定弯道行驶的能力。在实施制动的过程中,有时会出现制动跑偏、侧滑或失去转向能力而使汽车失去控制,偏离原来的行驶方向,甚至发生冲入对面车辆行驶轨道、下沟、滑下山坡等危险情况。特别是高速制动或在滑溜路面上制动时,常引起汽车"甩尾",造成严重交通事故。西方一些国家的统计表明:发生人身伤亡的交通事故中,在潮湿路面上约有1/3与侧滑有关;在冰雪路面上有70%~80%与侧滑有关。对侧滑事故的分析表明,有50%是由制动问题引起的。

（一）制动跑偏

在汽车制动时，驾驶人本期望按直线方向减速直至停车，但有时会出现汽车自动向左或向右偏驶的现象。制动时，汽车自动偏驶的现象称为制动跑偏。汽车制动跑偏的原因主要是由于左、右轮（尤其是前轴左、右轮）制动器制动力不相等。制动跑偏的程度可用横向位移或转向角来评价，横向位移是指汽车制动后车身最大的横向移动量，转向角是指制动后汽车的纵向轴线与原行驶方向的夹角。

制动时引起汽车跑偏的原因为：

1. 汽车左、右车轮，特别是左、右转向轮制动器制动力不相等

试验证明，前轴左、右制动轮制动力之差超过 5%，后轴左、右制动轮制动力之差超过 10%，将引起制动跑偏现象。跑偏的方向总是为制动力较大的一侧。若左、右轮主销的内倾角不等，即使制动力相等，也会向主销内倾角较小的一侧跑偏。所以制动规范中对台架试验左、右轮制动力之差作了相应的规定；在路试时，要求紧急制动及点制动过程中均不得有跑偏。

2. 悬架导向杆系和转向系拉杆的运动不协调

悬架导向杆系与转向系拉杆发生运动干涉，且跑偏的方向不变。一般是设计造成的，例如过去试验的货车，在紧急制动时总是向右跑偏，在车速为 30km/h 制动时最严重的跑偏距离为 1.7m。分析其原因主要是转向节上节臂处的球头销离前轴中心太高，而前悬架钢板弹簧的扭转刚度又太小。在紧急制动时，前轴向前扭转了一角度，转向上节臂球头销本应做相应的移动，但由于球头销同时又连接在转向系纵拉杆上，而不能随前轴相应地向前移动，仅能克服转向拉杆的间隙和使拉杆有少许弹性变形，致使转向节臂相对于主销做向右的偏转，于是引起了转向轮向右转动，造成向右跑偏。后来改进了设计，使转向节上节臂处球头销位置下移，在前钢板弹簧扭转相同角度时，球头销位移量减少，转向节偏转也减少；同时增加了前钢板弹簧的刚度，基本上消除了跑偏现象。

（二）制动侧滑

制动侧滑，是指制动时汽车的某一轴车轮或全部车轮发生横向移动的现象。制动侧滑影响汽车的操纵稳定性，尤其是高速行驶的汽车制动时，如果发生后轴侧滑将会引起不规则的急剧回转运动，严重时会使汽车掉头甚至翻车。侧滑与跑偏是有联系的，严重的跑偏有时会引起后轴侧滑，易于发生侧滑的汽车也有加剧跑偏的趋势。

车轮侧滑是由于侧向力超过了侧向附着力。在汽车制动时，随车轮滑移率的增大，侧向附着系数减小，侧滑的可能性增大。当车轮被抱死拖滑（滑移率为 100%）时，侧向附着系数几乎为零，稍有侧向力就会引起侧滑。

制动时发生侧滑，特别是后轴侧滑，会使汽车行驶方向改变很大，甚至发生汽车掉头或剧烈回转的现象。由试验与理论分析得知，制动时，若后轴车轮比前轴车轮先抱死拖滑，就有可能发生后轴侧滑。若能使前、后轴车轮同时抱死或前轴车轮先抱死，后轴车轮再抱死或不抱死，则能防止后轴侧滑，但是前轴车轮抱死后将失去转向能力。

（三）转向能力的丧失

转向能力的丧失是指弯道制动时，汽车不再按原来的弯道行驶而是沿弯道切线方向驶出，直线行驶制动时，虽然转动转向盘，但汽车仍按直线方向行驶的现象。转向能力的丧失和后轴侧滑也是有联系的，一般汽车如后轴不会侧滑，前轮就可能丧失转向能力；后轴侧滑，前轮常仍保持转向能力。

前轮丧失转向能力，是由于在汽车制动时，车轮滑移率增大，侧向附着系数减小，因此汽车的转向能力下降。只有前轮抱死或前轮先抱死时，即转向轮抱死拖滑（滑移率为100%）时，侧向附着系数几乎为零，不能产生任何地面侧向反作用力，汽车将完全丧失转向能力。

因此，从保证汽车方向稳定性的角度出发，首先不能出现只有后轴车轮抱死或后轴车轮比前轴车轮先抱死的情况，以防止发生危险的后轴侧滑。其次，尽量减少只有前轴车轮抱死，或前后轮都抱死的情况，以维持汽车的转向能力。最理想的情况就是避免任何车轮抱死，以确保制动时的方向稳定性。目前，汽车上普遍采用的防抱死制动系统（ABS）就基本上解决了制动时的车轮抱死问题，从而提高了各种情况下汽车的可操纵性。

五、影响汽车制动性的主要因素

汽车的制动性与汽车的结构及其使用条件有关。如汽车轴间负荷的分配，载质量、制动系的结构、利用发动机制动，行驶速度、道路情况、驾驶方法等，均对制动过程有一定的影响。一些影响因素在前面的叙述中已有涉及，在此仅做一小结。下面就未涉及的影响因素，进行较深入的分析。

（一）轴间负荷分配的影响

汽车制动时，前轴负荷增加，后轴负荷减小。如果前、后轮制动器制动力根据轴间负荷的变化分配，符合理想分配的条件，则前、后轮同时抱死。如果前、后轮制动器制动力的比例为定值，则只有在具有同步附着系数的路面上，前、后轮才能同时抱死。当 $\varphi < \varphi_0$ 时，前轮先抱死；$\varphi > \varphi_0$ 时，后轮先抱死。空载时总是后轮先抱死。

（二）制动力的调节和车轮防抱死

为了充分发挥轮胎与地面间的潜在附着能力，满足汽车制动性的要求，现在已经开始使用多种自动防抱死装置。有了防抱死装置，在紧急制动时，能防止车轮完全抱死，而使车轮处于滑动率为10%～20%的状态，充分利用了峰值附着系数。从而使汽车享有最大的纵向附着系数和侧向附着系数。在制动时，有较强的抗后轴侧滑能力，充分发挥制动效能，提高制动减速度和缩短制动距离。保证汽车有良好的行驶方向稳定性和良好的转向操纵性。

（三）汽车载质量的影响

装载量较大的汽车，制动距离会因载质量的不同有所差异。因为在前、后轮制动器设计时，不能保证其在任何道路条件下都使其制动力同时达到附着极限。在实际工作中，载质量3t以上的汽车，其载质量每增加1t，制动距离平均要增加1.0m。即使是同一辆汽车，在装载质量和方式不同时,由于重心位置变动,也会影响汽车的制动距离。

(四)车轮制动器的影响

制动器的结构形式不同,效率也不同。制动器效能因数大,则在制动鼓半径和制动器张力相同的情况下,制动器产生的制动力矩也大。但当制动器摩擦副的摩擦系数下降时,其制动力矩将显著下降,制动性能的稳定性也变差。

车轮制动器的摩擦副、制动鼓的构造和材料,对于制动器的摩擦力矩和制动效能的热衰退都有很大影响。因此,在设计制造中应选用好的结构形式及材料,在使用维修时也应注意摩擦片的选用。

制动器的技术状况不仅和设计制造有关,而且和汽车使用的技术状况有关。在维修中,制动摩擦片与制动鼓的接触面积不足或接触不均匀、接触部位不合适、制动摩擦片的表面不清洁,都会降低摩擦力矩,制动力矩也会随之降低。左、右车轮制动器的技术状况不均衡,将引起汽车制动时跑偏。

在使用中,汽车涉水之后水渗入制动器或制动器的间隙过大,其摩擦系数也会急剧下降,延长制动反应时间,汽车的制动距离也将增加。

(五)制动初速度的影响

制动初速度高,通过制动消耗的运动能量就大,所以制动距离长。图 1-13 所示是汽车以不同的初速度在干燥的沥青路面道路上的制动距离与车速的关系曲线。该曲线是在制动踏板力相同而且车轮都不发生滑移的情况下获得的。从图中可以看出,制动初速度高时制动距离长,其数值见表 1-4。

制动初速度与制动距离的关系　　　　　　　　表 1-4

制动初速度(km/h)	70	60	50	40
制动距离(m)	56	40	24	12

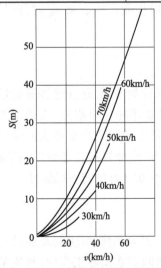

图 1-13 制动初速度对制动性的影响

制动初速度愈高,通过制动器转化产生的热量也愈多,制动器的温度也愈高。制动蹄摩擦片的摩擦性能会随温度的升高而降低,导致制动力衰减,制动距离增长。

(六)利用发动机制动

把发动机当作辅助制动器,是利用发动机的内摩擦力矩和泵气损耗作为制动时的阻力矩,发动机的散热能力也比制动器强得多。一台发动机,在单位时间内有相当于其功率1/3的热量散发到冷却介质中去。因此,在行车中驾驶人常用发动机做减速制动和下坡制动,一般用上坡的挡位来下坡。但必须注意的是,在紧急制动时,应脱开发动机与传动机构的连接,因为这时发动机不仅无助于制动,反而需要消耗一部分制动力去克服发动机旋转质量的惯性力。

发动机的制动能使汽车制动性在较长的时间内发挥制动

作用,减轻车轮制动器的负担,而且由于传动系中差速器的作用,可将制动力矩平均地分配在左、右车轮上,以减少侧滑甩尾的可能性。在滑溜的路面上,这种作用就显得更为重要。此外,由于发动机的制动作用,在行车中可显著地减少车轮制动器的使用次数,对改善驾驶条件颇为有利。同时,又能经常保持车轮制动器处于低温而发挥最大制动效果,以备紧急制动时使用。

(七) 道路条件的影响

道路的附着系数对汽车的制动性有很大的影响,因为它限制了汽车的最大制动力。图1-14是汽车在各种不同的附着系数的道路上制动时,制动距离与制动初速度之间的关系曲线。由图可见,当制动的初速度相同时,随着道路附着系数值的减小,制动距离随之增加。

有资料表明,在冰雪路面上,利用发动机制动的辅助作用可使制动距离缩短20%~30%。因为冰雪路面上的附着系数特别小,所以制动时制动距离将增大,方向稳定性也会变坏,制动抱死时,侧滑的危险程度将更大。因此在冰雪道路上行驶时,应加装防滑链,要尽量利用发动机制动,要特别注意冰雪坡道上的制动距离。

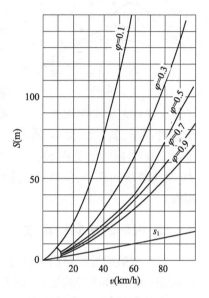

图1-14 附着系数 φ 对汽车制动性的影响

(八) 驾驶技术的影响

驾驶技术对汽车制动性有很大影响。制动时,如能保持车轮接近抱死而未抱死的状态,便可获得最佳的制动效果。在驾驶未安装ABS的传统汽车时,有经验驾驶人在制动时都采用"点刹",即迅速交替地踩下和放松制动踏板,这样可提高制动效果,使车轮时滚时滑,轮胎着地部分不断变换,可避免轮胎由于局部剧烈摩擦发热,胎面温度上升而降低制动效果。在紧急制动时,驾驶人如能迅速踩下制动踏板,则制动系的协调时间将缩短,从而缩短制动距离。在滑溜路面上,驾驶人应避免急松加速踏板和猛烈踩制动踏板,以免车速急剧变化,导致汽车侧滑。

第三节　汽车的操纵稳定性

汽车的操纵稳定性是指在驾驶人不感到过分紧张和疲劳的条件下,汽车能遵循驾驶人通过转向系及转向车轮给定的方向行驶,且当遭遇外界干扰时,汽车能抵抗干扰而保持稳定行驶的能力。

根据道路及交通情况,汽车有时直线行驶,有时沿曲线行驶。在出现意外情况时,驾驶人还要作出紧急的转向操作,以避免事故。此外,汽车在行驶中还不断受到地面不平和大风等外界因素的干扰。为此,汽车应具备良好的操纵稳定性能。

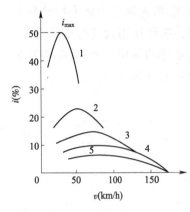

图 1-15 汽车的爬坡度

一、汽车的纵向稳定性

汽车在上、下坡或者运动状态发生改变时,抵抗纵向倾覆的能力称为汽车的纵向稳定性。

汽车的纵向翻倒一般最容易发生在上坡的时候(如图 1-15 所示,最大爬坡度在 1 挡时的 i_{max})。此时由于上坡车速较低,与坡道阻力相比较,空气阻力、加速阻力、滚动阻力的数值均较小,可忽略不计。

一般来讲,汽车质心至驱动轴的距离越大,重心高度越低,则对汽车的纵向稳定性越有利。由于现代汽车的质心位置较低,一般能满足汽车纵向稳定性的要求。但是对于越野汽车,其轴距较小,质心一般较高,纵向稳定性相对要弱一些,因此越野汽车因特殊情况需要爬越陡坡的时候,尤其要重视它的纵向稳定性。同时应指出的是,在实际行车中,货物装载的高度、位置及车速的变化,都会造成汽车重心的改变,从而影响汽车的纵向稳定性。

二、汽车的横向稳定性

汽车在横向坡度路面或转弯行驶时,或者在行驶中受到其他侧向力作用的情况下,汽车抵抗侧向倾覆和侧滑的能力,称为汽车的横向稳定性。

汽车在行驶时,常受到侧向力的作用。侧向力有重力的侧向分力、离心力、侧向的风力以及不平道路的侧向冲击等多种。汽车在侧向力的作用下,当车轮的侧向反作用力达到车轮的附着力时,汽车将沿侧向力的作用方向发生滑移。侧向力同时将会引起左、右车轮的地面法向反作用力的改变,当侧向力足够大,一侧车轮上的地面法向反作用力变为零时,汽车就有可能发生侧向翻倒。

汽车在高速转弯时,由于受到离心力的作用,汽车最容易发生侧向的翻倒。在道路设计中,转弯处都有外高内低的横向坡度。图 1-16 为汽车在横向坡道路面上做等速行驶时的受力图。

由图中分析可知,汽车无论在横向坡道还是水平弯道路面行驶时的横向稳定性条件都是相同的。所以,在结构上可通过合理增大轮距 B,降低重心高度 h_g 等方法,提高汽车的横向稳定性。汽车横向稳定性条件中的比值 $B/2h_g$,称为汽车的横向稳定性系数。横向稳定性系数越大,则说明汽车在横向的稳定性越好,其抵抗侧向翻倒和侧向滑移的能力越强。几种汽车的横向稳定性系数值见表 1-5。

汽车侧翻只会发生在附着系数大于横向稳定性系数的道路上。一般汽车即使在 φ 值较大的干燥沥青或水泥路面上行驶(φ 值为 0.7~0.8),大多也能够满足汽车横向稳定性条件。但是在实际使用的过程中,当汽车的重心被提高后,例如用底盘较高的汽车装运大量的轻泡物,或自卸车卸货时,或汽车在运行时受到的侧向力过大,例如转动转向盘过急,使装载的物品偏置车厢一侧时,就会出现不能满足汽车横向稳定性条件的情况,汽车就有可能发生横向翻倒。因此,在汽车设计和使用当中,应该尽可能地降低汽车的重心高度。

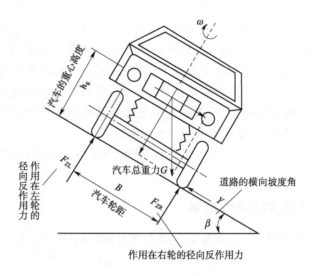

图 1-16 汽车在横向坡道行驶时的受力

几种汽车的横向稳定性系数　　　　　　表 1-5

车辆类型	重心高度(cm)	轮距(cm)	横向稳定性系数
跑车	46~51	127~154	1.2~1.7
微型轿车	51~58	127~154	1.1~1.5
豪华轿车	51~61	154~165	1.2~1.6
轻型客车	76~89	165~178	0.9~1.1
客车	76~102	165~178	0.8~1.1
中型货车	114~140	165~190	0.6~0.8
重型货车	154~216	178~183	0.4~0.6

从表 1-5 所列的汽车横向稳定性系数可得知：中、重型载货汽车由于其横向稳定性系数偏小，有可能在汽车尚未达到侧滑时先行发生侧向翻倒，所以在驾驶中、重型载货汽车的时候，对汽车的横向稳定性要有足够的重视。

第四节　汽车行驶平顺性

汽车的平顺性就是保持汽车在行驶过程中，乘员所处的振动环境具有一定的舒服度的性能。对于载货汽车还包括保持货物完好的性能。由于行驶平顺性主要是根据乘员的舒适程度来评价，因此又称为乘坐舒适性。它是现代高速度、高效率汽车的一个重要性能。

汽车作为一个复杂的多质量振动系统，其车身通过悬架的弹性元件与车桥连接，而车桥又通过弹性轮胎与道路接触，其他如发动机、驾驶室等也是以橡胶垫固定于车架上。在激振力作用(如道路不平而引起的冲击和加速、减速时的惯性力等)以及发动机振动与传动轴等振动时，系统将发生复杂的振动。这种振动对乘员的生理反应和所运货物的完整性，均会产

生不利的影响;乘员也会因为必须调整身体姿势,加剧产生疲劳的趋势。

车身振动频率较低,共振区通常在低频范围内。为了保证汽车具有良好的平顺性,应使引起车身共振的行驶速度尽可能地远离汽车行驶的常用速度。在坏路上,汽车的允许行驶速度受动力性的影响不大,主要取决于行驶平顺性,而被迫降低汽车行车速度。其次,振动产生的动载荷,会加速零件磨损乃至引起损坏。此外,振动还会消耗能量,使燃料经济性变坏。因此,减少汽车本身的振动,不仅关系到乘坐的舒适和所运货物的完整,而且关系到汽车的运输生产率、燃料经济性、使用寿命和工作可靠性等。

本节主要介绍汽车行驶平顺性的评价指标、评价方法以及影响汽车行驶平顺性的结构因素。

一、汽车行驶平顺性的评价指标

汽车行驶平顺性的评价方法,通常是根据人体对振动的生理反应及对保持货物完整性的影响来制订的,并用振动的物理量,如频率、振幅、加速度、加速度变化率等作为行驶平顺性的评价指标。

目前,常用汽车车身振动的固有频率和振动加速度评价汽车的行驶平顺性。试验表明,为了保持汽车具有良好的行驶平顺性,车身振动的固有频率应为人体所习惯的步行时身体上、下运动的频率,为 $60\sim85$ 次/min($1\sim1.6$Hz),振动加速度极限值为 $0.2\sim0.3g$。为了保证所运输货物的完整性,车身振动加速度也不宜过大。如果车身加速度达到 $1g$,未经固定的货物就有可能离开车厢底板。所以,车身振动加速度的极限值应低于 $0.6\sim0.7g$。

在综合大量资料基础上,国际标准化组织 ISO 提出了《人体承受全身振动的评价指南》(ISO 2631)。该标准用加速度均方根值给出了在中心频率 $1\sim80$Hz 振动频率范围内人体对振动反应的三种不同的感觉界限:疲劳—工效降低界限、暴露极限和舒适—降低界限。我国参照 ISO 2631 制定了国家标准《汽车平顺性随机输入行驶试验方法》和《客车平顺性评价指标及极限》。

(一)疲劳—工效降低界限

它是一组不同承受时间下的频率与加速度均方根值的界限曲线,如图1-17所示。当驾驶人承受的振动强度在此界限之内时,能准确灵活地作出反应,正常地进行驾驶。当超过这个界限值,就会感到疲劳,降低工作效率。

由此界限曲线可见,人对振动最敏感的频率,在垂直方向是 $4\sim8$Hz,在水平方向(纵向、横向)是 2Hz 以下,即在上述频率范围内,人体能承受的加速度均方根值最低。

(二)暴露极限(健康及安全极限)

该界限大约是人痛感阈限的一半。越过此界限就意味着不安全和有害健康。该界限曲线同"疲劳—工效降低界限"曲线完全相同,只是把相应的振动强度增大一倍(增加 6dB)。

(三)舒适—降低界限

在这个界限之内,人体在承受的振动环境中感觉良好,能顺利完成吃、读、写等动作。该界限也具有与"疲劳—工效降低界限"相同的曲线形式，只是把加速度均方根值降到"疲劳—工效降低界限"的3.15倍（降低10dB）。

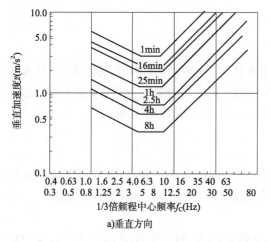
a）垂直方向

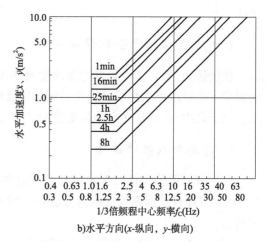
b）水平方向（x-纵向，y-横向）

图1-17 疲劳—工效降低界限

由图1-17可以看出，"疲劳—工效降低界限"振动加速度允许值的大小与振动频率、振动作用方向和暴露时间三个因素有关。

1. 振动频率

人体包括心脏、胃部在内的"胸—腹"系统在垂直振动4~8Hz，水平振动1~2Hz范围内会出现明显的共振。在图1-17中对于每一给定的暴露时间都相应有一条"疲劳—工效降低界限"曲线，它表示不同频率下，同一暴露时间达到"疲劳"（即人体对振动强度的感觉相同）时，传至人体的振动允许值的变化，因此也称为等感觉曲线。由曲线可以看出，人体对振动敏感的频率范围内的加速度允许值最小。

2. 振动作用方向

比较图1-17可以看出，在同一暴露时间下，水平方向在2.8Hz处的允许加速度值与垂直方向最敏感频率范围4~8Hz处的相同，2.8Hz以下水平方向允许加速度值低于垂直方向4~8Hz处的允许值，水平方向最敏感频率范围1~2Hz比垂直方向4~8Hz处的允许值低1.4倍。对于汽车的振动环境，2.8Hz以下的振动占的比例相当大，故对由俯仰振动引起的水平振动应予以充分的重视。

3. 暴露时间

人体达到"疲劳"、"不舒适"等界限，都是人体所感觉到的振动强度大小和暴露时间长短二者综合的结果。在一定的频率下，随暴露时间的增加，"疲劳—工效降低界限"曲线向下平移，即加速度允许值减小。

参照ISO 2631的规定，根据我国的具体情况，我国制定了《汽车平顺性试验方法》，并以车速特性来描述汽车的平顺性。所谓车速特性是指评价指标随车速变化的关系曲线。轿车、客车用"舒适—降低界限"车速特性，货车用"疲劳—工效降低界限"车速特性。

二、汽车行驶平顺性的评价方法

为了用"疲劳—工效降低界限"评价汽车平顺性，首先要对经过汽车座椅传至人体的振动进行频谱分析,得到1/3倍频带的加速度均方值谱。

ISO 2631推荐的两种评价方法是1/3倍频带分别评价法和总加速度加权均方值评价法。

(一)1/3倍频带分别评价法

此法认为,当有多个频带的振动能量作用于人体时,各频带的作用无明显联系,对人体的影响主要是由单个影响最突出的频带所造成。因此,要改善行驶平顺性,应主要避免振动能量过于集中,尤其是在人体最敏感的频率范围内,不应该有突出的尖峰。

(二)总加权值评价法

总加权值评价法是 ISO 2631/1 中推荐的优先选用评价方法。它是用 20 个 1~80Hz 的 1/3 倍频带加权加速度均方根值分量 $\sigma_{P_{wi}}$ 的平方和根值——总加权加速度均方根值 σ_{P_w} 来评价的。

因 ISO 2631 中给出的界限值是针对 1/3 倍频带分别评价法的,用总加速度加权均方根值 σ_{P_w} 进行评价时,允许界限值也要相应调整,即比 ISO 2631 给出的允许值增大到 2 倍,否则会偏于保守。

三、影响汽车行驶平顺性的结构因素

为了便于分析,需要对由多质量组成的汽车振动系统进行简化。图 1-18 为经过简化的振动系统模型。在研究振动时,常将汽车由当量系统代替,即把汽车视为由彼此相联系的悬架质量与非悬架质量所组成。

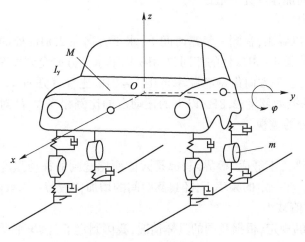

图 1-18　四轮汽车简化模型

汽车的悬架质量 M 由车身、车架及其上的总成所构成。该质量通过质心的横轴 Y 的转动惯量为 I_y,悬架质量由减振器和悬架弹簧与车轴、车轮相连。车轮、车轴构成的非悬架质量为 m,车轮再经过具有一定弹性和阻尼的轮胎支承路面上。

悬架结构、轮胎、悬架质量和非悬架质量是影响汽车平顺性的重要因素。

（一）悬架结构

悬架结构主要指弹性元件、导向装置与减振装置，其中弹性元件与悬架系统中阻尼影响较大。

1. 弹性元件

减少悬架刚度 C，可降低车身的固有频率 f_0。当汽车的其他结构参数不变时，要使悬架系统有低的固有频率，悬架就必须具备很大的静挠度。静挠度是指汽车满载时，刚度不变的悬架在静载荷下的变形量。对于变刚度悬架，静挠度是由汽车满载时，悬架上的静载荷与相应的瞬时刚度来确定。

减小悬架刚度，即增大静挠度，可提高汽车行驶平顺性。但刚度降低会增加非悬架质量的高频振动位移。而大幅度的车轮振动有时会使车轮离开地面，前轮定位角也将发生显著变化，在紧急制动时会产生严重的汽车"点头"现象。转弯时因悬架侧倾刚度的降低，会使车身产生较大的侧倾角。

为了防止路面对车轮的冲击而使悬架与车架相撞，要相应地增加动挠度，即要有较大的缓冲间隙，对纵置钢板弹簧，就要增加弹簧长度等，从而使悬架布置发生困难。

为了使悬架既有大的静挠度又不影响其他性能指标，可采取一些相应措施，如采用悬架刚度可变的非线性悬架。

采用变刚度特性曲线的悬架，对于载荷变化较大的货车而言，会明显地改善行驶平顺性。例如，某货车在满载时，后悬架的载荷为空车的 4 倍多，假定悬架刚度不变，若满载时的静挠度等于 100mm 时，则空车时的静挠度将不到 25mm。不难算出，满载时的振动频率为 1.6Hz，而空车时的频率则为 3.2Hz。显然，空车时的振动频率过高，平顺性很差。如果采用变刚度悬架，使空车时的刚度比满载时的低，就会降低空车的振动频率而改善汽车行驶的平顺性。

2. 阻尼系统的阻尼

为了衰减车身自由振动和抑制车身、车轮的共振，以减小车身的垂直振动加速度和车轮的振幅（减小车轮对地面压力的变化，防止车轮跳离地面），悬架系统中应具有适当的阻尼。

在悬架系统中，引起振动衰减的阻尼来源很多。例如，在有相对运动的摩擦副中，轮胎变形时橡胶分子间产生摩擦，或在系统中设减振器等。对于各种悬架结构，以钢板弹簧悬架系统的干摩擦最大，钢板弹簧叶片数目越多，摩擦越大。所以，有的汽车采用钢板弹簧悬架时，可以不装减振器，但阻尼力的数值很不稳定，钢板生锈后阻力过大，不易控制。而采用其他内摩擦很小的弹性元件（如单片钢板弹簧、螺旋弹簧、扭杆弹簧等）的悬架，必须使用减振器，以吸收振动能量，使振动迅速得到衰减。

减振器能提高汽车行驶平顺性，还能增加悬架的角刚度，改善车轮与道路的接触条件，防止车轮离开路面，因而可改善汽车的稳定性，提高汽车的行驶安全性。改进减振器的性能，对提高汽车在不平道路上的行驶速度有很大的作用。

悬架系统的干摩擦可使悬架的弹性元件部分或人为地被锁住，使汽车只在轮胎上发生振动，因而增加振动频率，且使路面冲击容易传给车身。因此，为了减小钢板弹簧叶片间的摩擦，应减少片数；妥善地计算各片在自由状态时的曲率半径，将各片端部切成梯形或半圆形,以保证各片间接触压力分布均匀;在各片间加润滑脂或减磨衬垫等。

(二)轮胎

轮胎对行驶平顺性的影响取决于轮胎的径向刚度、轮胎的展平能力以及轮胎内摩擦所引起的阻尼作用。减小轮胎径向刚度,可使悬架换算刚度减小10%～15%。当汽车行驶于不平道路时,由于轮胎的弹性作用,轮胎位移曲线较道路断面轮廓要圆滑平整,其长度较道路坎坷不平处的实际长度大,而曲线的高度则较道路不平的实际高度小,即所谓的轮胎展平能力。它可使汽车在高频的共振振动减小。由于轮胎内摩擦所引起的阻尼作用,轿车轮胎的相对阻尼系数ψ可达0.05～0.106。

为了提高汽车行驶平顺性,轮胎径向刚度应尽可能减小。在采用足够软的悬架的情况下,在相当大的行驶速度范围内,低频共振的可能性完全可以消除。但轮胎刚度过低,会增加车轮的侧向偏离,影响稳定性,同时,还使滚动阻力增加,轮胎寿命降低。

(三)悬架质量

悬架质量是指由弹簧支承的车身等的质量。一般来说,汽车的悬架质量越大,汽车的平顺性越好,这是由于车身振动和加速度降低的缘故。

减小公共汽车和载货汽车的悬架质量。由于车身振动的低频和加速度增加,会大大降低行驶平顺性。在此情况下,为了保持良好的行驶平顺性,应采用等挠度悬架,使悬架刚度随悬架质量的减小而减小。

座位的布置对行驶平顺性也有很大影响。实际感受和试验表明:座位接近车身的中部,其振动最小。座位位置常由它与汽车质心间的距离来确定,用座位到汽车质心距离与汽车质心到前(后)轴的距离之比评价座位的舒适性。该比值越小,车身振动对乘客的影响越小。

对于载货汽车和公共汽车,座位在高度上的布置也是重要的。为了减小水平纵向振动的振幅,座位在高度方面与汽车质量中心间的距离不应过大。

弹簧座椅刚度的选择要适当,防止座位的振动频率与车身的振动频率重合而发生共振。对于具有较硬悬架的汽车,可采用较软的座垫。对于具有较软悬架的汽车,可采用较硬的座垫。

(四)非悬架质量

非悬架质量即不由悬架支承的质量,主要包括车轮和车轴。

减小非悬架质量可降低车身的振动频率,增高车轮的振动频率。这样就使低频共振与高频共振区域的振动减小,而将高频共振移向更高的行驶速度,对行驶平顺性有利。

减小非悬架质量还会使得高频振动的相对阻尼系数增加,因而使减振器所吸收的能量减少,工作条件可以获得改善。非悬架质量可因悬架导向装置形式而改变,采用独立悬架,可使非悬架质量减小。

常用非悬架质量与悬架质量之比m/M评价非悬架质量对行驶平顺性的影响。比值越小,行驶平顺性越好。对于现代轿车,$m/M=10.5\%～14.5\%$,可以保证良好的行驶平顺性。

总之,影响行驶平顺性的结构参数很多,且其关系错综复杂,必须对这些参数进行综合分析,以便正确选择参数,提高汽车行驶的平顺性。

第五节　汽车的通过性

汽车的通过性(越野性)是指汽车在一定装载质量下能以足够高的平均车速通过各种坏路及无路地带和各种障碍的能力。坏路及无路地带,是指松软土壤、沙漠、雪地、沼泽等松软地面及坎坷不平地段。各种障碍,是指陡坡、侧坡、台阶、壕沟、灌木丛、水障等。

通过性是汽车的重要的使用性能之一,可分为轮廓通过性和牵引支承通过性。前者是表征车辆通过坎坷不平路段和障碍(如陡坡、侧坡、台阶、壕沟等)的能力;后者是指车辆能顺利通过松软土壤、沙漠、雪地、冰面、沼泽等地面的能力。

本节主要介绍汽车的轮廓通过性、支承与牵引通过性及影响汽车通过性的主要因素。

一、轮廓通过性

在越野行驶时,由于汽车与不规则地面的间隙不足,可能出现汽车被托住而无法通过的现象,称为间隙失效。间隙失效主要有"顶起失效""触头失效"或"托尾失效"两种形式。顶起失效是车辆中间底部的零件碰到地面,而被顶住的间隙失效。触头失效(或托尾失效)是汽车前端(或车尾)触及地面的间隙失效。

汽车通过性的几何参数是与防止间隙失效有关的汽车本身的几何参数。汽车通过性的几何参数在一定程度上表示了汽车可以通过高低不平地带和障碍物的能力。这些参数主要有最小离地间隙 h、纵向通过半径 ρ_1、横向通过半径 ρ_2、接近角 γ_1 和离去角 γ_2。另外,汽车的最小转弯直径和内轮差、转弯通道圆及车轮半径也是汽车通过性的重要轮廓参数(图1-19)。

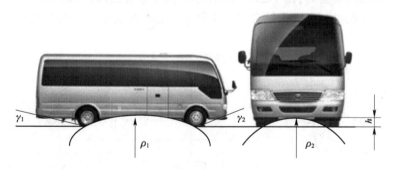

图1-19　汽车通过性的结构参数

(一)最小离地间隙 h

最小离地间隙是指汽车满载、静止时,除车轮外的最低点与路面之间的距离。它表征了汽车无碰撞地通过地面凸起的能力。汽车的前桥、飞轮壳、变速器壳、消声器、后桥的主减速器外壳等通常具有较小的离地间隙。

(二)纵向通过半径 ρ_1 和横向通过半径 ρ_2

纵向通过半径是在汽车侧视图上作出的与前、后车轮及在两轮中间轮廓相切圆的半径。

它表示汽车能够无碰撞地通过小丘、拱形障碍物的轮廓尺寸。ρ_1愈小,汽车的通过性愈好。

横向通过半径是指在汽车的正视图上所作的与右、左轮及与两轮中间轮廓相切圆的半径。它表示汽车通过小丘及凸起路面的能力。

(三)接近角γ_1和离去角γ_2

接近角γ_1和离去角γ_2,是指汽车满载、静止时,自车身前、后端突出点向前、后车轮引切线时,切线与路面之间的夹角。它表征了汽车接近或离开障碍物(如小丘、沟洼地等)时,不发生碰撞的能力。接近角和离地角越大,则汽车的通过性越好。

(四)最小转弯半径R_H和内轮差 d

车辆在转向过程中,转向盘向左或向右转到极限位置时,车辆外转向轮印迹中心至转向中心的距离,称为车辆的最小转弯半径R_H。它表征车辆在最小面积内的回转能力和通过狭窄弯曲地带或绕过障碍物的能力。内轮差是指前内轮轨迹与后内轮轨迹中心在车辆支承平面上的轨迹圆之差(图1-20)。

《机动车运行安全技术条件》(GB 18565—2016)规定:机动车辆的最小转弯直径,以前轮轨迹中心为基线,测量其值不得大于25m。当转弯直径为25m时,前转向轴和末轴的内轮差(以两内轮轨迹中心计)不得大于3.6m。

(五)转弯通道圆

转向盘转至极限位置时,图1-21中两圆为车辆转弯通道圆:车辆所有点在车辆支承平面上的投影均位于圆外的最大内圆和包含车辆所有点在车辆支承平面上的投影均位于圆内的最小外圆。

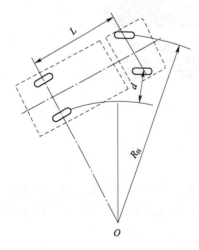
图1-20 最小转弯半径、内轮差示意图

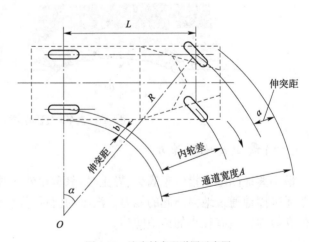
图1-21 汽车转弯通道圆示意图

车辆有左和右转弯通道圆。转弯通道圆的最大内圆直径越大,最小外圆直径越小,车辆所需的通道宽度越窄,通过性越好。

(六)车轮半径

汽车在不平路面上行驶时,克服垂直障碍物(台阶、壕沟)的能力与车轮半径有关。试验表明:对于后轮驱动的四轮汽车,能越过的台阶最大高度一般约为 $2/3\,r$(图1-22a);对于双轴驱动的汽车,能越过的台阶最大高度约等于汽车车轮的半径 r(图1-22b)。如果壕沟的边沿足够结实,对于双轴汽车在单轴驱动时,低速条件下能越过的壕沟宽度一般约等于车轮半径 r;对于双轴汽车在双轴驱动时,低速条件下能越过的壕沟宽度一般约等于车轮半径的 1.2 倍(图1-22c)。

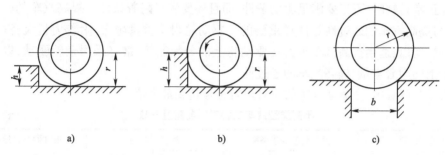

a)   b)   c)

图 1-22 车轮半径与汽车越过障碍物壕沟能力的关系

各类汽车通过性几何参数的数值范围,见表1-6。

汽车通过性的几何参数 表1-6

汽车类型		最小离地间隙 C (mm)	γ_1 (°)	γ_2 (°)	最小转弯直径 d_H (m)
轿车	轻型、微型 中型、高级	120~200 210~370	20~50	15~40	14~26 20~30
货车	轻型、中型 重型	250~300 260~350	25~60	25~45	16~28 22~42
越野车		210~370	45~50	35~40	20~30
客车	小型、中型 大型	210~370 220~370	10~40	6~20	28~44

二、支承与牵引通过性

影响汽车通过性的支承与牵引参数主要有最大动力因数、驱动轮附着重量和单位压力。

(一)最大动力因数

最大动力因数表明了汽车最大爬坡能力和克服道路阻力的能力。当汽车在坏路或无路地带行驶时,行驶阻力很大,为了保证汽车的通过性,除了采取减小行驶阻力、降低额定载荷等措施外,还必须提高汽车的动力因数。

在越野汽车的传动系中,大多通过增设副变速器或低挡分动器,以增大传动系的传动

比,保证驱动轮具有足够大的动力因数。

(二)单位压力

车轮对地面的单位压力是作用在车轮上的垂直负荷与轮胎接地面积之比。汽车在松软的路面上行驶时,可适当减小轮胎气压,使车轮对地面的单位压力降低,减小轮辙深度,降低行驶阻力。同时,因增大了轮胎与地面的接触面积,使得附着系数提高。

(三)驱动轮附着重量

汽车正常行驶时,不仅要满足驱动条件,而且还要满足附着条件。提高汽车的驱动力和附着力,与提高汽车的通过性是同样重要的。驱动轮附着重量越大,附着力越大,汽车的通过性越好。所以,适当提高汽车重力在驱动轮上的分配比例,最好采用全轮驱动,以充分利用各车轮上的附着重量,提高汽车的通过性。

从表1-7可看出,全驱动汽车的相对附着重量达到最大值。

不同类型汽车的相对附着重量系数　　　　　　　表1-7

汽车类型	相对附着重量系数	汽车类型	相对附着重量系数
4×2轿车	0.45~0.50	4×4、6×6货车(或越野车)	1.0
4×2、6×4货车	0.65~0.75		

三、影响汽车通过性的主要因素

影响汽车通过性的因素很多,但主要的是汽车的结构因素和使用因素。

(一)汽车结构因素对通过性的影响

1. 发动机的动力性

为了保证汽车的通过性,必须提高汽车的动力性,提高汽车的最大动力因数。因此,越野汽车首先要有足够大的单位汽车重力发动机转矩 T_{tq}/G,或较大的比功率 P_e/G。

2. 传动系的传动比

汽车低速行驶时,土壤的物理特性有所改善,土壤的剪切破坏、车轮滑转的可能性随之减小,因此低速行驶可以克服困难路段,改善汽车的通过性。越野汽车的最低稳定车速一般随汽车总质量而定。

3. 液力传动

装有液力变矩器或液力耦合器的汽车可以提高自身在松软路面上的通过能力。这种汽车在起步时驱动轮的转矩增加缓慢且平稳,驱动轮对路面产生的冲击减轻。可以避免因土壤层被破坏而导致附着系数下降,也可避免因土壤被破坏而导致车轮下陷,从而使附着力提高,滚动阻力减小,提高汽车的通过性。

液力传动的汽车能维持长时间稳定的低速(0.5~1km/h)行驶。可以避免机械式有级变速汽车在坏路面上行驶时产生的一些问题,即在换挡时动力中断,而惯性力不足以克服较大的行驶阻力,从而导致停车;重新起步时,又可能引起土壤破坏而使起步困难。

4. 差速器

在汽车转弯时,为保证左、右驱动车轮能以不同的角速度旋转,在汽车传动系中装有差速器。由于普通齿轮式差速器,具有在驱动轮间平均分配转矩的特性,因此会大大降低汽车的通过性。这是因为驱动轮上驱动力的大小取决于附着力较小的一侧车轮,所以驱动力可能不足以克服行驶阻力,而使汽车失去通过能力。

差速器中机件间的摩擦作用对提高汽车的通过性是有益的。正是由于这种摩擦作用,差速器才可能将较大的转矩传给不滑转的车轮。越野汽车上通常采用凸块或蜗杆等高摩擦差速器,总驱动力可增加 10% ~ 15%。如采用强制锁止差速器,总驱动力可增加 20% ~ 25%。

5. 前后轮距

当汽车在松软地面上行驶时,需要克服各个车轮轮辙的滚动阻力。若汽车的前、后轮距相等,并具有相同的轮胎宽度,则前、后轮辙重合。后轮就沿着已被前轮压实的轮辙行驶,因而汽车的总滚动阻力减小。相反,若前、后轮距不等,则总滚动阻力增大。

6. 驱动轮数目

增加驱动轮数目,可增加汽车的相对附着重量和驱动轮胎与地面的接触面积,能充分利用其驱动力。因此,越野汽车均采用全轮驱动。

7. 车轮尺寸

增加车轮的直径和宽度,均可降低轮胎对地面的单位压力,从而提高通过性。

理论上讲,用增加车轮直径的方法来减小接地比压、增加接触面积以减小土壤阻力和减小滑转,要比增加车轮宽度更为有效。但过大的车轮直径会带来诸如车轮惯性增大,汽车重心升高,需要传动比很大的传动系统等不良后果。因此,大直径轮胎的推广使用受到了限制。

加大轮胎宽度既能直接降低轮胎对地面的单位压力,又允许胎体有较大的变形。这样不仅不会降低轮胎的使用寿命,而且可以选用气压较低的轮胎。因此在越野汽车上,超低压拱形轮胎的应用愈来愈广泛。

8. 驱动防滑系统(ASR)

汽车在泥泞道路或冰雪路面行驶时,因路面的附着系数小,常会出现驱动轮滑转现象。当驱动轮滑转时,产生的驱动力很小。特别是驱动轮原地空转时,驱动力接近零。例如,汽车驱动轮陷入泥坑时,汽车不能前进,即汽车的驱动轮一侧或两侧滑转后,汽车的总驱动力不足以克服行驶阻力,使汽车通过坏路的行驶能力受到限制。汽车驱动轮胎滑转,限制了汽车动力性的发挥,增加了轮胎的磨损,降低了轮胎的使用寿命,并使汽车抗侧向力的能力下降,当遇到侧风或横向斜坡时,容易发生侧滑,影响汽车行驶的横向稳定性。

ASR 系统可以自动调节发动机转矩到驱动轮的驱动力,使驾驶人的工作强度得以减小,稳定性和操纵性得到安全的调节,驱动力的发挥得以改善。ASR 系统保持驱动轮处于最佳滑转范围内的控制方式有以下几种:调节发动机输出转矩、制动驱动轮以及锁止差速器。这些控制方式的目的都是调节驱动轮上的驱动力矩,从而提高汽车的通过性。

(二)汽车使用因素对通过性的影响

1. 轮胎花纹

轮胎花纹对附着系数的影响较大。根据不同的使用条件正确地选择花纹,对提高汽车

在一定类型地面上的通过性有很大作用。一般轿车主要在硬路面上行驶,应采用细而浅的轮胎花纹,载重汽车采用较粗的轮胎花纹,越野汽车应采用宽而深的花纹。

在表面滑溜泥泞而底层坚实的道路上,提高通过性的最简单办法是在轮胎上套防滑链(或使用带防滑钉的轮胎),它相当在轮胎上增加了一层高而稀的花纹。防滑链能挤出表面的水层,直接与地面坚硬部分接触,有的还会增加土壤剪切面积,从而提高附着能力。

2. 轮胎气压

在松软地面上行驶的汽车,应相应降低轮胎气压,以增大轮胎与地面的接触面积,降低接地比压,从而减小轮胎在松软地面的沉陷量及滚动阻力,提高土壤推力。轮胎气压降低时,虽然土壤的压实阻力减小,但却使轮胎本身的迟滞损失增加。所以,在一定的地面上应有一个最小地面阻力的轮胎气压。实际上,轮胎气压应比该气压略高19.2~29.4kPa。此时,地面阻力虽稍有增加,但由于潮湿地面上的附着系数将有较大的提高,从而可改善汽车的通过性。

为了提高越野汽车通过松软地面的能力,而在硬路面上行驶时又不致引起大的滚动阻力和影响轮胎寿命,可装用轮胎中央充气系统,使驾驶人能根据道路情况,随时调节轮胎气压。通常,越野汽车的超低压轮胎气压可以在49~343kPa范围内变化。

在低压条件下工作的超低压越野轮胎,其帘布层数较少,具有薄而坚固,又富有弹性的胎体,以减少由于轮胎变形引起的迟滞损失,并保证其使用寿命。

3. 行驶速度

车速较高或车速变化时,会加重轮胎对路面的冲击,在松软路面上行驶就会造成土壤破坏,使附着系数下降、滚动阻力增加。所以,在坏路面上以较低的车速匀速行驶,可提高汽车的通过性。

4. 驾驶方法

正确驾驶对提高汽车的通过性有很大作用。当汽车通过沙地、泥泞及雪地等松软路面时,附着力的大小起着决定性作用,所以此时要用低速挡行驶。要尽量避免换挡、制动和加速,因为汽车速度的变化容易引起冲击载荷,而使松软的土壤表面被剪切破坏,造成轮胎的附着力下降,影响汽车的通过性。当以车队行驶时,后车应按照前车行驶的轮辙通过,以减小滚动阻力。

后轮双胎的汽车,两胎间常会夹杂泥石,或车轮表面黏附一层很厚的泥,因而使附着系数降低,增加车轮滑转趋势。遇到这种情况,驾驶人可以适当提高车速,将车轮上的泥甩掉。

当汽车传动系装有差速锁时,驾驶人应该在行驶至有可能使车轮滑转的地区前就将差速器锁住。因为车轮一旦滑移后,土壤表面就会被破坏,附着系数下降,再锁住差速锁也不会起显著作用。当汽车离开坏路段后,驾驶人应将差速锁脱开,避免由于功率循环现象使发动机、传动系和轮胎磨损增加,燃料经济性和动力性变坏,以及通过性降低等不良后果。

在冰雪路面,要在轮胎上套防滑链,以增加车轮与地面间的附着力,有效改善汽车的通过性。

此外,为了提高越野汽车的涉水能力,应注意汽车的密封问题,并尽量提高空气滤清器和排气管的位置。普通汽车一般能通过深度为0.5~0.6m的硬底浅水滩。

第六节　汽车的燃油经济性

在保证动力的条件下,汽车以尽量少的燃油消耗量完成经济行驶的能力,称为汽车的燃油经济性。

石油资源是现代工业的血液和命脉,同时也是交通运输的主要能源。在当前和今后相当长的一段时期,汽车燃油仍将以石油产品为主。提高汽车的燃油经济性,减少汽车对石油资源的消耗,意义重大。因此,世界各国都把降低汽车的能耗作为一项基本国策,也是汽车制造业和交通运输业的重要课题。

汽车的燃油经济性又与汽车的日常使用成本息息相关。在汽车的运输成本当中,燃油消耗的费用占到总费用的30%~40%。燃油经济性的提高就意味着汽车运输成本的下降和经济效益的提高。因此,汽车的燃油经济性是汽车的主要性能之一。

本节主要介绍汽车燃油经济性的评价指标、汽车在各工况下的燃油消耗以及影响汽车燃料经济性的主要因素。

一、汽车燃油经济性的评价指标

评价汽车燃料经济性的指标很多,不同国家所采用的评价参数是不同的,大致有以下几种。

(一)比油耗 g_e(燃料消耗率)

它表示发动机的单位有效功率在单位时间内所消耗的燃料量。在国际单位制中,它的单位为 g/kW·h(克/千瓦时)。

(二)每小时耗油量 G_t

它表示发动机每小时所消耗的燃料质量,常用的单位为 kg/h(千克/小时)。

(三)每公里耗油量 G_m

它表示汽车每行驶1km所消耗的燃油数量(常以体积计),常用单位 L/km(升/公里)。

(四)每升燃油行驶里程

它表示汽车消耗1L燃油可行驶的里程数,常用单位是 km/L(公里/升)。

(五)百公里油耗量 Q

它表示汽车每行驶100km所消耗的平均燃油量(以体积计算),常用单位为 L/100km(升/百公里)。

百公里油耗量 Q 按下式计算:

$$Q = \frac{100L}{S} \quad (\text{L/100km}) \tag{1-8}$$

式中：S——汽车行驶的里程(km)；
L——给定里程的耗油量(L)。

(六)百吨公里油耗量 Q_t

它表示汽车运行过程中，每完成 100t·km 运输量所消耗的燃油量(以体积计算)，常用单位为 L/100t·km(升/百吨公里)。

百吨公里耗油量 Q_t 可按下式计算：

$$Q_t = \frac{100L}{G_a \cdot S} \quad (L/100t \cdot km) \tag{1-9}$$

式中：S——汽车行驶的里程(km)；
L——给定里程的耗油量(L)；
G_a——汽车的载质量(t)。

(七)千人公里油耗 Q_p

它表示大客车运行过程中，每完成 1000人·km 运输量所消耗的燃油量(以体积计算)，常用单位为 L/1000人·km(升/千人公里)。

$Q_p =$ (1000/单车载客量)(上月剩余燃油量 + 本月加注燃油量 – 本月剩余燃油量)/S

从节约燃油的目的出发，汽车运输企业对汽车燃料经济性的评价是用燃料消耗量定额作为依据的。不同的车型规定了不同的燃料消耗量，车辆燃料消耗的多少主要是通过与该车型燃料消耗量定额做比较而得出的。因此，运输企业燃料消耗量定额就成了评价运输车辆燃料经济性的指标。

目前，运输企业燃料消耗量定额是根据国家颁布的《乘用车燃料消耗量限值》(GB 19578—2014)标准确定的。按照标准的内容，确定燃料消耗量定额要考虑三个基本因素：第一是汽车空驶时的基本燃料消耗量；第二是运行汽车货物或旅客周转量的基本附加燃料消耗量；第三是汽车自重变化量的基本附加燃料消耗量。此外，在制订定额时还考虑了车辆运行时外界的三个主要影响因素，即行驶道路、环境温度和海拔高度。至于修竣出厂车辆在走合期，新驾驶人在实习期内需要增加的耗油量，长、短途运输，装载不同货物，雨雪天气影响的耗油量，一般由企业自行规定附加量修正系数。

二、影响汽车燃料经济性的主要指标

为了改善汽车燃油经济性，必须对影响燃油经济性的有关因素进行研究。影响汽车燃油经济性的因素主要有两个方面：汽车结构方面和汽车使用方面。

(一)汽车结构对燃油经济性的影响

1.汽车的尺寸和质量对燃油经济性的影响

在二三十年以前，专家们就已经对汽车的质量与油耗之间的关系做了研究，研究结果表明：对于轿车来说，大而重的轿车比小而轻的轻型或微型轿车的油耗要高出很多。大型轿车油耗高的原因主要是因为其滚动阻力、空气阻力、坡度阻力和加速阻力都比较大，并且在大型轿车上为了保证比较高的动力输出,搭载的一般都是大排量发动机,在行驶中的负荷率比较低,这也是造成大型轿车费油的原因之一。因此,广泛采用轻型、微型轿车是节约燃料的有效措施。

更有研究认为,如果一辆轿车的质量减小10%,油耗则可降低3%~4%。减小轿车总质量的方法主要有:合理地设计和精心地计算分析;用高强度的低合金钢、铝合金、复合材料来代替传统的铸铁和钢材。

以上是对轿车的分析,而对于货车,又并非是质量越小越好。对于货车来说,发动机的负荷率和质量利用系数与油耗有很大的关系,而质量利用系数越大,制造中消耗的成本就越少,运输过程中的油耗和成本都得以降低。

2. 汽车发动机对燃油经济性的影响

发动机是对汽车燃油经济性影响最大的部件。目前,提高发动机燃油经济性的途径主要有以下几种:

(1)提高现有汽油发动机的热效率和机械效率。目前的轿车发动机都是高速汽油发动机,发动机的热效率越高燃油利用率越高,也就越省油。而发动机的热效率随压缩比的增加而增加,现代轿车汽油发动机压缩比一般在9.3~10.5。同时,还采用配气系统可变装置(可变气门升程、可变凸轮轴转角、可变进气管长度等)和稀燃技术,从而达到节油目的。

(2)扩大柴油发动机的应用范围。将汽车汽油发动机改为柴油发动机比较容易实现进一步节省燃油的目的。由于技术的进步,目前柴油机在振动、噪声、单位质量(重量)方面与汽油机的差距在逐渐减小,而由于柴油机负荷变化平坦,因此具有比汽油机更明显的节油能力。

(3)增压化。涡轮增压发动机利用了再循环的废气,使能量转化效率提高,热损失减少,因此发动机增压后的燃油经济性比自然吸气发动机更好。

(4)电子计算机控制技术的广泛应用。在当前的汽车技术中,电子计算机控制技术已经得到了广泛的应用,其中一些控制技术有效地降低了汽车的油耗。比如CBR(可控燃烧速率)、VVT(可变气门正时)、DGI(汽油缸内直喷)以及高压共轨式供油系统等电控技术都能提高汽车的燃油经济性。

3. 传动系对燃油经济性的影响

汽车传动系对燃油消耗的影响,取决于传动系效率、变速器的挡位数与传动比。

传动系的传动效率等于传动系各总成传动效率的乘积。在传动系的结构设计中,合理选择传动方式和各总成的结构形式、改善润滑条件、缩短传动路线等,可减少传动过程中的功率损失,提高汽车的燃油经济性。

变速器的挡位增多后,不仅换挡过程更加平顺,还增加了选用合适挡位使发动机处于经济工况的机会,从而有利于提高汽车的燃油经济性。现代汽车一般都选用5挡或以上变速器,或者采用无级变速。而无级变速器CVT的挡位在理论上来说是无限的,在任何条件下都使发动机有机会在经济工况下工作,如果CVT始终能够维持较高的机械效率,则汽车的燃油经济性将显著提高。但现有的液力变矩器等无级变速器,由于效率较低,经济性不一定能有所改善。

在速度不变的情况下,接合高速挡时,传动比小,发动机转速低;接合低速挡时,传动比大,相应的发动机转速高。由发动机负荷特性可知,当发动机负荷相同时,一般是转速越低燃油消耗率越小。在一定的行驶条件下,传动系的速比越小,汽车的燃油经济性越高,因此汽车的经济行驶都在高挡位。为了在良好路面条件下以较高车速行驶,轿车在变速器内装置速比小于1的超速挡,在车速相同的情况下,挂上超速挡可使发动机转速比较低,相对也降低了燃油消耗。

4. 汽车外形与轮胎对燃油经济性的影响

改善汽车的外形,降低空气阻力系数,有利于提高汽车的燃油经济性,尤其对于高速行驶的汽车来说,燃油经济性的改善效果将更为明显。

汽车外形对燃油经济性有影响,主要表现在高速行驶时的空气阻力。现代汽车的车速越来越高,空气阻力对燃油经济性的影响也越来越大,为此,汽车车身的紧凑化和流线型是降低空气阻力,也是提高燃油经济性的途径之一。根据研究机构的估算,对一辆质量为1.06t的轿车而言,空气阻力系数由0.5降到0.3的时候,在高速公路上行驶的燃油经济性可以提高22%。目前,许多轿车的空气阻力系数已降至0.28~0.3,对减少燃油消耗起到了很大作用。但是在市内行驶时,由于行驶车速比较低,空气阻力对汽车燃油经济性的影响就比较小。

合理选用轮胎,有利于减小汽车的滚动阻力系数,从而提高汽车的燃油经济性。因为轮胎和地面滚动阻力的存在,轮胎对汽车的燃油经济性也会产生影响。美国通用公司曾经通过试验来研究滚动阻力对汽车燃油经济性的影响。结果表明,滚动阻力每减少1N,汽车的燃油消耗量就会减少大约0.01L/100km,或估算为当滚动阻力减少10%的时候,油耗就会降低2%。

子午线轮胎的综合性能最好。这是因为子午线轮胎的接地面积大,附着性能好,胎面滑移小,对地面单位压力也小,因而滚动阻力也比较小。试验表明,大型货车装用子午线轮胎后,滚动阻力可减小15%~30%,节油5%~8%;轿车装用子午线轮胎后的节油率为6%~9%。

(二)汽车使用方面对燃油经济性的影响

在使用方面影响燃油经济性的主要因素为,保持汽车完好的技术状况与正确的驾驶操作。

1. 保持汽车良好的技术状况

(1)发动机的技术状况。

发动机是汽车上直接消耗燃油的总成,在发动机的结构因素一定的前提下,保持其良好的技术状况是减少燃油消耗的技术基础。

加强对燃油供给系的维护与检查,防止漏油,清除滤清器中的沉淀及杂质。燃油中机械杂质堵塞油道,会影响供油,使燃油消耗率增加。空气滤清器不畅通时,进气阻力变大,实际充气量减小,油耗将增加3%左右。

要保持发动机冷却系的正常温度,防止因温度过低而增加机油的黏度以及降低燃油在进气管内的挥发性,使燃油消耗量增加。当水温过高时,发动机易产生爆震,充气系数降低,功率下降,油耗增加。

要根据燃油品种与工作地区,选择点火提前角。点火正时不仅影响燃烧压力、速度,对热效率也有明显影响,点火正时的调整是与发动机混合气浓度有关,混合气越稀,越需要点火适当提前。分电器真空提前失效、离心提前失灵等故障都会使燃油消耗大大增加。

要及时清除燃烧室、活塞、进气管上的胶质与积炭,清除积炭前后,耗油量相差很大。

要定期检查汽缸,防止漏气,保持正常的汽缸压力,汽缸压缩压力愈大,表明汽缸、活塞环、气门、气门座、汽缸垫等状况良好,发动机做功行程瞬时产生有效压力大,混合气点火燃烧速度快,热损失小,可使发动机得到较高的动力性和经济性。所有这些,都对节约燃油有较大的作用。

(2)底盘技术状况。

在汽车底盘方面,要加强对各总成的维护与调整,以保持适当的滑行能力,减少燃油消耗量。汽车的滑行能力常用滑行距离来评价,滑行距离的多少可以用来检查底盘的技术状况。某车试验表明,在底盘调整良好时,30km/h 车速时的滑行距离可达到254m;而当底盘调整不佳时,滑行距离降低至173m。

汽车的前轮定位、制动器的间隙调整、轮胎气压、各配轴承的紧度、运动摩擦部分间隙以及润滑质量都会对汽车的运动阻力有很大影响,必须按照规定进行调整和维护。前轮前束失调时,轮胎在滚动时产生滑移,增加滚动阻力,引起前轮发摆,使油耗增大。当轮胎气压低于标准时,轮胎变形增大,滚动阻力增加,会增加燃油消耗。轮毂轴承过紧,制动器发咬,都会增加行驶阻力,使油耗增加。

底盘传动系统各配合副配合不良,都将消耗发动机的有效功率,使传功效率降低。机油使用不当,油耗也会增加,冬季使用夏季机油,油耗将增加4%。

此外,离合器打滑,会引起发热,增加发动机转速,使油耗增加。变速器跳挡,会增加换挡次数与中间挡的使用时间,也会增加燃油消耗。这些故障都必须及时排除,进行正确的调整。

2. 驾驶操作技术

汽车驾驶技术也是影响汽车燃油经济性的主要因素之一。正确的驾驶操作可大大降低汽车的燃料消耗量。在其他条件相同时,如果做到经济合理地驾驶,可以减少油耗10%左右,其原因在于驾驶人能够根据汽车运行条件采用相适应的驾驶操作,使人机配合得当,做到汽车的最佳运行。因此,提高驾驶人的操作技术水平,掌握合理的运行工况是改善汽车运行燃料经济性的有效途径。合理的驾驶操作对节约燃油消耗有很大作用。

(1)正确选用行车速度。

汽车在行驶过程中,采用中速行驶是最经济的。因为,汽车中速行驶时燃油消耗量最低,速度过高或过低都会造成燃油消耗量的增加。汽车低速行驶时,尽管阻力小,但发动机负荷率低,有效燃油消耗上升,百公里油耗也有所增加。汽车高速行驶时,由于行驶阻力增加很快而使百公里油耗增加。

(2)正确使用挡位。

汽车行驶的道路条件相同时,使用不同的挡位行驶,燃油消耗量是不一样的。在同一道路条件与车速下,发动机发生的功率相同,在低挡位,后备功率较大,发动机的负荷率低,燃油消耗率高。高挡时则相反,因此要尽可能使用高速挡行驶。合理使用挡位的方法,主要是

做到"低挡不高速,高挡不硬撑"。另外,高速挡的行驶可能性未用尽前,不应换低挡。换挡时要快,动作要迅速准确。

(3)正确使用制动和滑行。

在保证行车安全的情况下,应尽量少用制动。汽车在行驶时的惯性能量是由燃料燃烧产生的化学能转换而来的。汽车在制动时,通过摩擦使得惯性能量消耗,也就意味着浪费燃料。

在保证行车安全的前提下,利用汽车的惯性滑行,使汽车的动能得以充分利用,这也是减少汽车油耗的一种驾驶方法。在行车中,常用的滑行方式有加速滑行、减速滑行和坡道滑行三种。

此外,驾驶汽车时,要轻踩加速踏板,缓慢加油,不乱踩加速踏板。在加速过程中,要做到"缓加速",即汽车加速时不要过急。因为汽车的加速度越高,克服加速阻力所需要的功率越大,燃油消耗越多。一般猛加速比缓加速要多耗油30%左右。

以上所述,都是节约燃油的方法。

3.合理组织运输

在使用汽车时,要尽量发挥运输工作人员的主观能动性,努力采取各种措施以减少单位运输工作的燃油消耗量。在运输过程中汽车拖带挂车,是提高运输生产率、降低成本和降低燃油消耗量的一项有效措施。拖带挂车后,阻力有所增加,发动机负荷率也增加,使得汽车总的燃油消耗量增加了。但由于货运量增加,汽车列车的装载质量与整车装备质量之比较大,因此,分摊到每吨货物上的油耗下降了,使得运输成本降低,生产率提高。此外,合理组织运输,尽量减少空车往返,也能提高燃油经济性。

思考与练习

1. 简述汽车的动力性指标。
2. 简述制动时汽车方向的稳定性。
3. 简述汽车行驶平顺性的评价指标。
4. 简述汽车使用方面对燃油经济性的影响。

第二章　大客车驾驶技能的形成和培养

随着社会生产力的不断发展及社会生活节奏的不断加快,我国大客车驾驶人的需求量不断增加,因此国务院出台了《国务院关于加强道路交通安全工作的意见》(国发〔2012〕30号),提出了"将大客车驾驶人培养纳入国家职业教育体系,努力解决高素质客运驾驶人短缺问题",对大客车驾驶人进行职业化培训,把大客车驾驶人的培训纳入职业教育的范畴,这对大客车驾驶人提出了更高的要求:通过学校教育首先要掌握一定的理论知识,再通过理论指导实际操作,掌握大客车驾驶的技能,从而确保行车安全。大客车驾驶人除了要拥有较高心理素质之外,还须熟练掌握驾驶过程中的技能,但目前现实是一些大客车驾驶人在驾驶过程中,由于缺乏正确的认识,没有形成良好的驾驶习惯,驾驶技能不娴熟,给安全驾驶埋下隐患。因而,应该加强重视大客车驾驶人的职业教育。通过本章的学习能够使大客车驾驶人认识到驾驶技能形成和培养的规律,同时使他们养成良好的行为习惯,达到客车驾驶"安全、经济、舒适"六字方针的要求。

第一节　驾驶技能形成的规律

当今我国汽车业快速发展,但带来的负面效应也不可小觑。随着汽车保有量的增加,一方面加重了对环境的污染,这几年的雾霾已成了严重的社会问题;另一方面加重了城市的交通拥堵,大中城市交通拥堵已经成了城市治理的顽疾。因此,绿色出行已成为人们的迫切需要,城市大力发展公共交通已成为人们的共识,倡导减少私家车的使用,增加公共交通绿色出行,成为城市宣传的口号。但大客车驾驶人的素质和驾驶技能的提高,也成为大家关心的话题,过去几年大客车造成群死、群伤事故时有发生,一幕幕交通事故,一次次血的教训,使我们引以为戒。在教训的背后,不由得引人深思,人为因素是造成交通事故的主要原因,如何提高大客车驾驶人的素质和安全意识,已成为交通行业急需研究和解决的课题。大客车驾驶技能如何形成,在技能形成、培养过程中如何把安全行车的意识一起养成。同时,大客车驾驶人如何对待和克服驾驶过程中的不安全因素,保证行车安全,已成为大客车驾驶培训中必须解决的问题。这与大客车驾驶人的安全心理和安全态度、动机有很大关系,应当在大客车驾驶人技能培养的初期使其具有良好的安全心理素质,把安全驾驶技能培养成一种习惯,用心探讨大客车驾驶技能形成和培养的规律,使大客车驾驶人养成防御性驾驶的良好心理习惯和驾驶操作方法。

大客车驾驶技能形成和培养是动作技能和心智技能结合的复杂的心理演变阶段,是驾驶动作技能和心智技能的有机结合,是防御性驾驶技能形成的全过程。在学习掌握大客车驾驶技能过程中,各个阶段有不同的心理特征及外在表现,阶段之间又是互相联系,互相促

进的。因此,大客车驾驶人掌握驾驶技能形成阶段的特征和驾驶技能形成的规律,就有助于提高学习效果,有助于养成文明行车和安全行车的良好习惯。

一、驾驶技能

(一)驾驶技能的定义

技能是指学习者在特定目标指引下,通过练习而逐渐熟练掌握的、对已有的知识经验加以运用的操作程序,也就是人们在特定的客观环境中实现特定的动作,如学生写字、工人做工、演员表演、驾驶人开车等,是通过练习获得的能够完成一定任务的动作系统,所有这些都是由一系列特定的动作方式构成的动作系统,而这些动作系统需要身体的不同部位互相配合与协调。这种反复通过练习而巩固下来、动作趋向自动化的系统称为技能。技能可分为动作技能和心智技能。动作技能也称操作技能,是指通过练习巩固下来的、自动化的、完善的动作活动方式。心智技能也称智力技能、认知技能,是通过学习而形成的合乎法则的心智活动方式。它是一种借助于内部语言在人脑中进行的认知活动方式,如默读、心算、写作、观察和分析等技能。

汽车驾驶技能是驾驶人借鉴以往的生活或工作经验,在具体的道路交通环境中,根据已经掌握的专业知识和经验,通过反复的实践来巩固、掌握、实现这种一系列的复杂的新动作系统,观察、判断,所选择的实际动作,以合理、完善的程序构成自动的操纵活动方式。这种顺利完成由一系列简单动作组成的连贯的能实现移动车辆功能的活动过程称为驾驶技能。

(二)驾驶动作技能和心智技能

根据心理学的原理分析,汽车驾驶技能可分为心智技能和动作技能两种。所谓心智技能主要是认识活动,它包括感知、记忆、想象和思维。在认识特定事物、解决具体问题时,这些心理活动按一定的、合理的、完善的方式进行。掌握正确的思维方式、方法是心智技能的本质特征。如车辆行驶时,驾驶人根据道路、交通情况运用已学过的知识和经验,特别是对道路上的行人、车辆、障碍等进行判断,作出合理的反应。这种技能就属于心智技能,也就是对道路和车辆的情况观察、判断、决策的能力。动作技能是指机动车驾驶人在完成运输任务的活动中将一系列驾驶基本动作很好地组合起来,协调而顺利地进行着,这便是动作技能,也就是掌握与运用驾驶技术的能力。在汽车驾驶过程中,所涉及的一系列实际动作,以完善、合理方式组织起来并顺利地进行时,就成为动作技能。它表现在外部行动上,表现在对事物的直接行动中,是通过练习形成、巩固起来的一种近乎自动化的行为方式。

心智技能和动作技能是相互联系的,两者不能截然分开,汽车驾驶技能是心智技能和动作技能的有机结合。动作技能是心智技能形成的基础,心智技能是动作技能的调节者,并促使其提高和完善。初级基础训练阶段,主要是学习汽车驾驶的基本动作(如起动、起步、换挡、转向、制动、停车等),这些都是动作技能的训练。中、高级训练阶段,主要是学习场地科目以及对道路交通情况的处理,这些属于心智技能的训练范畴。汽车驾驶心智技能是在动作技能训练的过程中产生、建立和形成的,而动作技能又是在心智技能形成和发展的过程中逐步提高和完善的。因此,两者相互联系、相互促进。根据教育心理学和学习论的分析,汽车驾驶技能训练的本质特征是：分阶段进行，并通过不断的练习在相应的情境中学会驾驶技能。

二、驾驶的动作分析

（一）动作控制与调节

大客车驾驶人根据外界刺激物的感知进行操纵，操纵动作的效果体现为大客车状态的变化，而后者又呈现给大客车驾驶人以新的知觉刺激物，于是大客车驾驶人便根据新的刺激物和前一动作的动觉信号调整下一步动作，在这一过程中，大脑一直有效地控制和调节着技能动作，形成按连锁反应方式进行的动作联合。例如，转向、制动、加速或减速，这些动作有机地联系起来，便构成了大客车驾驶技能动作系统。在大客车学习训练中，要有意识地注意教练员的提示，并根据提示对动作进行控制和调节，注重动作方式、速度、力量的准确性，及时纠正不良或错误的动作，根据道路交通需要，合理选择动作，并将其协调连贯起来，形成完整系统，可以取得较好的学习训练效果。

（二）动作反应的及时性和准确性

1. 动作反应的及时性

动作反应时间，是指从刺激物出现到作出动作反应所需要的最短时间。大客车驾驶人训练初期，由于个人的认知能力和社会接触面等不同，会存在反应的差异，一些人动作反应迅速，另一些人反应比较迟缓，尤其面对复杂技能动作或复杂交通情况时，表现出相当大的差异，这些差异都可以经过训练缩短动作反应的时间。因此，反应迟缓的大客车驾驶人在训练中，要消除紧张状态，克服多余的动作，比他人付出更多汗水，多观察、多练习，主动强化操纵动作。当操作动作熟练后，大客车驾驶学员就会腾出精力，集中注意去观察、判断车外情况，学会正确的观察方法，使思维活动变得合理而完善。大客车驾驶人在学会观察、判断后，即可全面缩短动作反应时间。

2. 动作反应的准确性

动作的准确性，可以从动作的方式、速度和力量三个方面来考虑。驾驶人可以根据路面情况和车、行人动态确定动作的方式、速度和力量，如果三个方面配合恰当，驾驶人就能及时和熟练地处理各种情况，动作就能符合道路交通客观需要，使驾驶人安全行车的愿望得以实现。

三、驾驶技能形成过程

由于部分大客车驾驶人在学习初期缺乏对汽车驾驶的认识，缺乏良好的心理素质，导致学习驾驶的过程中随意性强，存在诸多多余驾驶动作，不仅影响了正常驾驶，还给安全驾驶埋下隐患。因此，只有充分掌握驾驶技能，养成良好的驾驶习惯，才能保障驾驶安全，减少意外事故的发生。汽车驾驶技能的形成是驾驶动作技能和心智技能的有机结合，大客车驾驶人在学习掌握汽车驾驶技能过程中有一个动作技能和心智技能结合的复杂的心理演变阶段。各个阶段有不同的心理特征及外在表现，阶段之间又是互相联系，互相促进的。大客车

驾驶人掌握驾驶技能形成阶段的特征和驾驶技能形成的规律,就有助于提高学习效果。大客车驾驶技能的形成一般要经过以下五个阶段。

(一)大客车技能形成的基础学习阶段

大客车技能形成的基础学习阶段,是驾驶技能的基本功训练阶段,也是驾驶安全意识初步形成阶段,这一阶段大客车驾驶人对大客车缺少感性认识,在实际操作中,缺少良好的心理素质,表现为异常的紧张,动作慌乱,不协调,常常出现很多错误的动作。例如,驾驶人初学驾驶把转向盘握得很紧,面部表情慌乱,肌肉紧张,全身用劲。有的驾驶人甚至在汽车已驶出右侧边线,应该向左转向的同时还继续向右转向。换挡时,变速杆在空挡来回晃动;行驶中无故晃动转向盘;反复踏放加速踏板,造成车辆闯动。驾驶人注意范围狭窄,只能集中于个别动作,并且不能控制动作细节。例如,起步时注意松抬离合器又忘了踏下加速踏板;注意了加速踏板,离合器又松抬过猛;不能准确控制踏板松抬或踏下的程度。此时,驾驶人不能察觉自己动作的全部情况,难以发现缺点和错误。在这个阶段,应该把训练的重点放在驾驶基础动作的训练和驾驶感知能力的培养上。

这一阶段是动作技能初步形成阶段,也是防御性驾驶初步形成阶段,在训练中大部分是动作技能的训练,极少涉及心智技能的训练,因此,这一阶段对大客车驾驶初学者训练的重点应放在驾驶基础动作的训练和驾驶感知能力的培养上。在训练中要求先模拟操练,后实车操作,最大限度地使用模拟器。在训练教学过程中教练员先把整体驾驶动作分解为各个单元动作,让学员在模拟器上把各个单元动作能熟练做好,然后在实车训练中完成整体操作。

因为在学习驾驶技能的初期,驾驶人只能通过学习书本知识,或接受教练的指导,或观察别人完成驾驶的动作,领会驾驶动作的基本要求。初期先由教练员进行示范,然后驾驶人自己进行试做,这种试做,开始往往是把整个动作分解为各个单元动作,逐个学习单元动作,并力图发现各个单元动作之间的联系结构,将其组成一个整体。在这个阶段,驾驶人的注意范围比较狭小,只能集中在个别的或局部的动作上,不能进行整体动作技能,也不能将局部动作联系成为一个整体技能。所以,大客车驾驶人在学习驾驶技能的初期,不仅要注意掌握驾驶技能的要点,还要注意改造不适合驾驶技能的旧习惯动作。驾驶初学者刚刚接触驾驶操作,每个驾驶技术动作都会对人体产生刺激,通过感受器传到大脑皮质,引起大脑皮质细胞强烈兴奋。另外,因为皮质内抑制尚未确立,所以大脑皮质中的兴奋与抑制都呈现扩散状态,使条件反射暂时联系不稳定,出现泛化现象。这个过程表现在肌肉的外表活动往往是动作僵硬、呆板、忙乱等不协调现象。在这个阶段,大客车驾驶人应多注意教练员的示范讲解,加大单项动作的训练量,把连贯动作分解成简单的动作进行反复训练,在正确用眼、用手与用脚上下工夫,注意培养正确的驾驶姿势与安全驾驶操作习惯。这样就会起到事半功倍的作用,能够较快地掌握动作的准确性,同时也为今后的安全驾驶打下良好的基础。

同时,这一阶段也是大客车初学者模仿能力最强的阶段,也是防御性驾驶基本动作形成的初级阶段,因此在这期间大客车驾驶人要多注意教练员,特别是对针对动作的主要环节和动作中存在的主要问题进行的讲解和正确的示范,只有通过反复练习和教练员的指导,大客车驾驶人才能掌握整体动作要领。这一阶段也是防御性驾驶基本动作形成的初级阶段,因此这一阶段大客车驾驶人通过教练员反复讲解的防御性驾驶的重要性,以及正确的驾驶操作动作在防御性驾驶中的作用,在脑海中初步建立起防御性驾驶的概念。

(二)大客车技能形成的动作掌握阶段

大客车驾驶人在掌握局部动作的基础上,通过继续练习,就会促进驾驶人在较好地掌握个别动作、局部动作的基础上,对各个局部动作之间的结构和顺序也有进一步的明确,并开始将各个局部动作联系起来,初步完成连续的完整动作技能。在训练过程中,驾驶人对动作技能有了初步的理解,一些不协调和多余的动作逐渐消除。此时,大脑皮质运动中枢兴奋和抑制过程逐渐集中,由于抑制过程加强,特别是分化抑制得到发展,大脑皮质的活动由泛化阶段进入了分化阶段。因此,练习过程中的大部分错误动作得纠正,能比较顺利和连贯地完成整体驾驶动作。随着技能形成,紧张状态和多余动作就会逐渐消失。多余动作的出现,主要是运动分析器皮层部分兴奋过程扩散的结果,紧张状态则是大脑皮层兴奋过程与抑制过程之间斗争的表现。这时,驾驶人初步建立了动作定型。但定型尚不巩固,遇到新异刺激,多余动作和错误动作可能会重新出现。在此过程中,驾驶人应配合教练员,特别注意对错误动作和错误行为的纠正,逐步体会动作的细节,促进分化抑制进一步发展,使动作更趋准确。

驾驶交替动作形成阶段是把驾驶单项连贯动作转换成完整的驾驶操作动作的训练。本阶段的主要特点是经过反复练习使个别动作联系起来。原有的动作映象在本阶段进一步得到充实和完善,并有利于动作的联系和调节。在这个阶段,驾驶人将单个动作综合成了更大单元的动作,并从一个动作过渡到另一个动作,成为连续的动作,同时驾驶人的紧张程度有所降低,动作的错误有所减少,多余动作趋于消除。但是,从一个动作过渡到另一个动作时结合得还不很紧密,常出现中间停顿现象,例如,制动减速后不能及时减挡,造成拖挡行驶;上坡转弯前,减挡后不能及时调控方向,造成占线行驶。驾驶人的协同动作是交替进行的,即先集中注意作出一个动作,然后再作出另一个动作。随着训练深入,交替进行逐渐加快,以至在大体上成为整体的协同动作。例如,道路驾驶初期,驾驶人不可能做到一边转向,一边换挡,只能先完成一个动作,再做另一个,随着反复练习,就能准确地同时完成两个动作。在这一阶段,驾驶人紧张程度有所降低,但并未完全消失;动作的相互矛盾和干扰减少,多余动作趋于消除。例如,驾驶人在面临较为复杂的道路交通情况或较难的动作练习时也会紧张,一旦熟悉后,紧张状态较易消除。随着操纵技能的形成,驾驶人观察、判断等心智能力得到发展和提高,客观刺激物与肢体动作间的联系加强,缩短了动作反应时间。同时,驾驶人发现错误的能力增强,在完成动作以后或动作进行中就能发现自己的错误,此阶段的侧重点是巩固和发展基础动作,提高一般道路交通情况下观察、判断、操作等综合运用能力。

本阶段的特征是驾驶人已经逐步掌握了一系列局部动作,开始把这些动作联系起来,但各动作还结合得不够紧密,即动作变换时常出现短暂停顿。例如,加挡后离合器和加速踏板二者配合不好,造成车辆短暂停顿或抖动,主要是驾驶人的协同动作配合不协调,通过动作交替运用的训练,驾驶人的协同动作配合日益完善,整体的协同动作逐渐形成。道路驾驶初期,驾驶人不可能共同完成两个动作,只能先完成一个动作再做另一个动作,但随着动作交替运用训练的深入,就能准确地同时完成两个动作。因此,训练的重点是逐步形成比较连贯协调的一般操作技能。同时这一阶段也是防御性驾驶基本操作动作的形成和逐步掌握阶

段,因为这一阶段大客车驾驶人的观察、判断等心智能力得到发展和提高,虽然这个阶段的训练仍以操作技能训练为主、心智训练为辅,但这个阶段适时运用模拟器,有助于提早消除动作转换呆板不协调、不连贯的现象。在模拟器上操作熟练了,在实车上驾驶操作就比较适应、感觉比较良好,能加快动作连贯的速度、缩短掌握一般操作技能的训练时间。这阶段教练员可以逐步给驾驶人讲解预见性驾驶的要领,让大客车驾驶人在动作技能逐步掌握和心智技能形成初期,就建立防御性驾驶的思维模式,为安全驾驶打下良好的基础。

(三)大客车技能形成的动作协调和熟练阶段

大客车驾驶人在驾驶熟练阶段各个动作已经联合成为一个有机的整体而且已固定下来,各个动作相互协调,并且变得越来越自动化,动作准确、灵活,速度加快,紧张状态和多余动作已经消失,意识的控制作用相对减弱。这表明,驾驶技能已经到了协调完善阶段。如遇到新的变化了的情况,也能迅速而准确地适应,完成必需的动作。

驾驶技能形成并达到熟练时,与形成过程的初期相比,具有以下明显的特征:

(1)许多局部的动作联合成为一个完整的动作系统。复杂的动作技能总是由若干局部动作组合而成的。在学习动作技能开始阶段,一般只能掌握单独的局部动作,还不能将局部动作联合起来。例如,在上坡起步时,松开驻车制动器手柄、抬起离合器、踩加速踏板三个动作要联合、协调地运动,否则就会出现倒车或熄火或剧烈抖动,只有当动作技能完全形成达到熟练程度时,才能把三个局部动作联合成为一个完整协调的动作系统,保证起步平稳。

(2)消除紧张和多余的动作。大客车驾驶人在学习驾驶技能的初期,不仅精神特别紧张,而且会出现一些与驾驶技能毫不相干的多余动作。例如,不敢说话,不看仪表盘,坐姿僵硬;换挡时低头看挡位操纵手柄,开转向灯、前照灯等都要看一看开关的位置等。随着练习的继续,紧张情绪会减弱或消除,动作也越来越准确,多余动作也会消失。

(3)感知觉控制作用加强,视觉控制作用减弱。大客车驾驶人在学习驾驶技能的初期,似乎所有的动作都离不开视觉,要依靠视觉来控制,例如:换挡、开转向灯、会车、过障碍等都自觉不自觉地看一下。随着驾驶动作的熟练,视觉控制作用就减弱,更多的是依靠感知觉来控制。

(4)速度加快,预见性增强。初学驾驶的人,做动作时往往是先想一想,看一下才做动作,就像打字一样,开始时看一个字打一个字,后来就可以看一句打一句,甚至可以连续不停地打下去。这样,不仅速度加快,而且预见性也增强了。

(5)稳定性和灵活性提高。驾驶动作技能形成,动作就正确稳定。驾驶动作技能越熟练,动作就越灵活,越能针对不同的具体情况,作出恰当的反应。

(6)感知觉敏锐熟练。动作技能熟练之后,动作灵活了,感知觉也特别敏锐。这就能准确地估计和掌握道路、行人、车辆等状况。

在驾驶技能熟练阶段,大客车驾驶人各个动作相互协调,能够按照准确顺序以连锁反应的方式实现出来。通过技能形成的阶段分析,可以看出驾驶技能的形成表现出以下几个特征。各个局部动作联合成为一个完整的动作系统,训练初期大客车驾驶人首先要逐个地运用操纵机构,缓慢地完成各个局部动作,才能联合成一个完整的动作系统。随着技能形成,紧张状态和多余动作就会逐渐消失。多余动作的出现,主要是运动分析器皮层部分兴奋过程扩散的结果,而紧张状态则是大脑皮层兴奋过程与抑制过程之间斗争的表现。在条件反射形成初期,大脑皮层某一点所发生的兴奋向周围扩散,产生泛化现象,因此引起肢体无关部分不必要的动作,所以在训练过程中逐渐受到抑制而被淘汰。而那些有效的操纵动作则得到强化,逐渐建立起动作定型,形成驾驶技能。操纵动作不熟练时,由于多余动作和紧张状态消耗大客车驾驶人的精力,分散大客车驾驶人的注意力,所以工作效率低,容易疲劳。当技能形成后,由于多余动作和紧张状态消失,动作就变得省力而灵活,因而工作效率高,不易感到疲劳。在此阶段大客车驾驶人的动作配合一致,连贯紧密。在进行操纵时,意识的参与减少到最低限度,只对同时进行的许多动作中的一项起着直接控制作用。大客车驾驶人的注意范围也扩大了,并能根据条件的变化迅速、准确地完成驾驶操作动作。例如,大客车驾驶人只需注意调控方向,能无意识地熟练完成制动或换挡等其他动作;只需注意道路交通情况变化,就能灵活地重新组合所需要的动作,此阶段侧重于建立协调而完善的动作系统,培养大客车驾驶人独立驾驶能力,同时,这阶段也是防御性驾驶技能培养形成的最佳时机,在这阶段大客车驾驶人在处理交通障碍时,应该尽量运用预见性驾驶方法来处理,并逐步养成预见性驾驶良好习惯。这是防御性驾驶形成的重要阶段,对防御性驾驶习惯的养成是非常重要的成长阶段。

熟练阶段是适应交通环境变化,能够准确地、灵活地、连续地驾驶汽车的技能训练,侧重于建立协调而完善的动作系统,培养学员独立驾驶和预见性驾驶的能力。在心智技能作用下,比较熟练地把一般操作技能转换为熟练的复杂技能,形成熟练的、完整的驾驶技能。在此阶段,大客车驾驶人动作条件反射系统已经巩固,达到建立巩固的动作定型阶段。这样,在环境条件变化时,动作技术不易受破坏。熟练阶段是适应交通环境变化,能够准确地、灵活地、连续地驾驶汽车的技能训练,在心智技能作用下,比较熟练的一般操作技能转换为熟练的复杂技能,形成熟练的、完整的驾驶技能,因此在这阶段培养大客车驾驶人预见性驾驶技能是最佳时机。在这一阶段的训练中,大客车驾驶人要加强对道路交通信息进行观察、分析、判断、处理,形成适应交通要求的知觉机能和思维方式,形成预见性驾驶的思维习惯,使心理活动与操作动作相沟通,即驾驶人对交通信息的知觉效应产生处理动作的指令,并由四肢完成既定的操作动作,预见性地安全驾驶汽车。心智技能的形成与熟练,必须在大量、复杂的交通信息下训练才能获得,必须在操作技能比较熟练的基础上训练才有可能实现。因此,预见性驾驶的心智技能必须在道路上组织训练。然而,大客车在道路上的实车驾驶训练会受到很多限制,因此需要使用模拟器来训练心智技能。高档次的模拟驾驶系统可以模拟再现很复杂、很危急的交通情境,配合实车心智技能训练,对预见性驾驶训练效果更好。所以,大客车驾驶人要加强这一阶段的实车和模拟训练,提高预见性驾驶技能,为防御性驾驶打下良好的基础。

(四)大客车技能形成的完善和灵活性提高阶段

大客车技能形成的完善和灵活性提高阶段,也是大客车驾驶人驾驶培训的最后一个阶段,这一阶段驾驶人的驾驶技能已经完全成熟,预见性驾驶技能也逐渐形成。具体地来说,灵活性驾驶提高阶段即完善协调阶段,是指无意识地进行驾驶操作的阶段,随着动作技能的巩固、完善,各个动作相互联系、相互协调,并能按准确的顺序以连锁的方式实现出来,此时

的动作近乎自动化,所以称为"自动化"阶段。如汽车驾驶中的起步、换挡、停车、转向以及预见性减速等,当达到驾驶技能训练最后阶段时,这些动作,可以在无意识的条件下"自动"完成。"自动化"阶段是指无意识地进行驾驶操作的阶段,它是经过长时间驾驶实践,在驾驶经验、技能巩固、完善和发展中逐渐形成的。

这个阶段的操作技能与心智技能双向作用、互为促进,共同发展成适应和处置各种复杂条件的应变能力,预见性驾驶技能也趋向成熟。这个阶段的特点是大客车驾驶人各个动作联合成为一个有机的系统并巩固下来,各个动作相互协调,能够按照准确顺序以连锁反应的方式实现。在进行驾驶操纵时,大客车驾驶人自我控制的意识加强,大客车驾驶人注意能力的范围也逐步扩大,并能根据各种复杂的交通条件,进行应对,准确无误地完成驾驶操作动作。例如,驾驶人只需注意调控方向,能无意识地熟练完成制动或换挡等其他动作。本阶段侧重于建立协调而完善的动作系统,培养驾驶人独立驾驶能力。大客车驾驶人在多变的道路交通情况下依然能安全稳定地驾驶车辆,这就表明其驾驶技能已经具有了较高的灵活性。大客车驾驶是由一系列动作组成的,要顺利完成驾驶操纵,不仅需要掌握多种多样的技能动作,而且还要善于随着道路交通条件的变化,灵活地运用这些技能动作。有经验的大客车驾驶人不仅掌握了多种多样驾驶技能动作,而且,经历过各种各样的道路交通情况,积累了丰富的行车经验。在面临突发的危急情况时,能够根据当前具体条件,按照以往积累的经验,运用已经掌握的技能动作,保证行车的安全性。

这一阶段也是由预见性驾驶技能向防御性驾驶技能过渡的最佳阶段,因为预见性驾驶只是对本身驾驶过程中遇见的交通情况和复杂条件处理时预见性的能力,是动作技能和心智技能在提前处置时的预见性的应变能力;而防御性驾驶除要应对本身驾驶过程中的预见性交通情况的处理,还要防止它车发生危险情况对我驾驶车辆造成的影响和构成的危险的处置,是抵御外来的危险能力,有主动防御的概念。所以在驾驶技能"自动化"阶段,加强大客车驾驶人防御性驾驶技能的训练,是必要的、适时的,防御性驾驶比预见性驾驶对空间相对位置和速度控制的要求更高、更加严格。此时,加强防御性驾驶的技能训练,为大客车驾驶人走向工作岗位打下了良好的安全驾驶基础和安全驾驶习惯。

(五)大客车技能形成后的再教育和安全意识巩固提高阶段

这一阶段,大客车驾驶人的技能已经完全成熟,已经走向工作岗位,无意识驾驶操作过程已经形成,防御性驾驶的习惯也在逐步养成,它是经过长时间驾驶实践,在驾驶经验、技能巩固、完善和发展中逐渐形成的。这个阶段的特点是大客车驾驶人各个动作联合成为一个有机的系统并巩固下来,各个动作相互协调,能够按照准确顺序以连锁反应的方式实现。在进行操纵时,意识的参与减少到最低限度,只对同时进行的许多动作中的一项起着直接控制作用。大客车驾驶人的注意范围也扩大了,并能根据条件的变化迅速、准确地完成驾驶操作动作。但由于长时间从事驾驶工作,安全意识产生疲劳,有所放松。所以这阶段企业要加强对大客车驾驶人的再教育,特别是安全意识的教育培养,加强大客车驾驶人驾驶操作规范的再教育,反复讲解技术动作的各要素要求,要求驾驶人准确而协调地完成技术动作,使技术动作达到高度完善和稳定。鼓励有经验的驾驶人介绍他们应对各种复杂道路交通情况和经历过的危急情况的应急处置过程,让大客车驾驶人在面对没有经历过的危险情况时,善于按照当前具体条件,将过去掌握的技能动作重新组织起来,保证安全行驶。总之,通过再教育使大客车驾驶人不断加强防御性驾驶的意识,提高防御性安全驾驶技能,养成良好的安全驾驶习惯,确保终身安全无事故。

第二节　心理技能训练对驾驶技能形成的影响

车辆行驶过程中,驾驶人根据环境的知觉反应,作出各种改变车辆行驶状态的驾驶行为。这种驾驶行为,使车辆进行交会、转向、避让、尾随、超越和停车,进而实现行驶路线、方向、速度和距离的改变,以控制车辆在道路上能够安全行驶。驾驶技能作为一种动作技能,在其形成的过程中,有其特殊的心理特征。而驾驶技能的形成又是一个逐渐发展的过程,心理技能训练为把握驾驶操作技能的准确性和合理性,缩短驾驶学习周期和成长、成熟时间,提高驾驶技能训练质量,提供了解决途径。通过心理训练使心理技能与动作技能有机结合,缩短技能形成时间,保证驾驶技能形成的质量。

一、驾驶人心理训练与技能训练的关系

驾驶人的心理素质是由汽车驾驶人职业特点所决定的。在汽车行驶过程中,驾驶人必须具备感觉器官高度的灵敏性,注意力的强烈指向性,以及观察、判断和正确处置道路交通情况的准确性,特别是突显信息出现后控制情绪,并能准确、迅速地操纵车辆化险为夷的应激能力等,这些能力的形成和培养要靠一定的心理训练才能达到。例如,部分大客车驾驶人,在平时学习驾驶操作时,动作能做到准确、协调、干净、利索,但考核时,在监考人的监视下,就手忙脚乱,错误百出。之所以这样,不是纯技术的原因,而是心理素质较差所致。

驾驶技能是通过训练而形成的,在技能形成的过程中,必然要进行许多必要的心理活动,如感知、记忆、想象和思维方式等培训内容,只有把这些心理活动组织起来,按一定的方式进行活动,并与动作技能有机结合起来,才能缩短技能形成时间,而且能提高驾驶训练质量。感知觉能力是驾驶人在实践活动中逐渐形成和发展起来的一种复合知觉,随着驾驶技术的熟练和驾驶经验的不断丰富,感知觉能力也就越强,驾驶时就越专注,反应越敏捷,处理情况的逻辑性就越强,感知觉能力的提高也就越快。

驾驶人的车体感、道路感、交通状态感和控制车辆的能力等都是心理训练的重要内容,驾驶技能的发挥只是这些心理训练内容的外在表现。通过训练,可以使驾驶人认识自身的心理特征,使之自觉地发挥自身优势,主动矫正缺点,克服不健康心理,学会培养意志力和自我情绪控制的能力。

驾驶人的心理障碍一般表现为:临危情绪过激、心理疲劳、动机不足、动觉迟钝、心理创伤等。克服心理障碍,只能采取心理训练的方法,不能依靠身体自然恢复和技术训练来代替。如临危情绪过激(恐慌心理),是驾驶训练成绩提高缓慢和造成交通事故的重要原因。在恐慌心理状态下,人的认识变得狭窄,判断能力下降,注意分配和转移存在困难,很难发挥正常的操作水平,容易作出不适当的反应,有的手忙脚乱,有的呆若木鸡,有的甚至失去理智和自制力。因此,大客车驾驶人在学习驾驶操作技能时,一定不能急于求成。

心理训练的重要作用在于加速大客车驾驶人各种心理过程和个性心理特征的发展,形

成日常学习、生活和工作的最佳心理状态,从而帮助大客车驾驶人获得优异的学习成绩和显著的安全行车效益。

二、驾驶心理技能训练

驾驶心理技能训练是有目的、有计划地对大客车驾驶人的心理过程和个性心理特征施加影响的过程,也是采用特殊的方法和手段使大客车驾驶人学会调节和控制心理状态,进而调节和控制自己的运动行为的过程。在驾驶技能学习和操作中,心理训练是练习者在头脑中积极地回忆动作技能的认知结构或操作程序的认知复述过程,或者对技能或技能环节的操作进行视觉表象或动觉表象。综合以上的解释,驾驶心理技能训练具体任务包括两大方面:一是改善大客车驾驶人的心理品质;二是培训大客车驾驶人在各种交通情况下,都能具有正确地观察、判断、反应、思维等心智技能。大客车驾驶人心智技能的训练,主要是对大客车驾驶人的注意力、观察能力和知觉能力进行训练。

(一)注意力的训练

注意是一种心理现象,人的心理活动指向并集中于某一对象时的心理表现形式就叫注意。驾驶人通过视觉守点法、干扰模数法、提示诱导法、归纳整理法等方式方法加强注意力的训练,通过训练使驾驶人把心理活动指向与驾驶有关的交通情况上,同时使驾驶人把被注意的对象感知得更清晰、准确,从而提高注意的指向性和集中性。

(二)观察能力的训练

观察能力是指驾驶人依靠感觉器官,迅速正确地反映客观实际的能力。在汽车行驶过程中,车内外的一切信息,绝大多数都是靠观察反映到大脑中的,因此,观察能力在安全行车中占有极其重要的地位。观察是一种复杂的心理活动,是知觉的一种特殊形态。观察既是知觉过程,也是思维过程。成功的观察,就是能比较正确、全面地反映客观事物。汽车行驶过程中,虽然道路交通情况千变万化,车辆运行状态也不断变化,但驾驶人观察的对象不一定具有吸引力,容易出现思想麻痹现象。因此,为了比较正确、全面地反映交通情况,在观察训练时要有意识地集中注意。驾驶过程中,驾驶人要把观察到的情况与已有的经验和已掌握的知识相对照,并对其进行综合分析,作出判断、决策,然后才能付诸行动。所以,观察过程是一边感知,一边思考的过程,只有通过思考才能理解被观察到事物的本质,才能深刻认识事物,作出正确的判断。但驾驶人有时也会出现不正确的知觉,即观察中产生错觉,在汽车运行中,如果对空间、速度等产生错觉,就容易引发交通事故,这是十分严重的问题,在观察能力的训练中一定要加以重视。在观察能力的训练中,通过车体感的观察训练、车速感的观察训练和交通信息的观察训练等方法,加强对大客车驾驶人观察能力和车体感知能力的培养。让大客车驾驶人脑海里能时刻映现出所驾驶车辆的外部特征,建立比较精确的感知觉,以防车辆运行状态下发生刮、擦、碰等事故,通过训练培养提高大客车驾驶人,准确掌握对自驾车辆的速度和其他车辆的速度以及二者相对行驶速度的判断能力,使大客车驾驶人在行驶过程中能正确选择挡位,把握换挡时机,选择会车、超车地点,在车辆突遇险情时,能根据车速预测安全距离,采取相应紧急措施,从而确保安全驾驶。大客车驾驶人加强交通信息观察的训练,能有效地掌握参与交通行为的人、车、路等客体的活动规律,强化大客车驾驶人对交通信息的感知能力。

(三)知觉能力的训练

在汽车运行过程中,大客车驾驶人的知觉就是对客观事物的认识,是大客车驾驶人对周围客观事物经由感觉器官接收的信息并结合经验把个别感觉理解为事物完整映像的心理过程。客车驾驶人在驾驶室内对周围道路环境的感觉中,最重要的是空间知觉,其次是时间知觉和运动知觉。时间知觉是大客车驾驶人对客观事物运动和变化的延续及顺序性的反应。运动知觉是大客车驾驶人对物体在空间运动过程的知觉。大客车驾驶人的经验对知觉有一定的影响,经验越丰富,知觉也越丰富,从事物中看到的东西也就越多。

空间知觉是大客车驾驶人对客观存在的空间反应,包括形状、大小、目标、位置、距离和方位等知觉。空间知觉在大客车驾驶人与道路环境的相互关系中起着重要作用,在行车中,大客车驾驶人要随时了解道路线形,其他车辆的大小、距离、方位及运动状态等情况,以便正确处理驾驶中出现的问题,比如超车时,大客车驾驶人必须正确估计自己的车辆与被超车辆的相对速度、与对面来车的距离以及道路宽度,以便掌握超车时机,此时,对于大客车驾驶人来讲,对道路的线形和车速的错误知觉是非常危险的。低估弯道曲率和车速都可能引起交通事故。因此,在汽车运行中,大客车驾驶人既要确定外部目标的形状、大小、位置和相对距离,同时还要分析周围物体的位置,这是一个综合与特殊的能力表现。

空间知觉是大客车驾驶人对客观事物空间特征的反应。通过对大小知觉、形状知觉、距离知觉、立体知觉、方位知觉等训练来实现空间知觉的训练。空间知觉的训练是由视觉分析器官来完成的。

大客车驾驶人对道路上物体的大小知觉,主要由两个因素决定:物体的大小和物体的距离。距离越远,物体越小;距离越近,物体越大。驾驶人依据这两个因素来判断物体的大小,并通过训练使这种大小知觉保持一定的稳定性和恒定性。但违章装载会破坏驾驶人长期训练产生的大小知觉的稳定性和恒定性,使其产生判断失误。装载超高、超宽、超重,会使车辆的重心升高或偏移,影响行车的稳定性;装载物尾部超长会使车辆的重心后移,致使转向盘在操纵时稳定性变差。由于装载时的超高、超长、超宽、超重等,破坏了驾驶人对自己车辆的大小知觉准确性,因此使车辆的通过性能降低,碰擦其他车辆的可能性增大。

加强大客车驾驶人对车辆的形状知觉的训练,能减少大客车驾驶人对各种车辆、行人或障碍物的纵向或横向距离以及车速的估计产生的失误。强化视觉和动觉的协同活动的能力,改变思维定式的影响,使大客车驾驶人能根据观察车辆的不同角度,不同形状,做出正确的感知,防止知觉失误。

通过对大客车驾驶人距离知觉的训练,使大客车驾驶人在行车过程中,产生车与车、车与行人之间保持足够的安全距离的知觉,有了这种知觉,大客车驾驶人在驾驶车辆时,就会习惯地保持足够的安全距离。但中间物的阻挡、行人的异常交通行为和空气透视等因素,也会影响大客车驾驶人习惯性的距离知觉,极易产生误判,造成危险。

加强大客车驾驶人立体知觉的训练,能强化大客车驾驶人观察物体时,两眼产生的视差,提升立体知觉,从而使立体知觉对三维空间物体的远近、高低、前后、深浅和凹凸的感知

能力得到提高。

大客车驾驶人对物体在空间所处的方向和位置的知觉即为方位知觉。人对外界事物的方位知觉是以自己为中心来定位的。加强大客车驾驶人方位知觉的训练,就能使大客车驾驶人将各种知觉,如视觉、听觉、动觉和平稳觉等信息综合起来,形成方位知觉,提高大客车驾驶人对自己车辆的位置和交通标志及标线的感知能力。这些方位知觉的感知一旦失误,就有可能产生违章行为或交通事故。

一切道路交通事故都是由空间冲突造成的。空间冲突包括动态冲突和静态冲突,动态冲突如正在行驶的机动车辆与机动车辆相撞、机动车与非机动车相撞、机动车与行人相撞等;静态冲突如机动车撞上静止的机动车、非机动车及道路上静止的障碍物等。这些都是因为驾驶人的空间知觉失误造成的,因此加强空间知觉训练是大客车驾驶人训练的必修课。

三、驾驶操作技能形成的心理成因

汽车驾驶操作技能经过一段时间的学习达到熟练阶段,动作之间的相互干扰减少以至消失,动作的速度加快,驾驶汽车形成一系列自动化的动作过程,称为熟练的操作技能。熟练的驾驶操作技能具有知识性、协调性、连贯性和定型性的特点。也就是说驾驶操作是在一定的理论知识指导下,有目的地完成的;是在四肢有机配合、协调有序的运动中而发生的;是由个别独立动作的结合,连贯而形成的动作系统;它具有固定的动作顺序和形态特点。视觉控制减弱而知觉控制增加,可以认为驾驶人已经学会这个动作,达到熟练程度。

心理学家认为:技能是通过联系获得的,是顺利完成某种任务的一种活动方式或心智活动方式。感知、思维和肌肉运动是组成技能的必要环节,外部动作是心智技能形成的最初依据也是它的进程体现者,同时心智活动又是外部动作的调节者。而操作技能是动作技能的一种,是驾驶操作在特定的条件下表现出来的种种动作,以完善、合理的方式组织起来并顺利地进行。驾驶操作技能的主导成分是外显的动作,但是其内隐的心智活动也是不可少的。驾驶操作技能学习的内容大多数是建立条件反射,并总是与肌肉活动相联系的。因此,驾驶操作技能的学习和形成是培养心智技能,同时部分转化为外显动作的过程,也是驾驶操作专门化知觉形成的过程。

驾驶操作技能的形成,主要是受驾驶操作技能形成的心理系统即反射系统、控制系统和反馈系统的影响。也就是示范与讲解、练习、反馈等因素的影响。反射系统是通过感受器接收身体内外有关动作情境信息,通过示范与讲解建立起一种调节或训练动作的"映象区",起到中介作用。控制系统是依据动作"映象区",有意识地控制自身的效应器,同时还要调控感受器,使反射系统的运行更具有主观能动性。反射系统通过反复练习强化"映象区",调控操作的准确性。反馈系统包括本体感受器和感官受控器,本体感受器主要将效应器动作所产生的动觉冲动的信息返回传入大脑皮层的运动中枢,以便进一步地调控动作使之趋于精确化、细致化。三个阶段中,有两个系统对技能获得相对重要,一是反射系统(接收内外信息);二是反馈系统。控制系统对动作信息作出反应,首先取决于信息是否正确,这样建立稳定、高效的感知觉系统的重要性就显而易见,而动作活动信息的反馈是否及时、有效,也是技能形成的重点,动作的准确性和精确性主要是由反馈系统完成。在动作技能学习的初期,驾驶人依靠自己行为结果的知觉来改进技能。有些驾驶技能的结果是容易察觉,不过更多的驾驶技能知晓结果对于初学者来说是不容易的,特别是初学者对自己的动作过程和驾驶姿势是否正确不容易察觉。有效的反馈信息,可以使学员在下一次操作中将注意力集中于要改善的某一动作或某些动作上面。驾驶技能学习的后期,动作技术要领已基本掌握的条件下,反馈信息主要来自内部,协调、平衡、节奏等感觉只能靠自己体会,所以这时应强调主动练习和发现经验。练习初期的反馈十分必要,而且要有足够的反馈次数,从驾驶技能的保持来说反馈练习也是十分重要的,反馈练习有助于校正驾驶技能学习。反馈是信息加工过程不可缺少的环节,在驾驶技能操作过程中,反馈与操作有关的信息可以分为两类:一类是任务内在反馈,是驾驶操作本身带来的感知觉信息,每种感觉系统都可以提供此类信息;另一类是追加反馈,是利用各种外部手段实现,在于描述与技能操作相关的感觉反馈以外的附加信息,追加反馈的方式可以是多样的。两种反馈共同起到校正驾驶技能学习的作用。大客车驾驶人在学习的初级阶段,外部反馈的作用较大,而在学习的中期和后期,应更强调内部反馈的作用,以提高自我调节、控制的能力。研究表明:多种信息的反馈比单一信息的反馈更有利于大客车驾驶人的学习和技能的掌握。

四、心理技能训练对驾驶操作技能形成的影响

心理因素影响和制约着大客车驾驶人驾驶技能和安全驾驶意识的改善和体现。心理技能训练可促进大客车驾驶人心理过程的不断完善,形成在客车驾驶中所需要的良好个性心理特征,获得高水平的心理能量的储备,使大客车驾驶人的心理状态适应安全驾驶的要求,为大客车驾驶人奠定良好的心理基础。心理技能和其他能力一样受后天环境和实践活动的影响,可通过训练获得和提高,也遵循一般技能学习的规律,必须长期、系统地进行。大客车驾驶操作技能的形成受许多心理因素的影响和制约,这些因素中有些是内部因素,有些是外部因素。

(一)影响大客车驾驶操作技能形成的内部心理因素

影响大客车驾驶操作技能形成的内部心理因素有大客车驾驶人的个性、智力、知识经验与理论水平。良好的个性品质能促进大客车驾驶人形成高水平的驾驶操作技能,当大客车驾驶人的智力处于正常水平时,小肌肉动作技能的学习和智力之间有较低的正相关,智力水平越高,学习成绩越好;大肌肉动作技能的学习和智力之间几乎没有什么相关。当大客车驾驶人的智力处于常态以下时,小肌肉与大肌肉动作技能的学习和智力之间是清晰的正相关,智力越低,学习进步越慢,操作技能越差。大客车驾驶操作技能的形成必须运用知识和理论,知识愈丰富,理论水平愈高,对克服大客车驾驶操作技能学习的难点愈有帮助。越能加快形成驾驶操作技能,可以免去或减少驾驶操作技能形成过程中的错误。

(二)影响大客车驾驶操作技能形成的外部因素

影响大客车驾驶操作技能形成的外部因素有讲解与示范和练习。大客车驾驶操作技能的形成是从领会操作要领和掌握局部动作开始的,领会操作要领和掌握局部动作是通过教练老师的讲解与示范来实现的。准确的讲解与示范有利于形成准确的定向映像,在实际操作活动中可以调节动作的执行。练习是指有意识、有计划、有系统地改进驾驶操作和提高学

习效果为目的的重复活动,它是驾驶操作技能形成的基本途径和有效方法。

学习和运用驾驶操作技能需要大量的身体协调性练习,而心理技能训练就是要将驾驶人身体操作与脑的认知操作结合起来,建立有效的神经控制技术,并建立脑的操作认知模型,以此来掌控大客车驾驶人的身体肌肉和本体感知觉。与此同时,驾驶操作专门化知觉也在这个过程中建立。大客车驾驶技能学习不仅依赖于对肌肉活动的训练,而且也需要对大脑的心理技能进行训练。构成大客车驾驶技能的心理技能与操作技能具有相互联系、相互促进的特点,心理技能越强,越利于操作技能的发挥;操作技能越熟练,越有利于心理技能的提高;熟练程度越高,受外界干扰越小,越有利于大客车驾驶人综合技能的发挥。因此,提高大客车驾驶人的心理技能和提高大客车驾驶人的操作技能是同等重要的,切不可偏废。

第三节 驾驶技能培养的规律

为了提高大客车驾驶人的素质,使大客车驾驶人掌握驾驶技能培养的规律,尽快地学会驾驶技能,并能根据自己的年龄不同、地域不同、生活习惯和心态不同,去思考、去学习,最大限度地激发自身潜能,在具体的道路交通环境中,根据已经掌握的专业知识和经验,经过观察、估计、判断、反应所选择的实际动作,以合理、完善的程序构成自动化的操纵活动,把操作技能和心智技能有机结合。"熟能生巧"这个道理对于驾驶技能的培养训练同样适用,反复地进行有目的的练习,就一定会收到很好的效果,随着练习次数的增加,驾驶技能就会逐步提高,就会减少驾驶操作中所犯错误的次数。在驾驶学习实训中,我们发现大客车驾驶人的驾驶技能的培养规律,是由大部分人遵循的一般规律和少数人遵循的特殊规律构成。掌握并运用好两种规律能够加快驾驶人驾驶技能的培养速度。

一、驾驶技能培养的一般规律

驾驶技能的训练与形成,是驾驶培训工作的核心任务。从实际情况看,它符合正态分布,即训练情况较差的、较好的较少。训练成效一般的、普通的学员较多。实践证实,驾驶技能的形成与训练时间有确定的关系。驾驶技能培养的一般规律,如图2-1所示。

(一)驾驶技能培养快速掌握阶段

练习初期,驾驶人的进步很快,有直线上升的趋势。这是因为练习初期动作比较简单,大客车驾驶人学习初期对汽车有浓厚的兴趣,好奇心强,求知欲旺盛,对新环境有新鲜感,练习比较认真,还能利用过去经验中的一些方式方法和已经掌握的一些动作技能,所以进步较快,动作正确率也高。另外,技能可以分解为几个简单动作进行练习,比较容易掌握,这也是学习初期成绩进步较快因素。众所周知,仅凭一时的冲动、好奇是难以维持长久的学习积极性。所以,大部分学

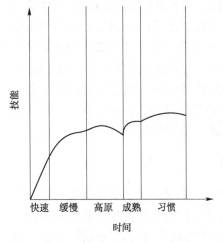

图2-1 驾驶技能培养的一般规律

员经过一段时间训练后,不再有刚开始上车时快速进步趋势,技能掌握速度逐渐变慢。

(二)驾驶技能培养的逐渐减慢阶段

大客车驾驶人学习初期成绩提高较快,经过一个阶段以后,成绩上升逐渐缓慢,技能发展速度逐渐变慢,从而影响驾驶学习的进程,其原因与对策如下:

(1)驾驶培训初期,大客车驾驶人可以将生活中已经掌握的各种动作方式重新组织起来,加以利用,所以进步快。随着训练深入,生活经验中能加以利用的技能逐渐减少,需要建立新的动作联系逐渐增多,练习困难越来越大。对此,大客车驾驶人应及时改变和提高动作方式或方法,将其生活动作引导到驾驶技能动作上来。

(2)驾驶培训初期可以把复杂的动作系统分解为一些比较简单的单个、局部动作,每个动作逐个进行练习,所以驾驶人比较容易掌握,进步较快。训练后期主要是建立复杂的协调动作阶段,建立协调比较困难,成绩提高自然缓慢。因此,要加大训练量,增加练习次数,从而提高协调性。

(3)驾驶培训初期大客车驾驶人兴趣浓厚,好奇心强,情绪高涨;随着训练深入,驾驶人会感到枯燥、困难;产生厌烦、懈怠情绪,影响训练效果。因此要改变学习方式,增加新的刺激,提高大客车驾驶人的学习和训练兴趣。

(三)驾驶技能培养的起伏阶段

大客车驾驶人在驾驶学习中会出现成绩起伏的现象。这主要受大客车驾驶人在学习过程中的意志、情感、注意力波动或疲劳的影响。另外,环境和教练员指导方式的变化也可能影响练习的效果。在驾驶培训中,大客车驾驶人的成绩会出现时而进步快、时而进步慢的现象。其原因与对策如下:

(1)大客车驾驶人在驾驶学习中出现的成绩起伏现象与驾驶人的素质、能力有关。有的大客车驾驶人运动能力强,而疏于观察、思考,出现场地训练进步快,道路驾驶进步迟缓。有的大客车驾驶人道路驾驶分析、判断能力强,而空间目测和方向感觉能力差,出现式样驾驶进步迟缓。加强大客车驾驶人素质、能力培养可提高训练成绩。

(2)任何事物的发展都不是一帆风顺的,总是波浪式前进,出现"起伏"是正常现象。在不同的教学阶段,有的大客车驾驶人满足于已经掌握的动作方式,不听教练员的疏导和纠正,必将造成训练成绩停滞和明显起伏。在大客车驾驶操作实习分阶段进行过程中,各阶段间是连续的、不断发展的,因此应对大客车驾驶人训练中不断提出新要求,提高动作难度,避免出现"起伏"现象。

(3)大客车驾驶技能训练进入新阶段时,会促使大客车驾驶人放弃旧的动作模式,形成新的动作方式,在这个转化期成绩往往出现波动。例如,大客车驾驶人初期掌握的缓慢分解式的换挡方法,明显不适应道路驾驶需要,迫使驾驶人加快动作节奏,练习连续减挡、快速换挡。这时驾驶人动作容易出现错乱,甚至换不进挡,有时感觉好像不会换挡。对此,大客车驾驶人应稳定情绪,多听教练员对动作要点的讲解,强化练习,促使技能向更高阶段转化。

(四)驾驶技能的"高原现象"

"高原现象"阶段也叫停滞阶段。在驾驶操作技能形成的过程中,练习效果出现暂时的

停滞或暂时后退的现象,称为"高原现象"。"高原现象"通常是驾驶操作技能由低级阶段向高级阶段飞跃之前出现的暂时现象。但简单动作的学习一般不会出现"高原现象"。技能形成过程中,训练后期出现成绩暂时停顿现象,这就是表现在练习曲线上的高原期。其表现形式为练习曲线保持在一定水平上不再上升,有时还有下降。渡过高原期后,才能使驾驶操作技能成绩进一步上升。其原因与对策如下:

(1)由于驾驶操作技能的提高,需要改变旧的动作结构,需要改善完成动作的方式方法。而动作结构的改进和采用新的方式、方法都比较复杂、比较困难。因为完善的动作需要巩固练习的时间,而且错误的动作细节又干扰协调动作的形成。对此,驾驶人应注意分析每一个动作的细节,设法消除多余动作,缩短动作所需时间,促使动作配合一致,连贯紧密。

(2)大客车驾驶人身体素质发展的不均衡,不适应复杂动作技能的要求。同时,长期训练带来的身心疲劳也会影响成绩提高。这时应注意劳逸结合,合理分配训练科目和时间,并进行适当的心理调节。

(3)大客车驾驶人的主观状态,如练习兴趣、情绪和疲劳等,会产生心理活动机能水平的降低,形成生理和心理上的恶性循环,易导致"高原现象"。大客车驾驶人容易产生"已经学会了","学得差不多了"的满足心理。这时,应该让大客车驾驶人认识到提高技能的潜力还很大,只要通过有计划的、顽强的训练,不断总结经验,突破"高原"状态,就能使技能发展出现一个飞跃,达到完善熟练程度。

(五)后期努力成熟阶段

在"高原现象"出现后继续练习,迈入练习新高度的进步阶段。在"高原"阶段的驾驶学习过程中,改变了旧的动作结构,找到了完成新动作磨合的方式方法,使动作技能逐渐合理化,身体素质有了新的发展,练习兴趣、情绪状态及健康等都得到了调整恢复。"高原现象"得以消除,这时大客车驾驶人应继续提高驾驶操作技能水平,反复练习驾驶技能,突破大客车驾驶人练习和训练的极限,就会进入一个新的驾驶技能提高阶段,即驾驶技能操作水平成熟和稳定阶段。

二、驾驶技能培养的特殊规律

由于驾驶人生理、心理差异以及受教育程度、社会地位、职业环境等方面先天与后天因素的不同,所以,他们在驾驶技能的掌握中,即使在相同的训练条件和相同的环境条件下,往往会得到不同的学习效果,表现出技能水平的差异。所以在驾驶技能培养过程中既有大多数驾驶人遵循的一般规律,但也有少数驾驶人遵循的特殊规律。

(一)特殊规律形成的原因

驾驶人的个性特点不同,对训练的态度以及训练准备不同,会造成驾驶技能训练进程的差异,主要有以下原因形成:

(1)参加驾驶学习之前的技能水平的差异。

(2)学习进程中,通过同样的训练,驾驶技能水平提高的速度不同。

(3)驾驶训练结束时达到的驾驶技能水平不同。

(4)训练过程中驾驶技能水平的保持和持续提高的时间不同。

针对上述情况应增加驾驶技能训练的时间和次数,因为增加驾驶技能训练的时间和次数是驾驶技能形成的基本途径。所谓熟能生巧,就说明了训练在驾驶技能形成中的重要作用。

(二)特殊规律

怎样正确训练才能提高驾驶技能效果呢?驾驶技能的形成过程是受多种因素影响的,不同的训练安排、不同的训练条件,特别是不同的训练主体,都会影响训练的效果。下面根据三种不同的特殊规律来分析如何通过正确训练提高驾驶技能。

1. "先快后慢"("平滞"型)

这种规律形成的前提条件是:这部分大客车驾驶人性格开朗、聪明、易结交、大胆泼辣、社交广泛、易学、易会、易忘。他们当中有些人在学习大客车驾驶之前已经零星学过驾驶方面的动作或者做过相关方面的工作,有一定的基础,学习大客车驾驶过程中经教练员稍加指点,就能迅速掌握驾驶技能。学习驾驶技能的初期成绩提高快,而经过一段时间后,成绩提高就比较缓慢。与大部分参加学习训练的大客车驾驶人相比,他们提前感受到了驾驶工作的单调、乏味和枯燥,尽管如此这部分人的驾驶技能仍比其他人高出许多。但由于缺乏学习驾驶技能的兴趣和热情,训练后期不仅没有进步,还有退步的可能。这是训练上的误区,应当引起我们的关注。其原因可能是,在客车驾驶技能的初期,练习者对新技能有新鲜感,兴趣较浓,动机强烈,精力旺盛,练习认真、努力;到了学习后期,练习者已失去新鲜感,兴趣下降,疲劳产生,情绪低落。也可能是学习大客车驾驶技能的初期,大客车驾驶人可以把已有的动作经验运用到掌握新技能中来,所以进步快。以后,当这些现成经验利用得差不多时,再要提高就必须建立新的条件联系,或必须改变旧的联系(旧的习惯动作)。这样,就产生了一定的困难,进步慢了许多,甚至还出现退步。因此,在训练中对这部分人一般应在心智、思维技能上进行训练,不能只局限于某个固定的动作技能。目前,一般驾驶技能训练是有一定的能力"极限"的,对这部分人既没有时间,也难以利用较好的办法进行指点或更高层次的训练,这就要求这部分大客车驾驶人提高驾驶技能培训的兴趣,加强学习的自学性,主动强化心智、思维技能的训练,从而进一步提高驾驶技能。

2. "先慢后快"型("滞后"型)

这种规律形成的前提条件是:性格抑郁不开朗,不爱讲话,缺乏交流,社会活动差,文化程度不高,但爱学习、肯钻研、情绪稳定、记忆力较好。这部分人在学习大客车驾驶技能时,首先要适应驾驶训练的环境,其次要克服语言障碍和心理上的隔阂。因此,他们在大客车驾驶技能训练的初期进步不快,随着驾驶训练次数的增加、操作小时数的延长,对每一个动作反应有了较深刻的认识,并且把训练的映像在存储大脑中,因而不受外界干扰,不容易忘却,经过积累,在其头脑中形成了较为系统的联系,所以在后期驾驶技能会有质的飞跃,进步比较快。这就要求这部分大客车驾驶人学习初期要刻苦练习基础知识、基本技能,还需要熟练掌握分解动作,然后再进行连续系列动作的训练。他们熟练掌握了大客车驾驶基础知识、基本技能、分解动作和连续系列操作动作后,大客车驾驶操作技能的训练水平就会有很大幅度的提升。

3. "起伏"型

这种规律形成的前提条件是:性格开朗,好动,做事缺乏恒心,记忆力不好,学习反复易

忘。这些人在驾驶训练时,接受能力较快,但接受后不能巩固,容易忘记,训练成绩反复起伏,呈波浪式上升。总体来说这部分大客车驾驶人的驾驶技能训练水平基本趋势是上升的,但是这种上升不是直线的上升,大部分情况下,是呈波浪式上升,有起伏现象。这是因为驾驶人受各种主客观因素的影响,从主观因素来说,除上述情况外,驾驶人的情绪波动,态度变化,注意力能否集中,练习方法的改变以及睡眠、疲劳都会影响训练水平的波动。从客观条件来说,训练环境的改变、指导方式的不同,也会影响大客车驾驶技能训练的水平。根据这部分大客车驾驶人的特点,在大客车驾驶技能培训中要克服各种主客观因素的影响,加大训练频率,消除带有规律性的"起伏"现象,努力提高他们的大客车驾驶技能训练水平。

(三)驾驶技能训练中的个别差异

训练是大客车驾驶操作技能培训不可缺少的关键环节,通过大量不同形式的训练过程,会出现一些带有规律性的现象,了解和研究这些现象,对提高训练效果有所帮助。大客车驾驶人驾驶技能训练曲线表明,大客车驾驶人从技能掌握的速度和质量上会有四种不同的差异。

1. 驾驶技能掌握差异的四种类型

(1)驾驶技能掌握速度较快,质量较好。
(2)驾驶技能掌握速度较快,错误较多。
(3)驾驶技能掌握速度较慢,错误较少。
(4)驾驶技能掌握速度较慢,错误较多。

2. 大客车驾驶技能形成中出现个别差异的原因

(1)客车驾驶人的个性特点不同,学习态度不同,知识、经验不同,准备状况和努力程度不同,练习方式不同,驾驶技能的形成就会出现差异。驾驶技能的形成不仅决定于练习的数量和质量,而且也决定于学习者本身的特点和条件。针对大客车驾驶人学习和掌握驾驶技能过程中存在的个别差异,必须具体分析产生差异的原因,并针对不同驾驶人的不同原因,分别采取不同的指导策略,帮助大客车驾驶人顺利地形成并进一步巩固和提高驾驶操作技能。

(2)忽视驾驶培训的教学计划、教学大纲,不尊重教材,满足于"驾驶人能够在道路上把汽车开走"这种低标准要求。就会造成大客车驾驶人不认真学习、技能培训水平低下、训练成绩低下。

(3)大客车驾驶人不接受或听不进教练员的正确指导,就会造成驾驶人训练进程迟缓,甚至停顿。有的驾驶人对教练员有抵触情绪,不接受教练员的指导,而是自己摸索着用各种方法去完成操作,从多次尝试和失败中寻找正确的方法,对驾驶技能形成的特征缺乏科学的认识,造成驾驶技能形成较慢,错误较多。为了提高驾驶技能培训的正确率和进程,必须强化教练员的权威,大客车驾驶人在学习时必须听从教练员的指导,并组织各阶段考试,对各阶段技能水平进行测试,以提高大客车驾驶技能的培训质量。

三、根据技能培养的规律,提高驾驶训练效果

熟练的驾驶技能是在驾驶训练过程中多次重复而形成的,但这一重复并不是简单而机械的重复,而是以改善行为方式为目的的重复,无思维的机械重复是毫无意义的,也没有效果。提高大客车驾驶训练效果有下述几种方法。

1. 明确大客车驾驶技能训练的目的

大客车驾驶技能培训有了明确的训练目的,就可以增强训练的自觉性,使大客车驾驶技能训练经常处于意识的控制之下,从而提高驾驶技能的训练水平。

2. 大客车驾驶技能训练的正确练习方法

驾驶技能训练效果取决于正确方法的运用。在训练中,大客车驾驶人要重视教练员的指导和示范。特别是练习的开始阶段,由于大客车驾驶人不易察觉自己的缺点和错误,别人的监督和检查就尤为重要。教练员的指导可以帮助大客车驾驶人认识驾驶操作机构的原理和结构,了解驾驶操作动作的要领、要点。教练员的示范可以加深大客车驾驶人识别正确动作的视觉映像,便于大客车驾驶人把自己的动作与示范动作对比,提高驾驶技能训练质量。大量实践证明,为了掌握大客车驾驶技能的技巧,从比较简单的技能开始训练是非常重要的。比较复杂的驾驶技能,可以把整个驾驶操作技能划分为若干个局部,分别加以掌握,然后有计划、有步骤地把局部技能联系起来,成为整体技能加以训练和练习,只有这样由浅入深、由易到难的练习,才能收到较好的效果。

3. 大客车驾驶技能训练的结果运用

大客车驾驶培训中大客车驾驶人只有知道自己在驾驶训练之后有了哪些进步、还存在哪些问题,才能在以后的训练过程中,保存正确的东西,抛弃错误的东西,提高训练质量,促进熟练的形成。在大客车驾驶技能训练中,可采用语言指导、模式记录、系列化考试等方法,让大客车驾驶人尽快地了解自己的训练效果。以便在今后的驾驶技能训练中,使大客车驾驶人保持正确的驾驶技能,改正错误驾驶动作,缩短大客车驾驶技能培训的时间,提高大客车驾驶技能训练的水平。

4. 合理安排练习时间

大客车驾驶技能训练时间的安排通常有两种。一种是每次训练时间很长或者连续不间断地训练叫集中训练;另一种是每次训练时间较短,各次训练之间有一定时间间隔的训练叫分散训练。不同的操作任务,应采用不同的训练方式。一般而言,开始阶段应频繁地训练,但每次训练的时间不宜过长,以后逐渐延长训练时间。

综上所述,大客车驾驶人培训的目的是使每一个大客车驾驶人熟练地掌握大客车的驾驶技能。大客车驾驶技能熟练的形成、巩固和提高,需要有足够的训练次数和训练时间作为基础。使每一个训练阶段、每一个训练科目的训练都尽可能地处于最有效的状态,使大客车驾驶人在尽可能短的时间内获得最佳的技能训练效果,使培训成本有效降低,是大客车驾驶训练科学研究的目的和方向。高效、快捷、熟练地掌握大客车驾驶技能,是大客车驾驶人的共同心愿。

思考与练习

1. 驾驶技能形成有哪些过程?
2. 影响大客车驾驶人驾驶操作技能形成的心理因素有哪些?
3. 驾驶技能培养的一般规律有哪些?
4. 驾驶技能训练中的个别差异有哪些类型?

第三章　驾驶的速度控制

汽车是现代高效、高速的交通工具。速度过低发挥不了它的效率,过高又会对自身及他人造成伤害。本章就汽车在各种道路条件下的行驶速度进行阐述,使汽车在保证安全的前提下更好地为社会服务。

第一节　速度的变换与控制的基本原理

汽车作为一种交通工具,在行驶中必然会有起步、上坡、高速行驶等驾驶需要。而这期间驱动汽车所需的转矩都是不同的,光靠发动机是无法应付的。根据内燃机的特性,发动机直接输出的转矩变化范围是比较小的,而汽车起步、上坡却需要大的转矩;高速行驶时,只需要较小的转矩,如直接用发动机的动力来驱动汽车的话,就很难实现汽车的起步、上坡或高速行驶。另外,汽车需要倒车。这样就必须要通过变速器来实现。

一、变速挡位的区分与运用

(一)变速器的作用

(1)变速器的作用是在较大范围内改变汽车输出转矩的大小,改变汽车的行驶速度。汽车在不同的行驶条件下,行驶速度和驱动转矩须在很大范围内变化。例如,在高速公路上高速行驶时车速最高应能达到120km/h,而在场地驾驶时车速低至5km/h左右。空车行驶时阻力很小,而当汽车满载上坡时,行驶阻力就很大。汽车发动机的特性是转速变化范围较小,而转矩变化范围更不能满足实际路况需要。

(2)不改变发动机的运转方向,使汽车倒退行驶。在变速器中设置倒挡就可实现汽车倒车行驶。

(3)空挡。发动机怠速运转离合器接合时,变速器没有动力输出,可以保证驾驶人在发动机不熄火时松开离合器踏板,减轻驾驶人的疲劳,降低劳动强度。

(二)变速挡位的区分

在驾驶汽车行驶过程中,为使汽车适应各种道路状况及道路交通流量的变化来达到合适的行驶速度,需经常变换挡位,因此变速器的换挡操作是相当频繁的。能否及时、准确、迅速地换入所需挡位,对保证行车安全、延长车辆使用寿命,充分发挥汽车的动力性、经济性都有很大关系。因此,换挡操作的熟练程度也是衡量驾驶人驾驶技能的一项重要标志,我们必须熟练掌握。

汽车变速器挡位的区分：中型以上的汽车一般设5～7个挡位，1挡、2挡为低速挡，3挡、4挡为中速，5挡以上为高速挡。小型汽车一般设4～5个挡，1～2挡为低速挡，3挡为中速挡，4挡以上为高速挡。通常所说的汽车有几个挡位是指前进挡，不含倒挡。

（1）低速挡。低速挡的特点是速比大，行驶速度慢，使驱动轮能获得较大的转矩，增大牵引力。所以，在起步、爬陡坡、通过困难路段等行驶阻力大的情况下使用。但低速挡时的车速慢，发动机转速高，发动机温度容易升高，燃料消耗大。因此，用低速挡行驶的距离不宜过长。

（2）中速挡。中速挡是由低到高或由高到低的过渡挡位。通常，在转弯、过桥、会车、一般坡道或通过一般困难路段时使用。但也不宜长时间用中速挡行驶。

（3）高速挡。在道路条件较好，发动机有足够的动力和或汽车载荷轻时，应用高速挡行驶。高速挡行驶速度快，牵引力小，发动机转速较高，燃料速消耗低，发动机磨损也小，适用于在较好的路况下长距离行驶。

二、低速挡升高速挡的操作控制原理

在汽车行驶过程中，应当尽量使发动机工作在高效转速区并能在低速时获得较大的转矩（利用低速挡齿轮组的减速增矩的原理），通过换挡就可以实现上述目标。

如果车速和挡位不匹配，高车速用低速挡，发动机会长期保持在高转速，发动机会过热，润滑变差，严重损坏发动机机件；低车速用高速挡，将提供不了足够的驱动力，汽车无法行驶。这样，汽车的动力性和经济性都无法体现，并会加剧车辆的磨损。

换挡是在齿轮旋转的情况下进行的，只有使需要啮合的一对齿轮的圆周速度（轮齿的线速度）达到相等时，才能平稳而无撞击地啮合，"两次离合换挡法"（两脚离合法）就能满足这种要求。现将低速挡换高速挡的操作方法和原理叙述如下：

汽车起步后，只要道路条件允许，须平稳踏下油门踏板逐渐提高车速进行冲车，当车速适合换入高一级挡位的时候，立即抬起加速踏板，同时踏下离合器踏板，将变速杆移入空挡，随即松起离合器踏板，再踏下离合器踏板，并迅速把变速杆挂入高一级挡位，接着边抬离合器踏板边踏下加速踏板（油、离配合），待加速至更高一级挡位的车速时，再依上述操作方法换入更高一级挡位。

提高车速进行冲车时，应注意不应过急或过缓。过急对车辆不利而且会影响舒适感，过缓使加挡时间太长。如果冲车不足即速度没有达到高一级挡位的要求就换入高一级挡位，汽车将不能正常行驶出现撑挡现象；如果冲过了，则为拖挡即高车速低挡，同样损伤发动机。

当加速到一定速度后，即松开加速踏板，同时踏下离合器踏板。这样在提高了车速后解除中间轴与第二轴一挡齿轮之间所传递的转矩，便能顺利地退出一挡。如随即挂入二挡，就迫使第二轴二挡齿轮强行啮入，必然与中间轴二挡齿轮发生碰齿响声。原因是这两个挡位的变速比有差异，一挡为6.4∶1，二挡为3.09∶1，要顺利地变换挡位，就必须使第一轴与第二轴的速比由原来的约6∶1变成约3∶1，也就是只有把第一轴（及联动的中间轴）的转速降到约为原来的1/2时，才能使二挡、被动齿轮的圆周速度接近相等从而顺利进入啮合而不致发生碰齿响声。为了满足这一条件，可以在移入空挡后，略等一定时间，待中间轴转速自行降低到约为原有的1/2时，便可使二挡齿轮无撞击地啮合。应当指出，这种使中间轴自行降

速的方法势必延长换挡时间,大大降低了原有车速。而二次离合操作方法中,第一次抬起离合器踏板的意义就在于退出第一挡齿轮啮合之后,使中间轴、第一轴与发动机曲轴连成一体,利用发动机的怠速转速慢的牵阻作用,将中间轴的转速很快降低下来,与二轴上齿轮的圆周速度相同,使汽车仍处于较高车速时,能顺利地换入二挡。为什么要第二次再踏下离合器踏板呢?显然,在换挡过程中,很难准确掌握将要进入啮合的一对齿轮的圆周速度达到完全相等的瞬刻时机。因此在挂挡时,圆周速度总会有差异,不免要发生碰齿声响。为了使这种碰击尽量减轻,于是第二次踏下离合器踏板,使中间轴与曲轴飞轮组分离,这样即使是将要啮合的一对齿轮的圆周速度有些差异,也不致引起较大的碰齿声。

上面提到的在空挡略等一段时间即为等挡时间,低挡时速度越高等挡时间越长,低、高挡之间速比差越小等挡时间越短。

现在的汽车已普遍安装了同步器,极大地减轻了驾驶人的劳动强度。在升挡过程中,装有同步器的变速器可以用一脚离合法换挡,但中间的等挡时间不可少,以使换挡动作更加轻便柔和并保护机件。

三、高速挡减低速挡的操作控制原理

当汽车减速后原挡位不能提供足够的驱动力时,可以通过降低挡位减速增矩的方法来保证汽车继续正常行驶。

高速挡换入低速挡时,先抬起加速踏板,踏下离合器踏板,将变速杆移至空挡位置,然后再抬起离合踏板,同时,踏一下加速踏板(即加空油,其目的是提高发动机转速,将变速器第一轴和中间轴的转速提高,使要进入啮合的两个齿轮圆周速度相等,以免降挡时齿轮碰撞发响。加空油的多少,随车速和挡位速比差而定,挡位速比差大空油大一点儿,车速快也要多加空油),再迅速踏下离合器踏板,换入低一级挡位,抬起离合器同时踏下加速踏板,使汽车以低速行驶。

现在的汽车都装有同步器,在高挡换低挡的过程中可以使用一脚离合法进行换挡。在挂入低一级挡位时稍稍用力,使同步器同步,达到无声啮合。

掌握好减挡时机,适时地变换挡位,是实现顺利变速的关键。减挡时机应为原挡位已感动力不足,减至下一级挡位动力尚有余地时。如果减挡时机过迟,会造成动力不足、汽车传动系抖动,加速机件的损坏;减挡时机过早,低速挡使用时间过长,经济性变差。

减挡后应根据当时车速的情况通过加速踏板、离合器踏板的配合使汽车平顺行驶。

四、自动变速器操作控制的基本原理

(一)自动变速器简介

1. 自动变速器的工作原理

自动变速器传动系统的结构与手动变速器相比,在结构和使用上有很大的不同。手动变速器主要由齿轮和轴组成,通过不同的齿轮组合产生变速变矩;而自动变速器传动系统是由液力变矩器、行星齿轮和液压操纵系统组成,通过液力传递和齿轮组合的方式来达到变速变矩。其中,液力变矩器是自动变速器最具特点的部件,它由泵轮、涡轮和导轮等构件组成,

它直接输入发动机动力,并传递转矩,同时具有离合作用。泵轮和涡轮是一对工作组合,它们就好似相对放置的两台风扇,一台风扇吹出的风力会带动另一台风扇的叶片旋转,风力成了动能传递的媒介,如果用液体代替空气成为传递动能的媒介,泵轮就会通过液体带动涡轮旋转,再在泵轮和涡轮之间加上导轮,通过反作用力使泵轮和涡轮之间实现转速差就可以实现变速变矩。由于液力变矩器自动变速变矩的范围不够大,因此在涡轮后面再串联几排行星齿轮来提高效率,液压操纵系统会随发动机工作的变化而自行操纵行星齿轮,从而实现自动变速变矩。

2. 自动变速器的优缺点

(1)优点:操作简单,使用方便。自动变速器具有操作容易、驾驶舒适、能减少驾驶人疲劳的优点,已成为现代轿车配置的一种发展方向。装有自动变速器的汽车能根据路面状况自动变速变矩,驾驶人可以全神贯注地注视路面交通情况而不会被换挡搞得手忙脚乱,从而使驾驶变得轻松起来。

(2)缺点:传动效率低,经济性不好;结构复杂,维修成本高。

3. 自动变速器挡位标识及作用

自动变速器汽车的自动变速器的挡位一般分为 P、R、N、D、S、L(或 1、2)等。分别介绍如下:

(1)P挡:停车挡,或称泊车挡。它是利用机械装置去锁紧汽车的转动部分,使汽车不能移动。发动机运转时只要将选挡杆放在行驶挡位置上,自动变速器汽车就能很容易地行走。当汽车需要在一固定位置上停留一段较长时间,或在停车之后离开车辆,应该拉好驻车制动器手柄并将拨杆放入"P"的位置上。要注意的是:车辆一定要在完全停止时才可使用 P 挡,要不然自动变速器的机械部分会受到损坏。位于"P"挡时,车轮处于机械抱死状态,可以防止溜动。另外,自动变速器汽车上装配有空挡起动开关,使得汽车只能在"P"或"N"挡才能起动发动机,以避免在其他挡位上误起动发动机时使汽车突然前窜造成事故。

(2)R挡:倒挡,供汽车倒退时使用。自动变速器汽车不像手动变速器汽车那样能够使用半联动,故在倒车时特别注意加速踏板的控制。通常要按下选挡杆上的保险按钮,才可将挡位移至"R"挡。要注意的是:当车辆尚未完全停定时,绝对不可以强行转至"R"挡,否则变速器会受到严重损坏。

(3)N挡:N挡是指空挡,可在起动时或拖车及暂时停车时使用。为防止车辆在坡道上溜动,当挂空挡时一定要踩着制动踏板。将选挡杆置于"N"挡上,发动机与变速器之间的动力已经切断分离。如短暂停车可将选挡杆置于此挡并拉紧驻车制动器,右脚可移离制动踏板稍作休息。在等待信号灯或堵车时常常将选挡杆保持 D 位,同时踩下制动。若时间很短,这样做是允许的,但若停止时间长时最好换入 N 位,并拉紧驻车制动器。因为选挡杆在行驶挡位置上,自动变速器汽车一般都有微弱的行驶趋势,长时间踩住制动踏板等于强行制止这种趋势,使得变速器油温升高,油液容易变质。尤其在空调器工作、发动机怠速较高的情况下更为不利。有些驾驶人为了节油,在高速行驶或下坡时将选挡杆扳到 N 位滑行,这很容易烧坏变速器,因为这时变速器输出轴转速很高,而发动机却在怠速运转,油泵供油不足,润滑状况恶化,易烧坏自动变速器。

(4)D挡:前进挡。将挡位放置在"D"挡上,驾驶人通过控制加速踏板就可以控制车速。

由于自动变速器是根据节气门开度大小与车速高低来确定挡位的,所以加速踏板操作方法不同,换挡时的车速也不相同。如果起步时迅速将加速踏板踩下,升挡晚,加速能力强,到一定车速后,再将加速踏板很快松开,汽车就能立即升挡,这样发动机噪声小,舒适性好。D挡位的另一个特点是可以强制低挡,便于高速时超车,在D挡位行驶中迅速将加速踏板踩到底,接通强制低挡开关就能自动减挡,汽车很快加速,超车之后松开加速踏板又可自动升挡。

(5)S、L挡位 S表示运动模式,在这个挡位上变速器可以自由换挡但换挡时机适当延迟,使发动机在高转速上保持相对较长时间。L挡也即低速1挡,上下陡坡时用此挡,可充分利用发动机制动,避免车轮制动器过热,导致制动效能下降。但是从D位换入S位或L位时,车速不能高于相应的升挡车速,否则发动机会强烈振动,使变速器油温急剧上升,甚至会损坏变速器。另外在雨雾天气时,若路面附着条件差,可以换入S位或L位,固定在某一低挡行驶,不要使用能自动换挡的位置,以免汽车打滑。

(二)自动变速器汽车的起步加速、减速和停车

自动变速器汽车与手动挡汽车相比操作简单、方便、好控制,现在很多初学者都喜欢直接学习自动变速器汽车。自动变速器汽车固然驾驶方便,但与手动变速器汽车有许多不同的地方,如起步、停车、坡道驾驶及加速踏板运用等。

1. 自动变速器汽车的起步

自动变速器汽车起步之前,应先踩住制动器踏板,再根据行驶需要将变速器挡位操纵杆从P挡或N挡的位置转换到D挡或R挡的位置。自动变速器汽车起步时,松开驻车制动器手柄的同时慢抬制动踏板,然后轻点加速踏板,让车辆慢慢起步。加速踏板的控制要柔和,不能过猛。如果起步时加速踏板的操作过猛,节气门开度过大,除了满足汽车起步过程所需的动力外,多余的动力会使汽车产生急加速的效果,汽车的行驶速度会迅速提高,容易造成起步过程中的追尾事故,而手动变速器汽车由于受挡位速比的限制,不会产生此现象。

2. 自动变速器汽车的停车

自动变速器汽车准备停车时要提前松开加速踏板将右脚移到制动踏板上,根据停车的位置、速度及距离使用制动踏板,降低车速。停稳后再用力踩住制动踏板。车辆停止后,将挡位放入N挡或P挡拉紧驻车制动器。特别注意的是,如临时停车使用行车制动器时,汽车停车后一定要踩住制动踏板,以防因自动变速器汽车特有的蠕动现象使汽车前行而发生意外。

3. 自动变速器汽车的加速

许多自动挡变速器加速有延迟。当踩下加速踏板时,发动机转速上升很快,但加速不快,这一般在半秒到一秒之间。一般情况下,随着节气门开度的增加,车速会上升,挡位也随之自动升高。为了让挡位提前升到高挡位,可以使用收加速踏板提前升高挡的驾驶方法。即将汽车迅速加到20~30km/h,以后迅速收一下加速踏板,这样自动变速器就会提前升到高一级挡位,速度达到50km/h时,迅速收一下加速踏板,可再升高一挡,这样操作不但提升挡位,而且使发动机磨损、噪声等都将有所降低。相反,如在一定的挡位上迅速将加速踏板踩到底,将会强制性地降低一个挡位。

4. 自动变速器汽车的减速

自动变速器汽车与手动变速器汽车相比,松开加速踏板后发动机制动的作用不明显,减

速效果不好。因此,要想减速必须尽早松开加速踏板,尽早使用行车制动。对松开加速踏板后速度下降的程度及制动的效果,要在各种车速下加以体验,尽快掌握。

5. 自动变速器汽车上下陡坡时速度的控制

汽车在上下陡坡时一般都充分利用发动机制动来进行速度的控制,避免频繁使用行车制动。对于自动变速器汽车而言也不例外。在自动变速器汽车上都有L挡或1、2挡,其目的就是要人为地将挡位固定在低速挡范围内循环而不自动跳到高速挡,用发动机的牵阻来控制速度。自动变速器汽车在上下陡坡时,根据坡度情况可选用L挡或2挡,这样可将挡位固定在低速挡位上循环,充分利用发动机的牵阻作用来控制车辆的速度。

第二节 一般道路和城市道路速度的控制

一、平路的速度控制

车辆的行驶速度可分为最高速度和经济速度,最高速度又可分为车辆设计最高速度和法定最高速度。车辆设计最高速度,即车辆技术性能说明书上规定的最高速度,指车辆在道路平直、空闲、视线良好的情况下,所能达到的最高行驶速度;法定最高速度指交通法规上规定的最高限定速度,机动车行驶时不允许超过此速度。经济速度即车辆技术性能说明书上规定的经济速度,车辆以经济速度行驶,发动机功率利用较好,耗油量较低,机件磨损较小,有利于节油和延长车辆寿命。

汽车在平坦道路上行驶,要在交通法规规定的限速范围内,以经济速度行驶。不同车型的经济速度有所不同。在行驶速度方面首先要遵守交通法规的有关规定;其次是密切注意交通情况,正确判断,及时调整车速,发现路面障碍物时,确保安全行车。

汽车的行驶速度与行车安全、燃料消耗、机件使用寿命都有直接关系,必须合理控制汽车的车速。汽车的行驶速度是根据车型、车况、道路和气候、环境、视线以及交通流量、驾驶技术、驾驶人的精力等因素确定。行车必须严格遵守交通法规中所规定的限速要求,谨慎驾驶车辆,合理控制车速,以确保行车安全。密切注意交通情况,正确判断,及时调整车速,发现路面障碍物时,应及时采取减速措施,避免急减速和紧急制动。

当车辆起步后,只要道路条件允许就应该尽快将挡位升至高速挡。升挡时要注意提速冲车。汽车在行驶中需要减速时,应提前适当松抬或完全松抬加速踏板,首先利用发动机的牵阻逐渐降低车速,如不能达到预期减速效果时,再辅以行车制动器来达到减速目的。汽车在行驶中需要加速时,必须根据情况直接加速,或降低挡位后加速以保证发动机有足够的动力;小范围内调整车速,只需适当踏下或松抬加速踏板即可。

车辆在没有设置中心分隔护带的道路行驶,与前方来车交会时,应适当降低车速,并选择比较空阔、坚实的路段,靠道路右侧交会通过。如果在行驶前方的道路上有障碍物时,要根据自己的车辆距离障碍的远近、行车速度以及对面车辆和道路状况,决定是加速越过障碍后会车,还是减速慢行,甚至停车让对方车辆先行,以错开两车越过障碍物的时间,避免"三点成一线"在障碍物处会车。如果对越过障碍没有把握,则应进一步降低车速,缓行至障碍物近处,不要忙于超越,应主动减速、调整车体位置或停车让路,不要抢行,堵住来车的行驶

路线,让对面来车通过障碍后再继续行驶。可能在路面较窄或道路两侧均有障碍的情况下会车时,则应根据对方来车的情况和道路条件,预选交会路段,正确控制车速,以保证两车在选定的路段交会。

超车时应正确估计被超车辆的速度及和自身车辆的速度差,加速超车后在不影响被超车辆正常行驶时回到原车道保持原车速行驶,不得强行超车及超过最高限速超车。

让超车时要让道、让速,不得让道不让速或故意不让。在被超越后恢复正常速度行驶。

在道路上车辆形成车流行驶时,要与车流速度保持一致。避免出现超越车流和被车流超越的现象,禁忌高速超越车流。

二、坡道的速度控制

汽车在坡道上行驶,上坡阻力和下坡助力对车辆的行驶有较大的影响。应根据坡道驾驶的特点采取相应的措施,熟练掌握坡道驾驶技术,正确操纵机件,合理控制车速,确保安全。

(一)上坡的速度控制

上坡时重力会沿坡面向下产生一个分力与行驶方向相反,所以上坡起步时一定要注意使用"三者配合"起步,防止汽车后溜,起步后应及时踩下加速踏板。因为是上坡,升挡前的冲车过程要根据坡度的大小进行调整,车速要提的更高一点儿,才能换入高一级挡位。加挡动作要快,加挡后的加速踏板与离合器的配合要准、紧一些,避免加挡时间长造成动力损失较多,进入高一级挡位后就感到动力不足的现象。遇情况减速后感到汽车动力不足时,就要及时减挡,不要犹豫不决而错失换挡时机。注意减挡时机要略提前,保证减挡后有较好的动力继续行驶。减挡动作要快、准及减挡后的踩加速踏板要及时,动力损失较多时可越级减挡,使汽车有良好的动力,保持一定的速度继续前进。

遇到平而缓的坡道,确无急弯和路面障碍时,可以在平路部分适当加速,利用车辆的行驶惯性加速冲坡,减少或避免上坡时的换挡,保持动力。

遇到较陡的坡道时,应提前减挡保证充足的动力进行上坡。当接近坡顶而看不清前方路面情况时,应适当减速并鸣号。

在坡道转弯处,必须以低挡、低速谨慎通过,做好转弯三件事,减速、鸣号、靠右行。

(二)下坡的速度控制

同上坡相反,下坡行驶时有一个下坡助力,与行驶方向相同。起步时可提前松开驻车制动,待车辆溜动后起步。下坡加挡时视坡道大小来确定加速冲车时间的长短,有时只需要让汽车在惯性作用下使车速起来后就可加入相应挡位。下坡减挡时将下坡助力考虑在内,可适当提高一级挡位。

下坡时由于动力较好,要注意控制好车速,切不可盲目开快车,要将车速控制在安全范围内,要充分利用发动机的牵阻作用控制车速。不使用加速踏板时,右脚一定要放在制动踏板上。

下陡坡时,要遵照几挡上几挡下的原则,控制好车速,避免过度使用行车制动导致制动蹄摩擦片因热衰减而失效。

严禁空挡滑行。因空挡滑行时失去了发动机制动,而发动机怠速有时也会熄火,使得汽车速度无法控制,将会造成灾难性的后果。

如遇制动失效或不能使用行车制动减速时,可以使用越级抢挡,利用发动机的牵阻作用使汽车减速平稳安全停车。

三、大中型城市速度的控制

城市是人口密度高、交通流量大、道路交通设施比较完善和齐全的地方。城市道路是城市交通的重要组成部分,城市道路网络密布,车辆、行人流动频率高,交通动态变化快而大,各种情况比较复杂,交通拥挤(图3-1),给安全行车带来较大威胁。所以驾驶人应熟悉城市道路,环境及交通特点,掌握城市驾驶的一般规律,合理控制车速,谨慎驾驶。

图3-1 繁忙的城市交通

(一)城市道路的类型及特点

(1)全混合交通道路(俗称一块板道路,见图3-2)。主要是城市的支路和辅助道路,适用于机动车及非机动车交通流量小的区域,没有中间分隔带,有的道路连中心线都没有。机动车和非机动车双向混合行驶,互相干扰大,易引发交通事故。

(2)半混合交通道路(俗称两块板道路,见图3-3)。适用于机动车多、车速快但非机动车流量不大的市郊道路。由一条中间隔离带来分离双向车流,使双向道路各自成为单向通行的道路。但同方向行驶也是混合交通,机动车与非机动车之间的干扰也较大。

图3-2 全混合交通道路

图3-3 半混合交通道路

(3)双向分离式道路。

①机动车双向无隔离(俗称三块板道路,见图3-4)。适用于机动车流量及速度要求较高及非机动车流量较大的城市主干道和次干道,利用两条分隔带将机动车与非机动车进行分离,互不干扰,减少交通事故的发生。但对于机动车来讲,没有中间分隔带,通行时也会受到一定的干扰。

②机动车双向隔离(俗称四块板道路,见图3-5)。适用于机动车流量及速度有更高要求的道路。三条分隔带将机动车与机动车、机动车与非机动车进行彻底分离。机动车双向行驶也得到分离,提高了机动车的行驶速度和通行能力,更加有利于交通安全。

图3-4 机动车双向无隔离道路

图3-5 双向交通全隔离道路

(4)由于城市道路多而密,在城市中交叉路口多且大小不等,各种车辆汇集于此,冲突点与交织点很多,相互干扰很大,不利于交通安全。

(5)随着对城市道路交通要求的不断提高,通行能力强、相互干扰小、速度快的城市立交道路越来越多。

(6)城市道路有较完整的管理体系,各种交通标志标线齐全,设施配套。

(二)城市交通的特点

1. 行人及非机动车的交通特点

由于城市的集聚效应,城市里行人及非机动车非常多,密度也很大。他们在交通活动中属于弱者,其动态复杂多变,稳定性差,随意性很大,反应速度也有较大的差异。在城市中他们的流量及流向具有一定的时间性与区域性。如上下班时间及学校附近等等。

随着人们生活水平的改善,出现了大量的电动自行车,这些车辆由于经过改装,速度快、制动差、稳定性不好,行驶时还随时加塞和穿插,不顾自身安全,给安全行车带来极大的隐患。

2. 机动车的特点

在城市中公共汽车的数量较大,驾驶人对周边环境比较熟悉,且受到时间的限制,在市区内行驶时见缝插针,占道强行的现象比较常见。城市内公交站点多,起步、停车频繁,靠站时停车不到位,有的城市还有城市轨道交通(如电车及有轨电车)及专用道路。

出租车在城市交通中也占据了重要地位。他们机动性能好,驾驶技术熟练,受经济利益的驱使,遇到有人招手时即停,全然不顾后方车辆,也经常盲目开快车,甚至强行超车。

在城市里私家车多而且集中,他们当中新手较多,驾驶不熟练,把马路当成了练车场,对交通秩序产生了较大的不良影响。

在有的城市中,还存在着大量的摩托车。它们加速性能好,行驶速度快,方便灵活,但制动效能差,稳定性差,且驾驶人交通意识较为淡薄,为追求刺激或自身方便在城市车流中穿来穿去,经常高速行驶。

(三)城市驾驶的速度控制

在城市驾驶中,由于道路交通流量大,交通参与者比较集中,混合交通现象十分突出。为了保证行车安全,机动车在城市道路行驶时,首先要正确选择好自己的行驶路线和车道。

快速路段及主干道上行驶的车辆,应严格按照其规定速度分道行驶,在安全的前提下,快速通过,但不得超速行驶。

在城市次干道上行驶时,由于一般均为混合车道,所以必须严格控制车速并与其他交通参与者保持必要的纵横向距离,确保安全。

在通过交叉路口时应提前减速,注意观察,把速度控制在30km/h以下,选择车道按交通信号灯行驶。在遇绿灯放行时,也不能高速通过路口。如无交通信号灯,应加强瞭望,在保证安全的情况下通过。要主动避让其他方向来车,让有优先通过权的车辆先行,不得争道抢行。

行至立交路口时,在距路口200m处就要减缓速度,注意观察路标指示,确认自己要进入的匝道。进入匝道时,按所规定的速度行驶。在爬越较长的立交桥时,如条件许可,可提前100m左右,用加速挡加速上坡,或降低一挡加速上坡。下立交桥时,应降低车速,安全通过。

驾驶车辆通过公共汽车站超越停靠在公共汽车站台上的车辆时,一定要减速,适时鸣号与其拉大横向距离。防止下车的乘客从其车前横穿马路,同时防止车辆的突然起步。

遇到校车在道路右侧停车上下学生时,校车在同方向只有一条机动车道的道路上停靠时,后方车辆应当停车等待,不得超越。校车在同方向有两条以上机动车道的道路上停靠时,校车停靠车道后方和相邻机动车道上的机动车应当停车等待,其他机动车道上的机动车应当减速通过。校车后方停车等待的机动车不得鸣喇叭或者使用灯光催促校车。

通过环形交叉路口时(图3-6),应提前150m减速,礼让已在环岛内行驶的车辆,进入环岛后,随车流而行,不要快速行驶或超车。

驾驶车辆如遇到行人和非机动车在机动车

图3-6 环形交叉路口

道上行走时,应减速礼让,确认安全后从其后方通过。有行人在人行横道线上过马路,要减速让其通行,必要时停车,不可鸣号催促,冒险强行通过,以免发生事故。如有车辆在人行横道前停车,此时不要超越,它可能正在停车避让行人。

在遇到人群较为密集的地方,如影剧院、广场、游览区,因行人不太注意周围的交通情况,有时也不按交通信号灯通过。此时应预见性减速,鸣号安全通过。

通过狭窄街道时,应严格控制车速,谨防行人突然横穿马路或从小巷口穿出,应注意观察小巷内的车辆及行人动态,随时准备应急措施。城市中在狭窄的道路边停车比较常见,此时应减速,鸣号防止突然打开车门或有人从车前穿出。

(四)城镇与集市的速度控制

1. 城镇与集市的特点(图3-7)

图3-7 集镇道路

我国城市周围的许多城镇和集市是城市的有益补充。但这些城镇和集市的街道狭窄,行人大都不懂或不习惯遵守交通法规,加之各种机动车、非机动车、人畜混杂,有的地方甚至把公路当成街道并形成马路市场,使得交通情况复杂。驾驶人在驾车通过这些地方时,精神一定要高度集中,谨慎行驶,随时做好处理各种突发情况的准备。

2. 城镇与集市车辆速度的控制

(1)小城镇街道一般都不设分道线。机动车、非机动车和行人混行,行驶中要主动减速礼让,不要开快车。遇会车有困难时,及早选择好停车地点,让对方车辆先行,以免阻塞交通,并尽量避免超车。

(2)小城镇路面较窄,街道两旁的房屋较低,屋檐伸出长,车辆不可过于靠边行驶。横穿街道的人很多,加之小摊贩占用街面或临街城镇居民占用路面摊晒物品等等,必须注意观察、避让,以防止发生压碰事故。通过小巷等视线盲区时,应提防行人、自行车、小孩儿从巷口窜出。

(3)遇有定期或不定期集市或农贸市场,交通将十分拥挤。行车中如能绕开,应设法绕开。无法绕开时,汽车一定要低速缓行,决不可用汽车挤驱人群。如果是在集市高峰时间确实无法通过时,应暂时停车,耐心等候。如必须通过集市时,应减速鸣号,必要时可下车协助疏通,随车人员车前引导,缓缓通过。

(4)通过乡村公路、土路时,农作物经常遮挡视线,要注意控制车速,防止当地村民、家畜等突然蹿出。

(5)交叉路口速度的控制。

①交叉路口的特点。交叉路口是道路交通的咽喉。行至平面交叉路口的机动车与非机动车、行人相互干扰,人流、车流量相当大,存在大量的冲突点和交织点,城市的高层建筑较多、绿化好,视线盲区较大,情况复杂,影响安全的因素很多,容易造成交通阻滞或发生交通事故。所以必须在路口前就应减速,注意观察其他交通参与者,并与其保持安全距离,谨慎通过。

②交叉路口速度的控制。车辆在行驶到各种交叉路口前,都应减速慢行,注意观察交通信号和交通标志,安全通过。

A. 通过有交通信号灯控制的平面交叉路口时,在距离路口100m时减速,在车道线虚线处进行车道选择,完成变道。遵循红灯停,绿灯行的原则,依次通过。严禁在绿灯即将转为黄灯甚至红灯时,加速抢行,以免在接近路口时因红灯亮采取紧急制动,而造成追尾事故,同时也不要抢在即将红灯转换为绿灯时抢行。尾随车辆通过路口时,应保持安全车距,防止前车因故突然减速停车而发生尾事故。在通过有交通信号灯控制的平面交叉路口时也不能因是绿灯放行而加速通过,以防其他车辆、行人闯灯抢行。

遇红灯时车辆应依次等待放行信号,右转弯车辆如遇前车停车等待绿灯放行时,应在车后等待,不得从前车两侧绕行。

放行时,注意避让两侧的行人及非机动车,确认安全后起步行驶。

B. 通过无交通信号灯控制的交叉路口时,应当距路口 100m 时减速,加强观察,保证安全通过。在与其他车辆有交叉时要注意礼让,严格执行让车规定,让优先通行的车辆先行,禁止争道抢行。遇行进方向的道路堵塞时,不得进入路口,停在路口外等待。在这种路口,尤其要注意非机动车及行人,控制车速,主动停车让行。

C. 进入环形交叉路口时,应在路口前 100m 减速并注意进入的时机,让已在路口内行驶的车辆先行,必要时停车让行。进入后,按逆时针方向绕行。保持和路口内车辆的安全距离,同时注意右侧准备进入的车辆。有两条及以上车道的环形交叉路口应由右侧车道驶出离开路口,严禁由内侧车道直接驶出路口。离开时应提前观察右侧车马行人动态,确保安全。

D. 立体交叉路口是两条或两条以上道路通过匝道相连接的地方,使它们在空间上相互分开,互不干扰,保持了较高的行驶速度,提高了道路的通行能力。通过立交路口时,应事先确定行驶的路线,选择好车道减速后进入匝道,在匝道内禁止超车。由匝道驶入主车道时控制车速,注意避让正常行驶的车辆。由于立交路口大部分为坡道,要注意控制好动力和车速,按坡道要求行驶。

四、跟车行驶时速度的控制

当前的道路交通事故中,因跟车不当而造成的追尾事故占到一定比例。为保证行车安全,驾驶人应严格遵守《道路交通安全法》,控制好车速、车距,避免追尾事故的发生。

(一)跟车的特点

1. 跟车时前车速度及一般动态判断的特点

行车中应密切注意前车车速,及时调整必要的跟车距离,控制速度。在车辆行驶中,当前车通过路边某一参照物时,数秒钟后车也到达这一参照物,即证明跟车距离合适。时间根据速度及其他情况而变化调整。当前车减速时,后车也立即减速调整跟车距离。若后车未及时减速,极有可能造成追尾或紧急制动。后车在行车中应时刻密切注视前车车速及制动灯信号,同时观察前车前的车、行人动态,预估前车采取的措施,做到心中有所准备。

跟车中遇会车时,前车减速右让,后车也应随前车减速右让。

跟车中若听到前车鸣号,说明前方有车辆或行人,此时后车应提高警惕,密切注视前车动态及道路情况,必要时也应跟随鸣号以"传递信息"。

前车超车时,应控制车速,待前车超越后方可超车。否则盲目跟随超车,易导致撞车事故。

2. 不同车型的跟车特点

(1)当前车为大型车、后车为小型车,由于前方大车挡住视线,不知道前方道路情况,不能预判前车动态,因此必须保持较大的跟车距离,控制速度。

(2)当前车为小型车,后车为大型车时,后车制动性能较前车差,也应适当拉大跟车

距离。

(3)当前车为出租车时,考虑到这类车招手即停,因此必须适当拉开跟车距离,降低车速,以防前车突然制动。

3. 复杂道路跟车的特点

(1)跟车上坡时,应适当拉大跟车距离,以防前车突然熄火后溜。

(2)跟车下坡时应控制住车速,随着下坡车速的加快,跟车距离也应逐渐拉大。

(3)跟车转弯时,由于前车在转弯特别在急弯处形成视线盲区,必须减速待前车转过弯道或急弯后再转弯。

(4)跟车通过简易桥梁、险要地段时应减速或停车,待前车安全通过后再通过。

(5)跟车通过积雪、泥泞路面时,应拉大跟车距离,沿前车车辙前进。

4. 复杂天气下跟车的特点

(1)雨雪中跟车行驶时,由于路滑,制动安全区增大,跟车距离也应拉大。

(2)雾天跟车行驶时,由于视线受阻、视野变窄,应密切注意前车喇叭、尾灯、制动灯等信号,及时调整车速,既不可跟车过近以免产生追尾,也不可离得太远,以免看不清前车尾灯而失去"路标"。

(3)夜间跟车时,应关闭远光灯,打开近光灯、示宽灯,并适当拉大跟车距离。

(二)跟车的几种形式

(1)极低速跟进,遇到机动车、非机动车或人群在自己汽车前方,由于某种原因,他们无法靠边,汽车也无法超越,这时汽车就得慢慢地跟在他们后面行驶,在繁华街道和城镇集市贸易地段常常出现这种情况,用5km/h以下的速度行驶,这就是极低速跟进。操作方法,适当运用半联动,略踩加速踏板,使汽车缓缓前进,通过离合器高低的调整来达到控制车速的目的。必要时可略踩制动踏板减速。

(2)中速跟进。尾随前车行驶时,经常受到前车动态的制约。如前车减速,后车就要采取制动,如果前车轻踩制动,后车就要用稍重的制动,这是因为后车驾驶人对前车变化有反应时间,后车迟于前车。后车措施应比前车略重,此时要注意前车制动灯,视线要越过前车,观察前车之前的车、行人状态。

(3)在车流中跟车。汽车行驶遇有车流时,应当融入其中,与前车保持一定的安全距离和车速,随同车流一起行驶。如车速较慢,会被其他车辆超越,影响行驶速度,容易发生事故,但也不得高速超越车流。

第三节 高速公路速度的控制

高速公路是指经国家公路主管部门验收认定,符合其技术标准,并设置交通安全管理设施和服务设施,专供机动车高速行驶的公路。

高速公路不同于普通公路之处在于被设计成行驶速度快、更为安全的公路。高速公路克服了普通公路交通的弱点,采用全封闭、多车道、中间分隔带、全立体交叉集中管理控制出入口,设有各种必要的标志、信号、照明设备多种安全服务设施,配套齐全。从而为车辆快速、安全、舒适连续运行及提高运输量提供了更为有利的条件。然而,由于速度快,一旦发生事故,将是灾难性的。

一、高速公路的特点

(一)行驶速度快

高速公路作为汽车专用公路,其设计行最高车速度为 100~120km/h,我国《高速公路交通管理办法》规定:车辆在高速公路上正常行驶时最低车速不得低于 60km/h,凡设计最高车速低于 70km/h 的机动车辆、非机动车、拖拉机、农用运输车、电瓶车、轮式专用机械、全挂牵引车,均不得驶入高速公路。由于限制了低速车辆的驶入,缩小了行驶车辆的速度差异,降低了行驶中的纵向干扰,使车速得到充分提高。

(二)通行能力

高速公路车道多(至少双向设有 4 个以上的车道),在一些特殊地段还设置爬坡、加速、减速等车道,使一些车辆在局部路段分离,减少了干扰,道路通行能力大大提高。

(三)完善的安全、服务设施

高速公路沿线设有完善的交通安全设施(如交通标志、标线、防护栏、隔离栅、分隔带、防眩板等)、完善的服务设施(如停车场、加油站、维修站、旅馆、饭店及公用电话等)。

(四)交通事故少

由于高速公路具有全部立体交叉控制出入、分隔行驶、限制最低与最高车速以及较完善的交通控制设施等特点,因此交通事故大大减少,其事故率只有一般公路的 1/3 左右。

(五)运输成本低

由于高速公路缩短了运行时间,提高了运行效率,所以能节约燃油,减小轮胎消耗和车辆磨损,减少行车事故,降低运输成本,经济效益和社会效益显著提高。

二、高速公路速度的选择与控制

和一般公路相比,高速公路在线形选择、坡度、超高设计、转弯半径、路面平整度等方面的要求要高得多,但它同样存在一个设计车速,机动车行驶速度不能超过道路设计车速,否则就可能发生事故。此外,高速公路也有出入匝道口、立交桥、无照明隧道、一般桥梁等交通情况复杂的地点,必须有限速要求。因此,高速公路限速行驶是必需的,也是国际上通行的做法。

我国《道路交通安全法实施条例》规定:设计最高时速低于 70km 的车辆不得上高速公路行驶。在高速公路上正常行驶时,最低时速不得低于 60km。小型客车最高时速不得高于 120km,其他机动车最高时速不得高于 100km。同方向有两个车道的,左侧车道最低时速不得低于 100km;同方向有三条车道的,最左侧车道最低时速不得低于 110km,中间车道最低

时速为90km。道路限速标志标明的车速与上述车道行驶车速的规定不一致的,按照道路限速标志标明的车速行驶。

在高速公路上行驶时的车速,应根据道路的交通情况和车型需要来选择。时刻注意高速公路上的限速标志,必须遵照执行。超车时不能超过最高时速,让车时,不应低于最低时速。高速公路行车应根据不同行驶速度,选择相应的车道行驶。严格遵守分道行驶、各行其道的原则。

在高速公路上,为了预防交通事故的发生,并不是每个路段都限制时速在120km。比如,在高速公路的隧道口、弯路、坡路、桥梁路段等一些经常发生恶性事故的危险路段,限速一般为80km/h,有的还更低。所以在高速公路上行驶要注意交通标志,行驶中不得超过标志标明的速度。如遇雪、雨、雾天气或路面潮湿、冰滑和能见度较差情况时应及时将车速降低到安全车速以下,并保持必要的安全距离,不能盲目开快车。不得随意提高车速频频超车,不准超速行驶,以免发生危险。

驶近高速公路入口处时要严格遵守限速规定,减速慢行,不与其他车辆争道,注意提示板上对当前道路及天气情况的提示,确定行驶速度。

高速公路的入口以匝道和加速车道连接,匝道呈曲线形状,比一般公路条件好,驾驶人往往会超速行驶,容易造成与弯道边护栏等发生碰撞或剐蹭。在匝道里将车速控制在40km/h以内,不要提速过高,把匝道当成加速车道。当驶入加速车道后要将车速迅速提高到60km/h以上,加强瞭望,注意避让正常行驶的车辆,在保证安全的前提进入高速公路的主车道。否则,在进入主车道时,会影响在主车道内正常行驶的车辆,甚至发生追尾事故。

车辆进入高速公路主车道后,严格遵守"分道行驶、各行其道"的原则和速度规定。根据车型及车辆的行驶速度正确选择车道。有限速标志的路段,将车速控制在限制速度以内。在行驶过程中,要依据车速表来判断车速,不可仅凭自己的感觉来判断。同时,可以通过高速公路上的车距确认来判断和前车的距离并调整速度。

在高速公路上行车,要充分注意行车的间距,当车速为100km/h时,纵向距离要大于100m,当速度低于100km/h,纵向距离的数值要与时速相当。如遇不良天气,纵向距离还应加大,如距离不够必须降低车速。超车时,要保持好横向距离,时速大于100km时,横向距离要在1.5m以上。天气状况不佳时,应降低车速并拉开横向距离以确保安全。

在正常行驶超越小车特别是轻型客车时车速不宜太快,以免搅动的空气影响轻型客车的稳定性。

行至高速公路立交桥或两条高速公路的连接匝道时,在距其500m时开始逐渐降低车速按预定标志变更车道,平顺进入预选车道。

行至高速公路隧道口500m时按其限速标志降速并开启灯光,使眼睛进行暗适应。驶出高速公路隧道时也要提前减速使眼睛明适应。

在行驶到高速公路的弯道时,适当降低车速以防止车辆失控,发生危险。

行至高速公路跨江大桥等路段时,往往会受到强横风影响,此时一定要稳住转向盘降低车速,以免车辆偏离行驶路线,影响安全。在冬季,这些地段由于悬空不接地,气温度较低易形成薄冰,行驶时要降低车速保证安全。

驶离高速公路时,在不影响其他车辆行驶的前提下逐渐变更至最右侧车道,在离出口

500m处降低车速进入减速车道,充分减速后进入匝道,到达收费站。

如已驶过出口,只能继续前进行驶至下一出口离开高速。

驶离收费站后由于长时间高速行驶使自己对速度不敏感,因此总感觉车速较慢,此时往往容易发生事故。可通过车速表的校正并进行一段时间的低速行驶来渐渐适应,确保行车安全。

三、速度对高速公路安全的影响

高速公路由于行车条件较好,行驶时干扰少,汽车行驶的速度有了较大的提高,但也给驾驶人的心理活动带来了一系列不良的影响,从而影响行车安全。其主要表现为对驾驶人的视觉、意识特征的影响。

(一)对驾驶人的视觉特征的影响

汽车驾驶工作是由发现信息、分析判断、操纵车辆三个过程组成。而视觉是接收信息的主要器官,占所有感官接收信息数量的80%左右,对其驾驶操纵的影响最大。

视觉特征除与人体眼睛器官的健康有关外,在行驶中影响其变化的一个重要因素就是行驶速度。随着高速公路上行驶车速的提高,驾驶人视野变窄,辨认距离缩短,容易产生速度判断错误,使距离判断发生错觉。

1. 视野变窄

视野是在人头部不转动的情况下,两眼所能看到的空间范围。随着车速的提高,驾驶人视点不断前移,对公路两侧的情况不易看清,这种随车速提高而视野变窄的现象叫作隧道视。长时间在这种情形下行驶,会使驾驶人产生疲劳和困倦。

2. 辨认距离缩短

驾驶人辨别目标物所需的距离和车速有很大关系。车速愈高,辨认距离愈短,如果车辆以60km/h的速度行驶,可以看清240m远的物体,而当车速增加到80km/h时,驾驶人只能看清160m远的物体,这就造成当驾驶人发现情况时,缺乏足够的反应时间去进行处理。

3. 速度判断错误

当驾驶人由一般道路刚刚驶入高速公路时,感到车速增加很多,行驶速度很快,但在长距离连续高速行驶一段时间以后,高速感渐渐淡薄,产生速度反应迟钝,出现速度错觉,觉得车速好像并不很快;当到高速公路出口匝道处减速时,极易出现对速度估计过低的现象,以为自己已经降低车速了,但实际上仍大大超过限制车速。因此,在高速公路出口匝道处,常因速度判断误差,造成交通事故。

4. 距离判断错觉

人对距离的感知主要依靠视觉系统提供的信息完成,视觉信息中又以双眼立体视力最为重要,通过立体视力,驾驶人感知物体的相对距离。随着车速的提高,驾驶人判断的车间距往往比实际要小,车速越高,其判断误差也越大。

(二)对驾驶人意识特征的影响

驾驶人意识特征主要表现在意识水平的高低,即驾驶人头脑清醒程度。这对及时准确地收集行驶信息、正确判断、处理行车情况有着重要的影响。当人处于正常而积极的状态时,工作能力能够充分发挥出来,安全可靠性较高。如果处于疲劳状态,昏昏欲睡、意识低下、可靠性大幅度下降,极易发生事故。高速公路由于行车干扰少,操作少,外界刺激单调,极易产生疲劳,造成驾驶人意识水平低下。汽车刚刚驶入高速公路时,驾驶人思想处在紧张状态,以适应高速行驶的车流,但随着行驶里程的增加,在其视野范围内,没有一般道路条件下的混杂情况,只有规律行驶的车辆以及各种标志、标线,长时间的单调行驶,使得驾驶人中枢神经缺少刺激,意识开始慢慢松弛,大脑渐渐进入近乎打瞌睡的状态,这时驾驶人的视觉及意识模糊,只是机械地握着转向盘,一旦遇到紧急险情,因驾驶人思维迟钝,观察判断力下降,反应速度和准确性降低,极易发生事故。

(三)驾驶人应采取的措施

由于在高速行驶条件下,驾驶人视觉、意识特征的变化,对安全行车有着以上的影响,因此驾驶人在行车中应采取如下针对性措施:

(1)应正确判断行车速度,及时观察车速表以修正判断误差,充分利用道路上设置的距离确认标志进行行车间距的确定,随时注意前车的行驶动向,以保持足够的反应时间。

(2)在高速公路上行驶时,要合理分配注意力,不能把注意力集中在某一点,应该有意识地注意周围情况,接收环境的刺激,始终保证意识处于清醒状态。

(3)应安排适宜的行车时间和停车休息,减轻因行车时间过长而引起的身体各器官疲劳,使驾驶人保持充沛的精力,具有很好的视觉特征,始终处于积极的意识状态,确保高速公路的行车安全。

第四节 复杂道路与特殊条件驾驶速度的控制

一、夜间驾驶速度的控制

夜间驾驶是一项必不可少的驾驶技能,缺少此项就不可能发挥汽车运输的优势和效率。作为驾驶人,夜间驾驶技术犹如白天驾驶技术一样重要。通常来讲,夜间的视线远比白天恶劣,由于灯光照射范围有限(图3-8),视线范围受到约束,而随着车辆及灯光的晃动,要迅速看清地形与周围的车、行人动态都比较困难,眼睛容易疲劳,人也容易犯困,对安全行车造成了极大的隐患。

图3-8 夜间行车灯光照射范围

(一)夜间驾驶的特点

(1)对于自身讲,视力变差,视距变窄。对事物的观察明显比白天差,灯光照射范围小,眼睛有明、暗适应的现象,观察和判断力下降。对交通情况的判断明显比白天迟,处理情况不及时,采取措施较晚,容易发生事故。由于是夜间行车,操作少、单调,易打瞌睡,容易犯困,思想不集中,或者认为夜间车少、人少而开快车,影响安全行车。

(2)对于行人及非机动车来讲,常借灯光照路,不知不觉走到路的中间,影响行车安全;牲畜在晚间受到灯光的照射及听到汽车的响声而容易受到惊吓失去控制。

(3)对于机动车来说,有的驾驶人不按规定使用灯光影响其他车辆行驶,还有的驾驶人盲目开快车。

(4)对于道路来讲,夜间行车时,仅凭经验对道路情况进行判断,不能对其路况及道路的走向进行非常清晰、直观的判断,增加了驾驶难度,从而影响到行车安全。但可以从灯光的移动和发动机的声音变化来对路况做一个判断。

(二)夜间驾驶速度的控制

夜间道路上交通流量小,行人和非机动车干扰较少,驾驶人一般容易开快车,并且因是在夜间容易犯困而容易发生事故,所以必须降低车速。

夜间行车时,车辆灯光照射的范围小,驾驶人视野受限,对事物的观察力明显比白天差,视距变短,容易产生视觉疲劳。由于驾驶人视线就是前照灯的照射范围,很难观察到灯光照射外区域的交通情况,同时再加上驾驶人夜间行车易疲劳,所以必须降速行驶,确保安全。

夜间会车时,在150m外要关闭远灯光,开启近光灯,避免产生炫目。如对方不关远灯光,自己感觉灯光刺眼而看不清前方道路时,应立即减速甚至靠边停车,让对方通过后再行驶。

夜间驾驶,尽量减少超车。在必要超车过程中,确认前车让道、让速,方可超车。

夜间行驶到交叉路口100m处,应减速慢行,使用近光灯注意观察交通标志,选择正确的路线及车道,低速安全通过。

夏季夜间行驶时,应特别注意路边纳凉的人员,加强观察,中速行驶。

在行经弯道坡路、桥梁、窄桥和不容易看清的地方更应降低车速。如对路况判断不准或无法判断时应停车查看,确保安全后通过。

在行经繁华地段时,由于霓虹灯及其他灯光的照射,对驾驶人的视线影响较大,看不清车前的障碍物,这时也必须降低车速,直至停车。

如遇下雨、雾等恶劣天气,视线更加不好,此时应降低车速行驶。必要时停车休息,待行车条件改善后再行驶。

夜间行车的速度一般应比白天适当降低。即使在道路平直和视线良好的情况下,也应考虑到道路夜间驾驶的特点,必须警惕突然事件的发生,因而车速也不宜过快。在行驶弯道、坡路、桥梁、狭路和不易看清的地方,更需要减速缓行,并做好随时停车的准备。克服麻痹思想,防止夜间事故的发生。

在夜间行车照明条件由亮转暗、由暗转亮时要提前减速,使眼睛能及时调整适应。

二、山区驾驶的速度的控制

山区道路(图3-9),大多依山而建,盘山绕行,坡长而路陡,弯道多且急,视线盲区较大,路面不平,路幅狭窄,大多临崖靠洞,海拔高,且落差较大,天气变化无常,而住在山区的人员大多交通意识淡薄,安全意识较差,对来往车辆不注意避让。在山区道路驾驶时,一定要集中注意力,控制好车速,谨慎驾驶,确保安全。

图3-9　蜿蜒曲折的盘山公路

汽车上坡时,提前换好挡位,使发动机保持足够的动力平稳上坡。汽车上陡坡时,必须根据坡道情况选择适当低速挡位行驶。当动力不足时,应迅速减挡,切不可撑挡。必要时可越级减挡,保证有足够的动力继续行驶。如果是短而陡的坡道,在确保安全的情况下,可采用加速冲坡的方法。

汽车下长坡时,尽量使用发动机制动控制车速,防止频繁使用行车制动而造成制动失灵。如发生行车制动器突然失灵,可采取"抢挡"的措施降低车速,同时可以利用自然条件进行强制减速直至停车,用小的代价换取整车的安全。下长陡坡时,一般选择几挡上几挡下,以便利用发动机的牵阻作用控制车速。千万不能空挡滑行,否则非常危险。

在转弯时,因弯道急、路面窄、视线盲区大,应在弯前减速、降挡,做到"一慢、二看、三通过",随时准备停车。

通过危险地段(如落石、塌方和滑坡等)前应停车细心观察,待确认安全后,选择适当速度通过。

因为山区道路的特点,超车时会有一定的危险性,行车时尽量避免超车。条件允许时超车,速度不要太快以防危险情况发生。

坡道跟车行驶时要与前车保持较大的车距,控制车速,防止前车上坡因操作不当后溜发生危险。

如遇到便桥、施工路段等情况要提前减速,用低挡缓行通过。

通过山区集镇时,要降低车速,防止小孩儿到公路上玩耍,同时注意牲畜及畜力车的动态,并做预见性的减速,保证安全通过。

如果突遇恶劣天气,应注意及时将车停在安全地带,等天气好转后再继续行驶。

三、恶劣气候速度的控制

(一)雨天速度的控制

在行车过程中会经常遇到下雨的情况。雨天影响的是能见度和路面状况。由于雨天路面变滑,路况变化大,能见度低,雨水洒落使风窗玻璃和后视镜模糊不清,加上潮湿路面的光线反射使得能见度大大降低且直接影响车轮与地面的附着系数(图3-10),从而影响汽车的制动性能,导致制动效能明显下降。

图3-10　雨天行车路滑、视线差

当车辆在雨天行驶特别是在高速公路上行驶速度较快时,车轮和路面之间的雨水不易排出从而产生水膜,很容易发生"水滑"现象。此时,不要猛打转向盘而应该逐渐抬起加速踏板,利用发动机制动自然降低车速,让水及时排出,使"水滑"消失。

由于雨天路面情况的特殊性,行车时应适当降低车速,准备停车时最好提前开始减速,给后方的车辆留出足够的反应时间,也为自己留够制动距离,以免发生追尾。还需要注意的是,雨天行驶时不要频繁超车,尤其是大型车辆超越小车时,大车溅起的水花会让小车驾驶人看不清车外的情况,容易发生危险。

由于雨天视线不佳,有可能无法及时发现行人,而行人穿着雨衣在雨中艰难行走有可能没有感觉到汽车就要临近或故意不让。因此汽车与其安全距离必须加大,有时行人为了避开积水,也有可能走到行车道上,所以必须减速行驶。

雨天因附着系数减小,影响制动效能,很容易发生侧滑现象,要提高警惕,严格控制车速,并与前车保持足够的安全距离。如发生侧滑现象,应迅速松开加速踏板用发动机的牵阻减速,不可急打转向盘或紧急制动。

遇到积水情况不明时应探明路况,在保证安全的情况下稳住加速踏板低挡匀速一次通过。此时,如尾随行车时,应严格控制车速,加大与前方车辆的安全距离。

雨天为防止雨水溅到行人身上,应拉大横向距离,降低车速,文明驾驶。

雨天夜间行车时,要及时打开夜间行车灯。夜晚雨天行车视线更差,行车速度要再降低一点儿。

遇特大暴雨时,能见度很低,刮水器无法保证视线要求时,不要冒险行车,应将车停在安全地带,打开危险报警闪光灯,待视线转好时再继续行驶。

在雨后的道路上行驶,路面上雨水与污物的混合物使附着系数减小,车辆容易打滑,此时应充分利用发动机的牵阻作用降低车速,保证安全。

(二)雾天行驶速度的控制

在迷雾笼罩下行车,路面湿滑,附着系数低,制动距离加大,视线浑浊模糊,能见度低,可见距离变短,难以看清道路上的各种情况,驾驶人容易疲劳,甚至产生错觉,从而导致判断错误而发生车祸。

雾天行车时应按规定开启雾灯、示宽灯及近光灯,不要使用远光灯。

雾天行车时,严格根据能见度来保持安全距离,控制车速,适时鸣号,以引起行人和其他车辆的注意。严密观察,注意前方交通情况,严格遵循靠右通行的规定,缓慢行驶,保持充分的安全距离。能见度在50m以内时,速度控制在30km/h,在15m以内时车速控制在5km/h以下,同时选择适当地点靠边停车,按规定开启灯光,等能见度好转后继续行驶。在高速公路上能见度小于200m时车速应控制在80km/h以下,能见度在100m以下时,车速控制在60km/h以下,能见度小于50m时应驶离高速公路。

起雾时,可间隙使用刮水器,以便把风窗玻璃上因雾气凝成的小水珠刮干净,以改善视线。进入浓雾区,应谨慎驾驶,必须把车速控制在能及时停车的范围内。在会车时,若发现对方车辆无让道意图,应主动减速避让,必要时停车。雾天驾驶,应严格禁止超车,控制车速并与前车控制安全距离,注意观察前车动态,跟车行驶。若发现前车靠边停车,不可盲目进行超越,防止车辆在避让对方来车。

雾天行驶到交叉路、弯道时,因驾驶人看不清交通信号标志,甚至认不清是路口还是弯道,不易发现其他方向的来车,所以更应该降低车速。细心观察,安全礼让,谨慎驾驶。

在经常发生团雾的地点,一定要控制车速,谨慎驾驶,加强瞭望,防止突然出现团雾。

能见度很低时,应将车辆停在路边安全地带或停车场,等待能见度好转后再上路行驶。

四、冰雪路面的速度控制

下雪时,飞舞的雪花,阻碍了驾驶人的视线,雪后天晴,因气温低而结冰,再者雪对阳光的强烈反射作用会产生炫目及雪盲现象,使驾驶人视力下降,产生错觉,对行车安全极为不利(图3-11)。冰雪路上,附着系数极低,制动距离增加数倍,也非常容易使车辆发生侧滑。汽车在冰雪道路上行驶时,应根据道路两旁的树木、电线杆等参照物来判断行驶路线控制车速,低速行驶。在有车

图3-11 冰雪道路

辙的路段,应循车辙行驶,转向盘不可急打急回,以防车辆侧滑,偏出道路。

在冰雪路面上行车时应降低车速,加大行车间距。汽车行驶减速时,应提前采取措施,多用减挡,少用行车制动,利用发动机的牵阻作用控制车速,防止造成侧滑。在冰雪弯道或坡道上行驶时,提前减速、减挡,一次通过,避免中途换挡、停车。

在冰雪道路上行驶时,必须保持均匀的行驶速度轻踏加速踏板,保持汽车行驶的平顺性,加速时应逐渐缓和地踩下加速踏板,加速不要急,以免汽车加速过猛而使驱动轮打滑。

在冰雪道路上起步时,动作要柔和,必要时可高一级挡位起步,起步后,切记车速不要过快,一般应控制在30km/h,特别是在转弯或下坡时,必须将车速控制在能随时停车的范围内,加大与前车的距离,应为正常行驶距离的2倍以上。

上坡时,应根据坡道的坡度使用稍低一级的挡位,需要减挡时应比平时提前一些,以保证汽车有足够的动力而不使汽车向后滑溜。下坡时,要依靠发动机制动来控制速度,避免使用行车制动,必须使用时应间歇轻踏。

在有积雪的道路上行驶,应提前换至低速挡位,以保证汽车有足够的动力,防止汽车后溜。下坡时,要依靠发动机制动来控制速度,尽量避免使用行车制动,必须使用时,应间歇轻踏。在紧急情况时,可通过强行越级降挡降低车速。

在冰雪路面上行车时,应尽量使用预见性制动并尽可能地运用发动机的牵阻作用减速。

转弯时,要提前缓抬加速踏板,平稳减速。跟随前车行驶时,要加大与前车的距离以控制车速。

在会车过程中,要注意选择路况较好的地段,必要时其中一辆车先停,待另一辆通过后再继续行驶。

在冰雪道路上,应控制好车速,避免超车。

五、高温、严寒、大风时速度的控制

(一)高温、炎热天气

炎热夏季,外界温度较高,易引起发动机温度过高,同时夏天驾驶人也容易因睡眠不足而犯困或遇到突然的雷阵雨天气。汽车在炎热气候中长时间行驶,应控制在适当的车速,低速挡行驶时间不宜过长,加速不宜过急。行车时间较长时,要注意休息并且汽车也应降温。

在炎热的夏季,渣油路面经常泛油融化,使行驶阻力增大,轮胎温度升高,遇水易引起车辆侧滑,在融化的路面上行驶,要尽量提前利用发动机的牵阻减速,防止车辆打滑而引起的事故。

夏季夜间行车时,要注意在道路两旁乘凉休息的人员,增大与路边的横向距离,以确保安全。

(二)严寒天气

严寒地区由于气温低,外出人员因穿戴严实,行动不便,听、视觉不灵敏,动作迟缓,非机动车在骑行时也经常滑倒。因此在行车过程中要加大与他们的安全距离,降低车速。

发动机发动后开始起步时,因水温及发动机润滑系统等还未完全正常,要先低速行驶一段时间,防止高速行驶损坏机件。

严寒地区因气温低,路面上经常有一层薄冰,使汽车轮胎与路面的摩擦系数减小,附着力大大降低,汽车驱动轮很容易打滑或空转,尤其是上坡、起步、停车时,还会出现后溜车的现象。车辆在行驶中如果突然加速或减速,很容易造成侧滑及方向跑偏现象,遇情况紧急制动时,制动距离会大大延长,是一般干燥路面的 4 倍以上。经常积雪的道路也容易结冰。

在这种情况下,加速踏板和制动踏板不要踩得太急或太用力,转向不要过猛,离合器踏板不要抬太快。如果在起步时出现车轮打滑现象,可挂入比平时高一级的挡位。离合器松开得比往常要慢,半联动的时间要长一点儿,轻踩离合器踏板,只要发动机不熄火就行。

控制车速和与前车保持较大的安全距离是冰雪路面行车的关键。遇到情况提前减速,以防事故发生。如果车辆行驶速度过快,两车之间的安全距离又小,一旦遇到紧急情况,后果将不堪设想。

当汽车需要转向时,也要先减速,适当加大转弯半径并慢打转向盘。双手握住转向盘,操作要匀顺缓和,否则就会发生侧滑。

(三)大风天气

大风天气开车要根据风向、风速、是否有风沙等情况,特别加以注意,才能保证驾驶安全。

大风时会产生飞沙走石的现象,行人及非机动车只顾注意躲避大风扬起的灰尘,而不顾及周围车辆的行驶及自身的安全,同时由于尘土会附着在风窗玻璃上影响驾驶人的视线,对安全行车造成影响。此时,应进一步降低车速,以确保安全。

大风中行车时因视线不良,行车时要放慢车速,准确辨认方向,握稳转向盘,防止行驶路

线的偏移,同时要注意车辆的横向稳定性,尽量减少超车,特别是在高速公路的过江大桥上更要注意江面上的横风,降低车速,以确保安全。

逆风行驶时,应注意风向突然改变或道路出现较大弯度,风阻突然减小,会使车速猛然增大。行车中,应预防行人为躲避车辆行驶扬起的尘土而抢上风,在车辆临近时突然跑向道路的另一边。

风沙天气驾驶车辆转弯,应勤鸣喇叭,以引起行人、车辆的注意,缓慢行进,并随时做好制动、停车的准备。大风天气下,在多尘土路面时行车时,应适当加大与前车的纵向距离,降低车速,防止前车扬起的灰尘影响本车的视线,如风沙影响安全时,应及时停车,等条件具备后再行车。

在大风天的夜间行驶时,应使用防炫目近光灯,不宜使用远光灯,以免因出现炫目的光幕而影响视线,此时也应降低车速。

(四)涉水时车速的控制

驾车时难免遇到积水路段或漫水道路,涉水行车也就成为不可避免的事情。车辆涉水驾驶与在一般道路上行驶不大相同,由于水的浮力和水流的冲击,车轮与路面附着系数较小,制动效果较差,车轮容易空转,车辆易打滑,所以在涉水前,应进行观察判断,在采取措施后安全通过。

首先,应该减速或停车观察。查清所要涉水的深度,只要水位达到轮胎的二分之一处,涉水行驶就有一定的危险,应尽量绕行,勿强行通过。在查清涉水深度的同时,还要探明水下路面的情况,是否有坑或者石块等,并做好标记。

通过积水时,如果车速过快会增加汽车的实际过水深度,导致雨水容易从发动机舱或底盘进入驾驶室内。在涉水驾驶过程中,应避免与大车在其中交会,防止大车产生的较大波浪将积水涌入发动机,造成熄火。汽车在水中熄火,切不可立即起动而应尽快采取措施把汽车拖到积水少的安全地点仔细检查。如果发动机进水非常严重,水会通过空气滤芯从进气门进入,再由进气管进入缸体。此时千万不要再尝试起动发动机,否则极可能造成发动机曲轴、连杆等重要部件变形,造成汽车发动机抖动,严重的甚至会折断部件。此时,只能将车拖车进修理厂修理。

涉水时不要中途换挡,应稳住加速踏板位置。汽车涉水时除了要保持较低的车速外,还要尽可能不停车、不换挡,稳住加速踏板位置,用低挡中等速度匀速一次通过。

用低速挡平稳驶入水中并缓慢前行,防止水花打湿电气设备造成熄火。车速过快也会增加实际的涉水程度,导致发动机和车身进水,发生危险。

汽车涉水后,应该及时排除制动摩擦片水分,尤其是鼓式制动的汽车,否则车辆在涉水后制动效果会变差甚至失去制动,造成严重危险或事故。具体操作是:驶出涉水路段后,低速行驶间隙轻踩制动踏板,反复多次,使制动鼓与制动摩擦片通过摩擦产生的热量蒸发、排干水分,让制动恢复正常。

(五)泥泞和翻浆道路驾驶时速度的控制

汽车陷入泥泞和翻浆道路是一件麻烦的事。因此需要正确判断路况,掌握在泥泞和翻浆道路上行驶的技巧。

泥泞和翻浆道路路面松软,变形较大,行驶阻力增大,转向盘难以掌握,行驶路线难以把控,泥浆路面与车轮的附着系数下降,容易使车辆打滑,同时制动易产生侧滑现象。

进入泥泞道路前,要选择好路线,尽量在路面平整的路段行驶,有车辙的,应当根据车辙所示路线行驶。

起步时,应稳住加速踏板,缓抬离合器,以免驱动力超过附着力,使车轮打滑。在行驶中应当保持匀速,防止车辆侧滑。

在泥泞和翻浆上道路行驶时,如果泥土比较厚,虽然阻力较小,下面路基较硬,阻碍力不是很大,可以挂二挡,但车速不能太快,进入泥泞道路中间不能停车或换挡,因为在泥泞中轮胎表面与泥土的接触面相对比较大,阻力也相应增加,一旦驱动力减弱或停止前进,就再也无法继续前进了。

在行驶时还要注意把握好行驶方向,直行穿过。否则,车轮斜向前进,阻力增大,容易打滑。

与行驶在泥泞和翻浆道路中相似的情况还有很多,如在很厚的鹅卵石河滩路上、戈壁滩比较松软的沙石路上。特别是在沙漠路上,驱动力配合不当,也会使车轮深陷在原地空转。所以,在这些道路上行驶时,也应像通过泥泞道路一样,根据路面情况,选择一挡或二挡,确定方向尽量直线匀速行驶,中途不要变挡和停车。只有在石子路面上行驶时,需要踩住加速踏板,尽快把石子排开,以获得较大的驱动力,顺利前进。

在驶入泥泞道路前,应提前换入所需挡位,保证有足够的动力顺利通过,避免中途换挡、制动,甚至停车。

在泥泞道路中减速,应以发动机的牵阻为主,尽量避免使用行车制动,不可紧急制动,需要使用行车制动时,可采取间歇制动,发生侧滑时,要迅速松开行车制动,稳住转向盘,以免发生事故。

(六)桥梁

道路上的桥梁很多,结构形状不尽相同,承载能力和交通流量也各不一样。桥梁也是事故多发地之一。这就要求驾驶人根据不同桥梁的特点采取相应的驾驶操作方法。

通过桥梁前,应注意桥头附近的交通标志,遵守限速规定,并适当减速鸣号。若桥面不平,汽车通过时,上下颠簸振动,此时应用低速挡,稳住加速踏板,缓速通过。

通过窄桥时,要严格遵守交通标志,按其规定行驶,注意观察桥上及对面车辆和行人的动态,适当减速,避让行人和非机动车,安全通过。如发现对方车辆企图高速强行过桥时,应主动靠右侧停车,让对面来车先行过桥。尾随前车过桥时,要降低车速,保持好车距,依次通过。

通过拱桥时因无法看清对方有无来车,应减速、鸣号,密切注意对面,缓速通过,不可高速冒险冲过,以免发生与对方来车相撞,或因高速通过拱桥而引起机件损坏及车辆失控的事故。

下陡桥时,根据坡度选择抵挡低速,利用发动机牵阻作用下桥。

通过大型桥梁时,因横向风的存在,应稳握转向盘,降低车速,确保安全。气温较低时,还要防止因桥面在空中路面温度低而有可能路面结冰的情况,降低车速,防止侧滑。

通过老旧桥梁时,一定要下车观察,按照规定的限制速度和载重行驶,确保安全,低速通过。

有的桥梁桥面比路面窄,此时要减速慢行,注意避让。

通过立交桥时,应注意立交桥的形式并注意指示标志,按其引导确定行驶路线,按规定速度行驶,不得超速。

(七)隧道和涵洞(图3-12、图3-13)

驾车通过隧道及涵洞时,在洞口100m处应提前降低车速,注意观察指示标志和限制标志,特别是装载高度和宽度及速度的限制要求,并严格遵守。同时开启车灯,短隧道开示宽灯,较长隧道开近光灯。

图3-12 隧道

图3-13 涵洞

进出隧道及涵洞前,由于人的眼睛存在明暗适应的现象,应在距隧道及涵洞进口前100m减速,让眼睛有一个适应过程。驶进隧道时,应及时鸣号、减速,防止隧道两侧视线盲区内有意外情况发生。同时,由于外面道路的路幅较宽,要控制车速,防止右前方的非机动车向左挤到本车的前方,影响安全。

进入隧道后,因隧道里道路宽度、视线等限制,速度不宜太快,更不要随意变道和超车,更不得超速行驶。

通过单行隧道、涵洞时,应观察前方有无来车,再视情况减速通过,必要时停车让行,不得争道抢行。

通过双行隧道、涵洞时,应靠道路右侧以正常速度行驶,并视情开启灯光。一般不宜鸣笛,特别是距离较长、车辆密度较大的隧道更不能鸣笛,以防噪声影响其他车辆行驶。

驶出隧道前,要握稳转向盘,以防隧道口处的侧向风引起行驶路线的偏移。

驶出隧道时,要注意观察出口处的交通情况,鸣号减速,防止事故的发生。

由于涵洞路幅一般不宽,视线较差,而且是混合交通,应随时密切注意周围的车、行人动态,与他们保持安全距离,控制车速,安全通过。

注意涵洞内的路面情况,有些涵洞路面不平、潮湿、路滑,要低速通过,注意避让凹凸的路面防止其擦伤车底盘。

有时,一些隧道的出口处就是弯道,这里更应降低车速以保证安全。

（八）铁路道口

铁路道口，即一般公路与铁路的平面交叉路口。

铁路道口分为有人驻守和无人驻守。

在通过有人驻守的铁路道口时，若遇道口栏杆关闭或者红灯亮时，报警器发出报警或看守人员示意停止通行时，应依次在停车线外停车等待。驶入道口遇绿灯亮时，准许车辆通行。信号灯交替闪烁或红灯亮时，不得通行。

所有车辆必须按照交通信号灯行驶，速度应限制在30km/h以下，不得在绿灯即将熄灭时强行快速通过。在放行时要注意周围的行人和非机动车，与他们保持安全距离，降低车速，必要时停车让行，保证安全。

在通过无人驻守的铁路道口时要提前降低车速，到达停车线时，应立即停车，认真观察铁道上有无火车通过，必要时下车瞭望。确认安全后，方可通过。要做到"一停、二慢、三通过"，"宁停三分、不抢一秒"，不得贸然通过或与火车抢行。

在没有停车线的道口，应将车辆停在距外侧铁轨5m以外的地方。

在通过铁路道口时，应视情况提前换入低速挡一次通过，不得在进入铁道路口内换挡、制动，应平稳驶离道口。

思考与练习

1. 高速挡减低速挡的操作控制原理是什么？
2. 自动变速器挡位标识及作用有哪些？
3. 在城镇与集市行车时如何控制速度？
4. 跟车行驶时如何控制速度？
5. 速度对高速公路的安全有何影响？

第四章 转向的运用与控制

第一节 转向盘操作控制的基本原理

客车在行驶中,需经常改变行驶方向,用来改变或保持汽车行驶或倒退方向的一系列装置,称为汽车转向系统(Steering System)。汽车行驶方向的改变是由驾驶人通过操纵转向系实现的。转向系除改变汽车的行驶方向,使其按驾驶人规定的方向行进外,还可以克服由于路面侧向干扰力使车轮自行产生的转向,恢复汽车原来的行驶方向。

一、转向盘的握法对转向控制的影响

(一)转向盘的正确握法(图4-1)

上车后,将身体对正转向盘并保持正直,后背轻靠于座椅上,两眼平视前方,左手轻握转向盘左侧(钟表8~9点处),右手轻握转向盘右侧(钟表3~4点处),也就是两只手对称地放在转向盘两侧,拇指轻轻搭在转向盘内侧,多数车型在这里都设计了凹槽。同时,两手放松自然下垂,此时,左手和右手大拇指应自然伸直靠于转向盘轮缘外侧,其余四指应由外向内轻握转向盘轮缘外侧。严禁将大拇指勾住转向盘或将大拇指放在转向盘轮缘内侧。

图4-1 方向盘

(二)转向盘的握法对转向控制的影响

双手握在转向盘8~9点和3~4点的位置,这样把握转向盘,回正时可以准确回到正位。当右手在操纵变速杆等其他机件时,对左手单独操纵转向盘的影响很小,可以做到精准的动作。当遇到紧急情况躲闪时可以做到最大转向幅度(第一把)。在路面极为复杂或者在路况较差时,如果车轮碰到石头、坑塘、路牙、人行道台阶之类障碍物时车轮会因受力过大而导致转向盘随之反向转动,如果这时拇指处于转向盘轮缘内侧,那么就可能被轮辐击伤。正确的做法是将拇指贴在转向盘轮缘上方,这样即使转向盘反转也不会伤手。

车辆倒车,驾驶人为了有足够的左右转向,会单手扶把,把手搭在转向盘12点的位置,这样做会有个潜在隐患,在发生碰撞时,如果气囊弹出来,你胳膊很可能受到重创,被弹开的手臂还有可能伤害到脸及身体。

二、转向盘的操作方法

(一)转向盘正确的转动方法

转向盘正确的转动方法是(前提是双手在9点和3点的标准位上):向右转动时,左手向上推,右手顺势往下拉,两只手同时用力,当两只手臂即将交叉时,放开右手,在6点位置左右;待左手推转向盘大约转动180°,用放开的右手去接应转向盘的9点位置。这是在以安全为前提下,转向速度最快,单次转向角度最大的方法,如图4-2所示。

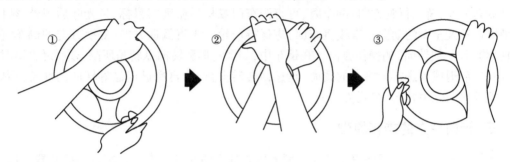

图4-2 转向盘交叉打法

不正确的转向方法有以下三种:

1. 搓把

这个动作很常见,在狭小的街道里倒车使用此方法确实简单省事儿,这个动作也没有严格规定不准使用。但是还是应把它算到不正确的动作分类里,毕竟这是一个存在风险的动作,因为在倒车过程中路面稍有不平或者手上有汗,可能会造成"搓把打滑"进而导致剐蹭事故。

2. 掏轮

这个动作的初衷就是为了省力,更多地出现在过去的大公交和大货车上,因为转向助力装置比较不给力,所以需要很大的力量去转向。第一,现在家用轿车的转向助力已经使转向盘的操作非常轻便,在转任何角度弯的时候都不会花费太多的力气;第二,用掏轮这个动作,手是处于转向盘辐条之间的,有突发情况,转向盘回转也有可能打伤手臂;第三,有突发情况时,手也无法迅速回位,可能导致危险。

3. 松开转向盘回正

这绝对是个偷懒的动作,而且如果"掌握得好",手不用动地方就可以非常均匀地回正方向。但此时会存在一个问题,如果在回正过程中车轮压过不平路面,相当于车轮在瞬间是处于失控状态,车头的方向也会瞬间产生变化。另外,如果在转弯中有突发情况,由于这时手不在转向盘任何点位上,所以躲闪必定也受到影响。

(二)转向盘使用原则

1. 三把打方向原则(用于变线、路边停车、移库、倒车等)

第一把:向欲到达的新车道打方向。

第二把:车身中部接近新车道中心线时回方向。

第三把:车头即将正对新车道中心线时将车轮回正。

2. 转弯时打方向原则

(1)缓弯要早打慢打、早回慢回;急弯要晚打快打、早回快回。慢打则慢回;快打则快回。要有预见能力,在未转向前,双手就开始做好准备动作,还要考虑到提前量。

(2)新手在转弯过程中切忌换挡。应在弯前准备好挡位,或转过弯后再换挡,否则会使自己紧张。

此外,遇有横风时,驾驶人应当下意识地降低车速,握紧转向盘;发现车辆偏移时,应微量转动转向盘,矫正行驶方向;倒车时,可打开车门或从后窗观察目标,目光除后视外,须同时兼顾前轮及全车的动向。直线倒车时,应保持前轮的正直倒退方向;变换方向的倒车,应掌握"慢行车、快转向"的操作方法。在倒车中,如因地形和转向盘转角所限,须反复进退时,应在每次后退或前进接近停车的瞬间,迅速回转转向盘,为再次进退做好转向的准备,不应在车辆停止时强力转向(打死方向)。

三、转向装置的操作原理

汽车转向装置就是保证汽车能够按照驾驶人的意图改变或恢复行驶方向的装置。汽车转向系分为机械转向系和动力转向系两大类。机械转向系以驾驶人的体力作为转向能源,传力件都是机械的;动力转向系以发动机或电动机的动力作为主要转向能源,转向轻松省力。

汽车转向系统主要由转向操纵机构、转向器和转向传动机构三部分组成。

转向操纵机构主要由转向盘、转向轴、转向管柱等组成(图4-3),它的作用是将驾驶人的操纵力传给转向器。

当汽车转向时,两个前轮并不指向同一个方向,如图4-4所示。

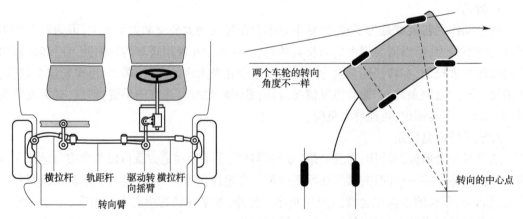

图4-3 汽车转向系　　　　　图4-4 汽车转向示意图

要让汽车顺利转向,每个车轮都必须按不同的圆运动。由于内车轮所经过的圆半径较小,因此它的转向角度比外车轮要大。如果对每个车轮都画一条垂直于它们的直线,那么线的交点便是转向的中心点。转向拉杆具有独特的几何结构,可使内车轮的转向角度大于外车轮。

第二节 转向盘转弯时的运动轨迹预测与控制

大客车转弯时运动轨迹预测与控制,涉及打回方向的正确时机、打方向幅度、调整技巧以及车辆的相关参数,如车速、车宽、车长、轴距、转向角、内轮差等。

一、运动轨迹影响参数

汽车转弯的几个影响参数如下:

(一)转弯的内轮差

"内轮差"是一个很专业、很重要的技术词语,很多新手开车时并不注意这个技术词语与行车安全的关系。

内轮差(Difference of Radius Between Inner Wheels)是车辆转弯时内前轮转弯半径与内后轮转弯半径之差。由于内轮差的存在,车辆转弯时,前、后车轮的运动轨迹不重合。在行车中,如果只注意前轮能够通过而忘记内轮差,就可能造成后内轮驶出路面或与其他物体碰撞的事故。内轮差的大小与转向轮的转角大小和车辆轴距的长短有关,转向盘转得越少,内轮差越小,转向盘转得越多,则内轮差越大,车辆的轴距越长,则内轮差越大,反之则越小。对于汽车列车,则是牵引车的内前轮与挂车的内后轮转弯半径之差。由于内轮差的存在,车辆转弯时,前、后车轮的运动轨迹不重合。在行车中,如果只注意前轮能够通过而忽视内轮差,就可能造成后内轮驶出路面或与其他物体碰撞的事故。相应的,外侧轮的转弯半径差就是外轮差。

图4-5中深灰色部分就是右前轮和右后轮因内轮差形成的两个不同运动轨迹的重合区域。如果大客车在这种状态转弯,这个深灰色区域的行人或车辆就会被大客车后半车身所碰到。所以,知道内轮差及内轮差的原理,就明白了转弯应注意事项和技巧。左转弯时,就尽量靠右边进入(右转时则反之)。即弯道转弯技巧就是:尽量反方向靠边后再进入弯道。行人或车辆也要主动避开内轮差这个区域;而驾驶人应注意内轮差对别人或其他车辆的安全威胁。只有这样,才能做到安全行车。

图4-5 内轮差

（二）最小转弯半径

最小转弯半径是指当转向盘转到极限位置,汽车以最低稳定车速转向行驶时,外侧转向轮的中心平面在支承平面上滚过的轨迹圆半径,如图4-6所示。它在很大程度上表征了汽车能够通过狭窄弯曲地带或绕过不可越过的障碍物的能力。转弯半径越小,汽车的机动性能越好。

（三）车辆后悬外移

后悬外移:后悬,即汽车后轴以后的车厢部分,它在转弯时的转弯半径,要大于前、后轮,汽车后轴以后的车厢部分越长,则后悬外移越大。假如,某辆待转弯车的左边还停着一辆车,并离待转弯车较近,当待转弯车在刚起步时,就不能向右打方向过多,否则,待转弯车的左后角就要碰擦到它左边的车。在倒车时,如果需要向左打方向,就必须考虑到车头的右边有无车辆或其他障碍物。

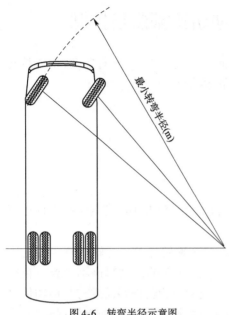

图4-6 转弯半径示意图

二、转弯的要求和注意事项

（1）在转弯时,必须充分利用道路的宽度。所以,在转弯开始前应该先踩制板踏板让车辆减速。如果弯道比较大,则应该进一步降低车速,同时还需先降一挡;以低速进入弯道之后,先选择转弯路线和修正方向,然后踩加速踏板,此时因为车辆加速会使重心后移而让车头稍微浮起,转向盘变得较轻,后轮也会出现少许的横向侧滑,车辆就可以简单转弯;当看到弯道的终点时,将转向盘回正,在确认路况安全后,踩住加速踏板快速出弯就可以了。

（2）汽车在转弯时,应注意下列事项:

①转弯要根据路面宽窄、弯度大小、交通情况确定合适的车速和转向时机。

②转动转向盘要与车速相配合。车速快,转向盘转动也要快。

③弯道行驶要尽量避免急剧制动或换挡变速。

④注意利用转弯的机会扫一下视后视镜,以便对尾随车辆有所了解。

⑤通过交叉路口的弯道时,距弯道50~100m处发出转弯信号,降低车速,靠路右侧徐徐转进,做好制动准备,安全、平顺地通过弯道。

⑥左转弯时,在视野清楚,前方无来车和其他情况下,可以适当偏左行驶。利用拱形路面内侧,增大超高。提高弯道行驶的速率,改善车辆行驶的稳定性。

⑦左转弯时,车驶入弯道后再驶向右边,不宜过早靠右。防止右后轮会偏离路外。

⑧左转弯时,除经交通指挥人员允许以外,均应采取大转弯的方法。

⑨因转弯而须降低行驶速度,在道路及弯道情况允许时,可事先放松加速踏板或脱挡滑行减速,等到开始转弯时,再变换中速挡或低速挡,如仍有行进余力,也可利用滑行转弯。

⑩除在城市有交通指挥的地方转弯外,均应在转弯前鸣号示警。

第三节　提高转向控制能力的训练科目

客车综合式样驾驶是在规定的场地内,按规定的路线、标线和要求,把各单项驾驶基础操作进行综合性的运用。式样驾驶的图式及桩位尺寸,是根据汽车的最小转弯半径、车长、车宽、轴距等参数设置的,有极其严格的要求和统一的标准。通过综合式样驾驶训练,可提高学员在受限空间内的转向控制能力,全面提高驾驶操作技能水平。

一、直线进退

在道路上直线行驶时,要保持正确的驾驶姿势,做到目视前方,看远顾近,照顾两侧,不得低头看各机件。充分利用道路上的固定参照物(如道路中心线、分道线和路边的路牙等),通过正确的操作,使车辆保持直线行驶状态。操作转向盘时,两手的动作应平衡,相互配合,避免不必要的晃动。观察车前风窗玻璃左下角处与道路中心线、分道线等固定参照物保持相交状态,或者观察车前风窗玻璃底边中心位置与车辆右侧的道路分道线和路边的路牙等固定参照物保持相交状态,从而使车辆在道路上(或车道内)保持直线行驶状态。

如果转向盘受路面凹凸的影响,使前轮受到冲击振动而发生偏斜时,应紧握转向盘,以免转向盘受车辆的猛烈振动而回转,击伤手指或手腕;若车头向左(右)偏斜时,应向右(左)修正方向,待车头接近回到行驶线时,再逐渐将转向盘回正,此时修正方向应少打少回,避免画龙现象。此时,应牢记打回方向的原则:多打多回,少打少回,慢打慢回,早打早回。把握时机,控制节奏。在修正方向期间,很多人易犯眼睛死盯着车头的毛病,当车头明显偏斜再去修正方向时,此时大都较晚,最终导致车辆始终在路面上忽左忽右的画龙现象,有的驾驶人在回正方向时其幅度又太大,当发现车头偏斜时,又迅速向相反方向修正,这样不停地修正方向是产生搓转向盘(又称"搓把")的根本原因。除了加剧机件磨损外,还增加了驾驶人的疲劳,更重要的是给安全行车带来了不利影响。

在道路上直线倒车时,要保持正确的驾驶姿势,观察两侧的倒车镜和车内的倒车后视镜,照顾两侧,充分利用道路上的固定参照物(如道路中心线、分道线和路边的路牙等),通过正确地操作,使车辆保持直线倒车状态,不得低头看各机件。操作转向盘时,两手的动作应平稳,及时观察两侧的倒车镜,如发现车辆左(右)侧尾部与道路上的固定参照物(如道路中心线、分道线和路边的路牙等)不平行时,则要适当少许向右(左)转动转向盘,切记不要多打猛打,观察车辆左(右)侧尾部与道路上的固定参照物(如道路中心线、分道线和路边的路牙等)平行时,及时匀速向右(左)回正转向盘,使车辆保持直线倒车。

车辆保持直线行驶的关键在于转向盘的运用,双手用力要平衡,不宜过大。不要认为双手紧紧抓住转向盘保持不动,车辆就可以直线行驶了。应细心体会转向盘的自由行程,当发现汽车偏离正直的行驶方向时,先向相反的方向消除转向盘的自由行程,等汽车回正后再将转向盘位置适当修正。

二、一次性顺车掉头

一次性顺车掉头是指不用倒车仅用顺车就能成功掉头的方式。一般路幅宽20m以上的道路上掉头时,应用一次性顺车掉头的方法,既方便、迅速,又经济、安全,如图4-7所示。

图4-7 一次性顺车掉头

操作时,当汽车行驶到距离掉头地点50～100m处时,预先发出掉头信号,降低车速,将车驶近右侧路边,同时观察道路情况并注意前后来后有无来车。在确认无妨碍掉头的情况后,即换入低速挡,鸣喇叭,轻踏加速踏板。使车低速前进,迅速向左转动转向盘,完成一次性顺车掉头。

汽车掉头时,必须遵守交通规则,在保证安全的前提下,尽量选择便于掉头的地点,如交叉路口、广场或平坦、宽阔、土质坚硬的路段。另外,应尽量避免在坡道、狭窄路段或交通繁杂之处进行掉头。绝对禁止在桥梁、隧道、涵洞、城门或铁路交叉道口等处掉头。

一次性顺车掉头项目练习的目的:通过一次性顺车掉头项目的练习,使驾驶人掌握判断掉头路口距离、控制车辆速度的方法,以及打回转向盘的速度、时机和节奏。

三、"8"字形行进

通过"8"字形项目的练习,掌握车辆转弯时前、后轮在弯道内的正确位置,以及前、后轮在转弯时内轮差大小的变化。同时,掌握车辆转弯时转向盘的正确操作和调正方法,控制好车速,避免产生过大离心力,使车辆能安全平稳地通过弯道,如图4-8所示。具体如下:

图4-8 "8"字形行进

(1)进入入口时应偏左行驶,从而使车辆能斜入"8"字。

(2)进入"8"字时,应靠近外圈行驶,以放宽左(右)后轮的内轮差,定位要适中。

(3)进入"8"字后,以前外轮为主,紧靠外圈前进,并不时通过后视镜,观看内轮的行驶轨迹,以防内轮压线。为正确地判断并保持前外轮与外圈有一定距离,前进中应正确地选择目标。

(4)在圈内前进时,转向盘要少打少回,及时修正。

(5)通过两环交会处时,为防止前外轮、后内轮压线,转向盘要先向外转动少许,待车头进入下半圈时,及时迅速向相反的方向转动转向盘。同时,车速也要放慢,过两环交会处后,即平稳提速。

(6)行至出口时,要及时向右打转向盘,使车辆转弯处呈"8"字形。

(7)踩加速踏板要平稳。行进中,汽车随时都处在转弯状态,前轮阻力较大,如果此时加速踏板踩下不够,会使车辆行进动力不足,甚至造成发动机熄火。如果加速踏板踩下过多,则造成车速过快不易及时修正方向,甚至会因离心力过大而发生危险。

四、场地公路掉头

场地公路掉头是指车辆在规定路宽,通过三进两退的方法将车辆进行掉头。场地公路掉头的场地设置如图4-9所示。划线掉头场地设置的路宽尺寸为2倍汽车轴距+0.2m。左右两边线长度为2倍车长。

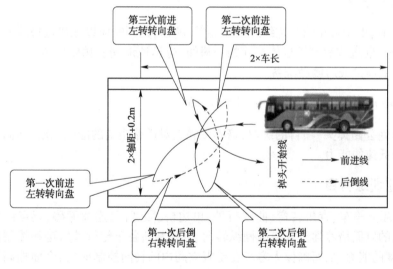

图4-9 划线掉头

(一)划线掉头操作要求

(1)掉头时要求三进二退完成掉头作业。

(2)不准原地转动转向盘(俗称打死方向),行车过程中不使用离合器半联动或中途任意停车。

(3)进入场内后不得熄火。

(4)行驶平稳,不冲车。

(5)前进和后倒过程中,汽车前后轮均不得压线。

(二)操作方法

(1)调正车身:使汽车右边前、后轮外侧尽量紧靠右侧边线,怠速前进(2挡或1挡),一般以右侧车轮外侧与右边线保持0.20~0.30m的横向间距为宜。

(2)第一次前进:先开左转向灯示意,待汽车前轮驶过起步线,迅速向左转动转向盘至极限位置,使汽车驶向左侧。从左侧窗户看左前翼子板(或顾及左前轮)中部越过左侧划线时,即左前轮接近左侧边线时(约距1m),迅速向右回转三把转向盘,然后停车。

(3)第一次后倒:先从左侧门窗观察后倒车路线和车位情况,然后鸣喇叭挂入倒挡慢速后倒,起步后迅速向右转动转向盘至极限位置,让车尾右拐,同时观察右边后视镜,待车倒至后轮距离路沿或障碍物约1m时,迅速向左回转三把转向盘,然后停车。

(4)第二次前进:挂入前进挡起步,起步后随即向左转动转向盘至极限位置,待左前轮接近左侧边线时,迅速向右回转转向盘,随即停车。

(5)第二次后倒:起步后,迅速向右转动转向盘至极限位置,同时观察右边后视镜,观察右后轮接近后划线0.5m时,迅速向左回转转向盘,随即停车。

(6)第三次前进:再次挂1挡。前进时,仍需迅速向左转足方向,以保证右前轮不压越右侧划线,将车驶向右侧边线停正,关闭左转向灯,即完成此科目。

(三)注意事项

(1)掉头时,由于各车轮与边线距离不相等,所以,判断时应以先接近边线的车辆为准。

(2)在每次前进或后倒接近停车前的一瞬间,应迅速地朝着预定的方向回2~3把转向盘,为下一次的前进或后倒做准备。

(四)"场地公路掉头"项目练习的目的

通过"场地公路掉头"项目的练习,培养驾驶人对道路距离的准确判断、转向盘的正确操作、控制平稳低速的能力。

五、其他训练科目

T型桩、侧方停车、直角转弯、曲线行驶、单边桥、限宽门、连续障碍、定点停车等训练科目,都从不同的侧面培养驾驶人正确操纵转向、准确判断各车轮行驶轨迹和控制内外轮差位置及转向角度的能力,从而确保大客车在受限空间内的转向控制能力,全面提高驾驶操作技能水平。

第四节 各种道路对转向的要求和控制

一、复杂状况及道路方向的控制

风、雨、雪、雾等复杂气象条件下行车,极易发生交通事故,对汽车方向的控制尤其重要。

（一）大风天气驾驶

高速行驶的汽车受到横风作用时，往往会引发车祸。横风对面包车、大型客车、帆布篷货车等箱型车的影响较大，因为这类车辆的整体重心较高，侧向面积较大；质量小的汽车，也容易受到横风的影响。此外，横风的作用是随车速的提高而加剧的。汽车从隧道驶出的瞬间，或驶向风力贯穿的桥梁、高路堤等路段时，往往会突然遭到强横风的袭击。在山区行车，容易遇到突如其来的山风，时间短而风力强，吹动车辆偏离行车路线。由于风速和风向的非连续变化，驾驶人会感到汽车发飘，要掌握正确的驾驶方法和驾驶技巧。

（1）握稳转向盘：由于风速和风向往往是不断地发生变化，在大风中驾驶，驾驶人常会感到转向盘突然"被夺"（俗称夺把）。此时一定要两手握稳转向盘，控制平稳车速，严禁高速行驶。特别是通过大跨度、长距离的大桥的时候。

（2）微调转向盘：行驶中如果遇到狂风袭来，感觉车辆产生横向偏移时，一定要应适当降低一些车速，两手握稳转向盘，微量地转动转向盘，拨正车头。千万不能慌忙急打猛转转向盘以试图拨正车辆行进方向。

（二）雨雪天驾驶

（1）雨天行车，由于路面湿滑，车辆容易发生横滑或侧滑，此时切不可急转方向或紧急制动，应利用发动机制动减速。在干燥路面驾驶，车速提高时车轮与路面间的附着力（俗称"抓地力"）几乎没有变化。而雨天当车辆在潮湿路上行驶，车轮的附着力则随车速的增加而急剧变小，很容易发生"水滑"现象。此时，不要急踩制动踏板或猛打转向。

（2）在冰雪路面上行车，汽车轮胎与地面的摩擦系数非常低，对车辆的控制比较困难，若操作不当，会使车辆产生侧滑甚至旋转，威胁车辆和乘员安全。转向时，一定要提前降低车速，稳住转向盘，慢转慢回。在不影响来车的情况下，尽量加大转弯半径，以减小转弯时的离心力，切记不可快速急转急回，以防侧滑甩横。

（三）泥泞与翻浆路驾驶

由于泥泞路与翻浆路的路面特别松软和黏稠，汽车行驶阻力大且车轮极易滑转和侧滑，因此应注意防止侧滑。通过泥泞或翻浆路段，应挂低速挡，牢牢稳住转向盘，缓缓驶进。当车辆发生侧滑时，要冷静清醒，在松抬加速踏板的同时，将转向盘向后轮侧滑的一方适当缓转修正方向，低速前进。切记，不要急打猛转转向盘，以及急踩猛踩制动踏板，以免发生交通事故。

（四）高速公路驾驶

在高速公路上驾驶，完全不同于一般道路的驾驶，如图4-10所示。由于高速公路具有车速高、车道区分明确、车辆流向单一且流量大的特点，驾驶人应掌握高速公路的正确行驶方法。

（1）正确进入行车道。车辆从匝道入口进入高速路，必须在加速车道提高车速，并打开左转向灯，观察左侧后视镜，在不影响左侧行车道上车辆正常行驶的情况下，向左侧转动少许方向,从加速车道进入行车道,而后关闭转向灯。切记不要向左侧猛打多打转向盘,急速进入左侧行车道。

图 4-10　高速公路行车

(2)超车时,首先应注意观察前、后车状态,同时打开左转向灯,确认安全后,再缓慢向左转动转向盘,使车辆平顺地进入超车道,超越被超车辆后,打开右转向灯,待被超车辆全部进入后视镜后,再平滑地操作转向盘,进入右侧行车道,关闭转向灯,严禁在超车过程中急打转向盘。

(3)汽车从风力小的隧道和避风路段驶向风力贯穿的桥梁、堤坝等路段时,往往会突然遇到强横风的袭击。由于风速和风向的非连续变化,在操纵时转向盘会突然有"被夺"的感觉,此时此刻务请留意。如果忽遇狂风,发现汽车产生横向偏移则慌忙急扳转向盘以图拨正行驶方向,其实这是很危险的。要是一点点微量地转动转向盘将车头拨正,就不至于出现事故。最为重要的是,当感到风力很强时,未有"夺把"感之前,就应两手紧握转向盘,及时降低行车速度。

(4)车辆高速行驶过程中如果突然爆胎,0.3s 内车轮滚动摩擦阻力瞬间增大 33 倍,导致车轮滑移完全失去控制,而驾驶人无法在 0.3s 内及时作出反应并自我救助,爆胎就容易转化为交通事故。一旦发生高速爆胎,驾驶人应紧握转向盘,不能让方向失控,尽可能把车停在应急车道,不能急打方向和紧急制动,这样会造成更大的损害。

(5)在高速公路上驾驶,遇到大型车辆超车时,或在超越大型车辆时,在车辆的左侧(或右侧)会产生较强的横风,此时一定要控制好车速,双手握稳转向盘,使车辆始终保持直线行驶,避免产生侧移现象,以避免事故的发生。

二、恶劣气候方向的控制

(一)酷暑天气驾驶

随着气温的逐步升高,汽车轮胎在行驶过程当中散热变慢,轮胎胎压也会随气温相应增高,从而容易引起爆胎。一旦发生爆胎事故,不要紧急制动,不能急打方向,要双手紧握转向盘,缓慢向右打少许方向,让车辆缓缓驶入应急车道上,停车后等待救援,驾乘人员不得下车随意走动,以免发生交通事故。

(二)严寒天气驾驶

严寒气候条件下,路面上会结一层薄冰,使汽车轮胎与路面的摩擦系数减小,附着力大大降低,很容易引起驱动轮打滑或空转,尤其是上坡、起步、停车时,还会出现后溜的现象。车辆在行驶中如果突然加速或减速,很容易造成侧滑及方向跑偏现象。遇情况紧急制动时,会使制动距离大大延长,高于一般干燥路面的4倍以上。所以在这种情况下,安全行车的关键在于"慢动作":踩加速踏板、制动踏板不可用力,转向不要过大,离合器踏板不要抬太快。

如果车辆出现侧滑轮胎侧滑现象,应立即松开制动踏板,迅速将转向盘朝侧滑的一边转动。冰雪路面绝对禁止采取紧急制动,紧急制动反而会引起车辆侧滑,如图4-11所示。

图4-11 冰雪路行车

冬季行车最让人担心的莫过于车轮在路上滑溜起来,所以,应定期检查转向轮轮胎是否有扎钉、割伤、气门嘴橡胶老化、开裂等现象,发现后,及时进行修补或者更换,防止轮胎气压不足。同时,由于冬季气温低,受热胀冷缩的影响,轮胎气压也会降低,若不适当地增加胎压,不仅会增加汽车的油耗,还会加速汽车轮胎的磨损。但胎压也不可过高,否则会大大降低轮胎与地面的摩擦,制动性能、转向性能减弱。

严寒气候条件下行车时,车速要慢,切记猛加速、猛打转向盘。当需要转动转向盘时,首先要减速,适当加大转弯半径同时缓打转向盘。双手握住转向盘,操作要匀顺缓和,切忌猛打猛回,否则就会发生侧滑。

思考与练习

1. 转向盘操作控制的基本原理是什么?
2. 转向盘正确的转动方法是什么?
3. 提高转向能力的训练科目有哪些?
4. 恶劣气候驾驶转向盘的控制方法是什么?

第五章 制动的运用与控制

制动的运用和控制是汽车驾驶操作的重要组成部分,是为使高速行驶的汽车在处理各种交通情况下减速或停车而设计的。为了确保汽车在复杂多变的道路交通情况下能够高速安全行驶,提高其运输效率,行驶中需随时控制车速。本章主要通过学习制动系统和缓速器的操作控制原理,建立驾驶人对大客车制动的认识,为今后正确地运用制动打下基础,建立安全行车的理念。

第一节 制动系统和缓速器的操作控制原理

从汽车诞生时起,车辆制动系统在车辆的安全方面扮演着至关重要的角色。近年来,随着车辆技术的进步和汽车行驶速度的提高,这种重要性表现得越来越明显。众多的汽车工程师在改进汽车制动性能的研究中倾注了大量的心血。随着我国汽车工业的飞速发展,车辆的动力性能迅速提高,车辆的制动负荷也随之加大。对于城市公交、长途客车、货车等大中型车辆来说,仅靠常规制动装置制动车辆,可能引发汽车跑偏、侧滑失稳和爆胎等事故。对商用车而言,随着汽车发动机功率的增高、发动机转速的降低、车速的加快和车载质量的提高,汽车行驶的安全问题变得异常严峻。汽车的主制动方式仍然为摩擦制动,尽管制动蹄摩擦片和轮毂摩擦性能的改善对一次性制动距离的缩短有所帮助,但对于长时间或长距离下坡和频繁制动的情况,其制动耐久性并无明显改观。在摩擦制动系统中采用如制动防抱死系统 ABS、电子制动系统 EBS 以及拖动控制系统 ASR 等,可使制动可靠性大大提高,但对制动器温度过高和制动器磨损却无帮助。汽车装备缓速器后可有效解决连续制动导致制动片过热、制动失灵等问题,延长制动器使用寿命,使制动减速度稳定、连续,大大提高车辆的安全性、经济性和舒适性。目前,关于汽车制动的研究主要集中在制动构造和控制方面,包括制动控制的理论和方法,以及采用新的技术。

一、制动系的操作控制原理

(一)制动系的分类和功用

1. 制动系的分类

(1)按功用分。

制动系可分为行车制动系、驻车制动系、第二制动系、辅助制动系。行车制动系是使行驶中的汽车减速甚至停车的一套专门装置,在行车过程中经常使用。驻车制动系是使已停驶的汽车驻留原地不动的一套装置。第二制动系是在行车制动系失效的情况下保证汽车仍能实现减速或停车的一套装置。辅助制动系是在汽车下长坡时用以稳定车速的一套装置。例如经常在山区行驶的汽车,若单靠行车制动装置来限制汽车下长坡的车速,将导致制动器过热而降低制动效能,甚至完全失效,故还应增设辅助制动装置。行车制动系和驻车制动系作为每辆汽车制动系的最低装备,部分汽车还设有辅助制动系和第二制动系。

(2)按制动能源分。

制动系可分为人力制动系、动力制动系、伺服制动系。人力制动系以驾驶人的肌体作为唯一的制动能源。动力制动系完全靠发动机的动力转化而成的气压或液压形式的势能进行制动。伺服制动系兼用人力和发动机动力进行制动。

(3)按制动能量传输方式分。

制动系还可分为机械式、液压式和气压式等。因此,制动的分类不同,其构造也不同。

2. 制动的功用

使行驶中的汽车减速甚至停车,使下坡行驶的汽车速度保持稳定,以及使已停驶的汽车保持不动,这些作用统称为汽车制动。汽车制动是指在汽车上设置的一套(或多套)能由驾驶人控制的、产生与汽车行驶方向相反外力的专门装置。其作用是:使行驶中的汽车按照驾驶人的要求进行适时减速、停车或驻车,以及保持汽车下坡行驶速度的稳定性。

(二)大客车制动工作原理

1. 大客车各制动阀在制动中的作用(图5-1)

(1)制动总阀作用。

使前、后制动器相互独立,是行车制动的主要装置。

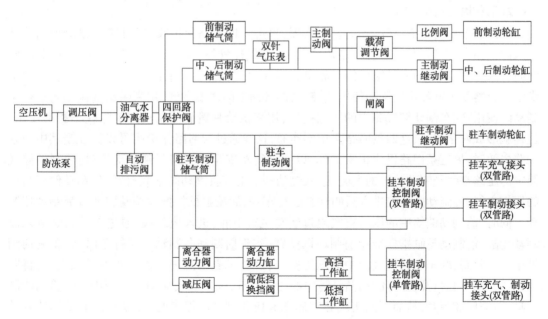

图5-1 大客车制动结构原理示意图

(2)快放阀的作用。

将制动轮缸中的压缩空气较快地排出,不必通过较长管路到制动主缸排气,因而缩短了制动解除时间,可使汽车迅速起步。

(3)差动式继动阀作用。

防止断气制动与停车制动或紧急制动同时操纵时,在制动器上产生重叠作用,以保护制动器不致过载。

(4)继动阀作用。

缩短操纵气路中的制动反应时间和解除制动时间,起加速和快放作用。

(5)四回路保护阀作用。

在其中某条回路失效的情况下,仍能保证其他回路存在一定安全制动气压,从而提高汽车行驶的安全性。

(6)干燥器作用。

空气干燥是汽车制动系的附加装置,其作用是过滤并干燥从空压机来的空气,它安装在空压机之后,制动系之前。为制动系统提供洁净、干燥、适宜温度的气源,从而使制动管路和制动元件不致锈蚀,避免了由于铁锈与杂质造成的卡、堵事故,继而提高了制动的可靠性和整车运行的安全性,且自身带有气压调节器能防止气路压力过高。

(7)驻车制动阀作用。

用于操纵弹簧制动缸,使客车产生停车制动和紧急制动。该阀的控制手柄在行车位置与停车位置之间时,能自动回到行车位置,在停车位置时能够锁止。

(8)弹簧制动缸作用。

此总成为气制动弹簧储能型制动装置,除具备常规气制动功能外,同时兼有应急制动和驻车制动功能。

2. 工作原理(图5-1)

空压机泵出的压缩空气,先通过干燥器,再进入四回路保护阀,通过四回路保护阀分别进入四个储气筒:后制动储气筒、备用储气筒、断气储气筒、前制动储气筒。其中,后制动储气筒中的压缩空气,用来供给后制动轮缸行车制动时使用;备用储气筒中的压缩空气,用来供给离合器助力缸和排气制动使用;前制动储气筒中的压缩空气,用来供给前制动轮缸行车制动时使用;驻车制动储气筒中的压缩空气,用来供给弹簧储能制动缸解除驻车制动使用,这样就形成四条回路,这四条回路互相不连通,这样通过四回路保护阀可以保证当其中一条回路失效时,另三条回路仍能正常工作,以保证行车安全。当踏下制动踏板时,后制动储气筒中的压缩空气经制动主缸的上腔,进入继动阀的上腔将继动阀下腔打开,后制动储气筒中的压缩空气,经继动阀下腔进入后制动轮缸行车腔,后轮缸推杆推动调整臂实现后制动器制动。同时,前制动储筒中的压缩空气通过制动主缸下腔,进入快放阀,通过制动软管进入前制动轮缸,前制动轮缸推杆推动前制动调整臂,实现前制动器制动。在行车时,驻车制动阀处于开启状态,驻车制动储气筒中的压缩空气,经驻车制动阀进入差动式继动阀上腔,将差动式继动阀下腔打开,驻车制动储气筒中的压缩空气,经差动式继动阀下腔进入弹簧储能制动缸,压缩储能弹簧,从而不能实现驻车制动和应急制动。停车时,操纵驻车制动阀使其处于关闭状态,此时差动式继动阀上腔至驻车控制阀间的压缩空气通过驻车制动阀排气口排入大气,差动式继动阀下腔关闭,弹簧储能制动缸中的压缩空气通过差动式继动阀排气口排入大气,储能弹簧势能释放,进而实现驻车制动。

二、缓速器的种类和操作控制原理

现代较高的交通密度,使得车辆制动频繁(据调查,交通流量大的城市的公交车制动次数可达 4000~5000 次/日)以及下坡长时间的制动都会产生制动器过热现象,导致制动效能衰减,甚至制动失效,尤其客车下坡时潜伏的不安全因素,将直接危及乘客安全。而且制动蹄摩擦片使用周期短,需频繁更换摩擦片,由此导致运营成本增加,车辆制动还时常发出刺耳的"吱吱"噪声,同时制动时摩擦片材料的磨损还产生污染环境的粉尘,这些都长期困扰着客车使用者。尽管盘式制动器已经逐渐取代鼓式制动器,但仍不能从根本上解决问题。而缓速器作为一种技术先进的辅助制动系统,应用于汽车上时便有效地改善了这些问题。缓速器可以在不使用或少使用行车制动装置的条件下,使车辆速度降低保持稳定,而且不会使车辆紧急制动。

(一)缓速器的种类和作用

近年来,整个汽车缓速器市场的需求量增长迅速。尤其受《城市客车缓速器制动性能要求与试验方法》(CJ/T 230—2006)法规的影响,导致需求激增。2007 年我国客车市场规模为 3.2 万台,全国汽车缓速器产量达到 4.5 万台。国内电涡流缓速器主要集中在客车市场安装和售后市场,旅游车、长途客车以及公交车是市场比较集中的地方。目前,10m 长以上的客运、旅游客车缓速器安装率达到 60%~70%,而公交客车(城市客车)的缓速器安装率仅有 20%~30%,大型客车总体缓速器安装率达到 40%~50%。

1. 缓速器的分类

汽车缓速器按其工作原理通常分为发动机缓速器、液力缓速器、电磁涡电流式缓速器和永久磁铁涡电流式缓速器四种。

(1)发动机缓速器。

发动机缓速器在车辆制动过程中,通过控制排气门的运动规律来释放发动机汽缸内的压缩空气,吸收发动机以及整车的惯性能量,从而实现制动。发动机排气制动是在发动机排气管中装置阀门,当阀门关闭时,把发动机作为空气压缩机来工作。在排气行程中,排气歧管中的空气受到压缩,发动机获得负功,从而产生制动力。

发动机缓速器价格低,结构简单,安装方便;可防止发动机过冷,以减少其磨损,提高发动机使用寿命;减少压缩空的气的消耗,保证紧急制动的安全可靠。

不需改动汽车传动系,具有高制动功率密度、高稳定性、高集成性且易维护等特点,发动机缓速器可以根据整车需要设置不同的制动力挡位,提供可选的制动力矩,基本不需要额外消耗能量。发动机缓速器可大幅提高车辆下坡速度,提升运输效率,更省油;极大地降低制动摩擦片及轮胎磨损。但对发动机有一定的不良影响,且缓速能力较小。这种辅助制动装置在我国应用较早,应用也比较广泛。国内许多载重汽车厂家都采用过发动机制动。但这种制动方式应用于汽油发动机时,结构复杂,效果也较差,实际应用较少。另外,排气制动会使车辆行驶时的噪声有较大增加。目前,典型的发动机缓速器主要包括排气式缓速器、压缩释放式缓速器两种。

(2) 液力缓速器。

液力缓速器是利用耦合叶轮搅动油液产生阻力形成制动作用。它通过压缩空气经电磁阀进入储油箱,将储油箱内的变速器油经油路压进缓速器内,使定子与转子在油液的作用下产生阻力矩,从而实现对车辆的减速作用。液力缓速器在比较紧凑的结构环境下可以获得较大的制动力,并且体积小,重量轻,低速范围制动力大。但是,液力缓速器采用水冷却结构,水冷系统和车用散热器合用,所以安装和维修不方便。从工作原理来看,在开始工作时要向转子和定子油腔充满油液,这需要一定的时间,所以起始工作有时间滞后性,当然,断开时也存在同样的滞后性。液力缓速器一般与变速器组合使用,根据其在变速器的不同位置,又可分为输入缓速器和输出缓速器。输入缓速器作用于变速器输入轴,制动力矩可经变速器放大,但随挡位不同而变化较大,且会在变速器换挡的瞬间中断缓速作用。输出缓速器作用于变速器输出轴,相对于输入缓速器制动力矩平稳,理论上连续可调,容易控制。

(3) 电磁涡电流式缓速。

电磁涡电流式缓速器简称为磁电涡流缓速器,它是以磁电效应产生制动作用的。因为电涡流缓速器采用风冷结构,与汽车上其他系统的连接关系少,所以安装和维修方便。汽车电涡流缓速器是一种新型动态安全装置,安装在汽车传动系中,用来提高车辆的安全性能,它有三种安装方法,可以安装在变速器输出轴端、传动轴之间或者驱动桥输入轴端上。电涡流缓速器是利用发电机反向电流原理增加反向电压,产生强大的非接触式制动效能,它在汽车行驶过程中需要减速时接通电源,定子与转子之间形成电磁涡流,产生相反的转矩而达到减速的作用。从工作原理来看,电涡流缓速器在执行时没有时间上的滞后性,可以无级调节线圈中的电流来改变转矩大小,在起动工作时,没有冲击、没有噪声。我国高档大、中型客车普遍采用电涡流缓速器及液力缓速器,并在部分重型货车(如欧曼、东风、解放)上使用电涡流缓速器。

(4) 永久磁铁涡电流式缓速器。

永磁缓速器的工作原理与电涡流缓速器相似,用永久磁铁替代了电涡流缓速器中的电磁铁进行励磁。典型的永磁式缓速器包括两个部分:转子和定子。永磁式缓速器的结构按转子的形状分为鼓式和盘式两种类型。盘式易获得较大的制动力矩,但结构尺寸较大。鼓式永磁式缓速器结构紧凑,便于布置和控制。永磁式缓速器可实现大幅度的轻量化、小型化;几乎不消耗电力,仅电磁阀耗电;连续使用,自身不会产生过热;能持续不断保持制动力的稳定性和持久性;在高速范围内制动力也不会降低,且传动轴转速越高,制动力越大;维护简单,只需定期检查空气间隙即可。永磁式产生的磁场有限,所产生的制动力矩较小;不能提供大小不同的制动力矩;因采用稀土永磁材料,故价格较高。永磁缓速器是目前国外市场开发的主流产品。

2. 缓速器的作用

汽车在山区路段行驶时,由于要经常使用制动,制动器过热就会导致制动蹄摩擦片加速磨损、制动器热衰退,甚至使汽车完全丧失制动力,严重危及人身安全。当然,有些驾驶人喜欢采用给制动毂喷水的方法来降低制动毂的温度,但这样做却避免不了长时间持续制动引起的制动蹄摩擦片快速磨损问题,更避免不了由于冷却不均匀而使局部热应力过大引起的制动毂损坏。在冬季,冷却水流到地面后结冰,还会造成后面的车辆发生交通事故。此外,经常需要停车加水,增加了驾驶人的劳动强度和降低了运输生产率。在我国山区道路占有相当大的比例,并且山区道路的等级不高,以三级、四级的等级路为主,道路崎岖复杂,山高路陡,坡长弯多,更应该装有缓速器,使汽车的制动效果得以改善,防止交通事故的发生。

加装缓速器的汽车制动效果显著。主要表现在:一是能够减少车轮制动器热衰退、轮胎过热爆胎现象的发生,提高了汽车的行驶安全性;二是能提高汽车下长坡的平均行驶速度和增加驾驶人下长坡时的安全感;三是可延长制动器摩擦片使用寿命,减少制动器的维修维护工作量,从而使得安装缓速器的汽车具有良好的使用经济性。

(二)缓速器的操作控制原理

汽车在减速或下长坡时,启用缓速器,可以平稳减速,免去频繁使用制动而造成的磨损和发热。目前,市场上使用的主要有电涡轮缓速器和液涡轮缓速器两种结构的缓速器。使用较多的是电涡流缓速器,下面重点介绍电涡流缓速器的工作原理。

根据法拉第电磁感应定律,随时间变化的磁场可在其周围产生涡旋的电场。当块状的金属置于变化的磁场中,金属内的自由电子在涡旋电场的作用下形成涡旋的电流,即电涡流。电涡流产生两种效应,一种是热效应,用于感应加热。一种是机械效应,用于电磁制动。电涡流缓速器的基本原理就是利用一个闭环导体在磁场中运动产生涡流,达到车辆减速的目的。电涡流缓速器是由执行机构和控制部分组成。

电涡流缓速器是安装在汽车变速器、传动轴或驱动桥上,靠电涡流的作用力来减速的装置。实质上,它就相当于一台直流大功率力矩电机,基于"电磁感应"的原理而工作。由于装置中的转子的电磁导体很大,且转子上产生的感应电流是以围绕磁力线旋转的涡流的形式存在,所以这种形式的缓速器就被称为电涡流缓速器。当驾驶人推动缓速器的手挡开关,或踩下制动踏板给缓速器的定子线圈通入直流电的时候,电涡流缓速器固定在传动轴上的转盘受传动轴的带动而旋转,由于转盘工作面与磁极之间存在着一定的间隙,由电磁感应原理可知,在由相邻铁芯、磁极板、气隙、转子形成的磁回路中,当转子和定子之间存在相对运动的时候,这种运动就相当于导体在切割磁力线,这时候在导体内部会产生感应电流,同时感应电流会激发出电磁力。这个力的方向正好与转子的旋转方向相反,由于作用力的方向永远是阻碍导体运动的方向,故导致转子减速,这就是缓速器制动力矩的来源,如图5-2所示。

从能量守恒的角度上来说,当缓速器起制动作用的时候,是把汽车运动的动能转化为电涡流的电能并以热量的形式被消耗掉。因此,电涡流缓速器在工作时会产生巨大的热量,而提高转子的散热能力和控制转子热变形的方向成为转子结构设计的关键,也是电涡流缓速器的核心技术之一,而保持转子风叶等散热表面的清洁也成为缓速器维护的重要项目。

三、缓速器的特点和发展目标

电涡流缓速器是一种辅助制动系统,是在现有的制动系统中,增加一套作用于车辆传动系统中,使车辆减速的安全辅助制动装置。可提前于主制动器减缓车辆行驶速度,分担制动能量,且能够解决因制动蹄摩擦片间隙调整不当或下雨路滑导致的车辆跑偏问题,能使高速行驶的车辆制动平稳,大大提高车辆的行车安全性。

电涡流缓速器利用电磁原理制动,无机械摩擦,电脑自动控制逐步增加制动力矩,增加制动力,使制动系统的反应时间更短,车辆紧急制动的距离缩短。

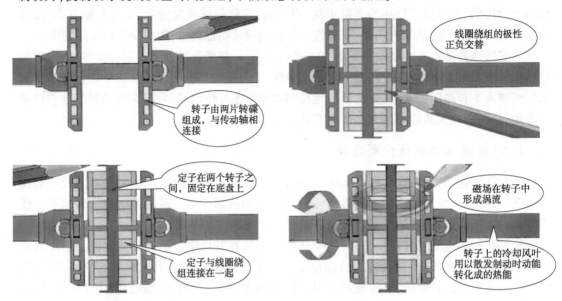

图5-2 电涡流缓速器工作原理

(一)缓速器的特点

电涡流缓速器特点是显而易见的。因而在国际上一直得到着普遍的认可。电涡流缓速器虽然在我国应用较晚,但得到国家有关部门的高度重视。交通运输部也制定了相应的法规,规定所有在高速公路上行驶的大、中型车辆必须安装制动辅助装置。

1. 提高了车辆的安全性

由于缓速器的辅助制动作用,明显地减少了驾驶人对制动器的使用次数。同时,由于电涡流式缓速器是非接触、无摩擦,因而实现了缓速器的免维修特性。缓速器采用了风冷却的方式,极大地简化了安装,还可以防止制动器衰退的发生。另外,安装缓速器后驾驶人更容易控制车与车之间的距离和行驶速度,对提升平路上汽车高速行驶的安全性也大有帮助。

当一辆15t的车辆,在长7km,坡度为15%的路面向下匀速行驶时,为保持速度,制动系统将释放出与车辆自身动能和势能相等的能量。根据能量守恒原理,这些能量也将通过转化,以热能的形式散发出去。据测算,这些散发出去的热能足以熔化210kg的铸铁(铸铁的熔点为1360℃)。可想而知,通过热传递,车轮制动器的温度也将迅速升高,这必然将加大汽车制动时的负荷,为车辆制动带来巨大的安全隐患。而使用电涡流缓速器,能分担车辆减速时所需的30%~80%的制动力矩,确保车轮制动器处于良好的技术状态,以便应对紧急情况,杜绝了由于制动频繁引起的爆胎现象。

由于电涡流缓速器采用的是电磁感应原理,这一物理学优势使其能够在一个相当宽的转速范围内提供强劲的制动力矩,而且低速性能良好。车速在10km/h的时候,缓速器就能提供缓速制动;车速达到30km/h,缓速器就能达到最大的制动力矩。

在紧急制动时,使用电涡流缓速器的车辆能有效避免仓促、摇摆、甩尾等现象的发生,使车辆能以平稳、渐进、直行的方式停稳,不但有效地缩短了制动距离,提高了行驶安全性,而且增加了轮胎的使用寿命。

由于电涡流缓速器采用电流直接驱动,没有中间环节,其操纵响应时间非常短,反应灵敏。以 TELMA 缓速器为例,其最短响应时间为 0.02s,比液力缓速器和发动机缓速器的响应时间快 50 倍。

2. 提高车辆运行的经济性

使用电涡流缓速器的车辆,无需经常调整制动蹄摩擦片间隙,维护工作量可以大大减少。可明显降低轮毂、轮胎的温度(可下降 30%~40%),使轮毂、制动蹄摩擦片和轮胎的使用寿命延长 3 倍以上,极大地节约了车辆的使用成本。由于减少了制动毂、制动蹄摩擦片及制动器的维修,使得成本下降;以及减少了它们间隙调整的时间,使车辆的有效工作时间得以延长,平均行驶车速的提高,运输效率得以增大,进而增加了经济性。

控制灵活,手动控制和脚动控制均可,并且不用改变驾驶习惯,使用舒适。

由于电涡流缓速器的定子与转子之间不存在直接接触,即不会在使用中出现磨损,因而故障的发生率极低。平时除了做好例行检查,保持清洁以外,其他维护工作很少。

一旦电涡流缓速器发生故障,在维修配件不能及时供应的情况下,可以关闭缓速器,车辆仍可以继续运行,基本不影响车辆的正常使用。在维修成本上,相较于液力缓速器和发动机缓速器更加低廉。

电涡流缓速器能够承担车辆大部分制动力矩,因而电涡流缓速器能够延长轮制动器的使用寿命,降低车辆运营成本与用于车辆制动系统的维修费用,提高经济效益。据统计,安装了电涡流缓速器的车辆,其车辆的二次维护周期可延长 2~8 倍,车轮制动器使用寿命至少可以延长 4~7 倍,轮胎更换次数大大减少,从而节省了维修材料和人工费用以及轮胎消耗。

3. 提高车辆的环保性和舒适性

使用电涡流缓速器的车辆,只要轻踩制动踏板就可以获得所需要的制动力,降低了驾驶人的劳动强度;制动可控制性强、更加柔和,乘坐舒适性改善明显。安装了缓速器的车辆,不但可以减少制动踏板的使用频次,也可以减少所需踏板力,因而有效地减轻了驾驶人的疲劳感。同时,缓速器还缓和了制动时所造成的冲击和噪声,使驾驶变得更安全、更容易。由于制动摩擦片在摩擦过程中会产生很多粉尘,粉尘中含有因高温作用而发生变异的有害物质,甚至含有致癌物质;再者,制动器的频繁维修,会产生较多的维修废弃物,以及制动过程中的噪声,这些都会对环境造成污染。电涡流缓速器能够承担车轮制动器大部分的负荷,因而也就能大大减少车轮制动器对环境带来的影响,使车辆环保性和舒适性增强。

4. 提高坡道行驶时的平均速度

安装了缓速器的车辆,因为缓速器不存在和挡位关联的制动力变换。因此,下坡时利用缓速器可以维持较高的稳定行驶速度。

5. 适时控制和其他

由于缓速器的控制采取了电控的方式,使用时不会有明显的滞后性。同时,其电控部分可以和车辆上其他系统配合使用,由于智能化控制,持续使用时缓速器也不会过热。此外,缓速器的一个突出特点就是安装便捷。

(二)电涡流缓速器的发展目标

随着我国交通事业的发展,缓速器已成为大型车辆的必备装置,今后的发展方向为:

(1)在选用的材质上,应保证转子形状的稳定性和良好的导电性;新材料的应用,进一步减轻缓速器本身的自重,降低损耗。

(2)完善缓速器温度控制技术,防止转子热变形。

(3)节约能源消耗,开发生产自发电式缓速器。

(4)强化发动机制动和排气制动在长距离下坡联合使用时的智能控制效果。

(5)提高与 ABS 联合制动时的智能控制效果。

(6)电涡流缓速器的散热应将风冷和水冷结合起来,发挥最大的制动能力。

第二节 制动的操作和运用对车辆的影响

汽车是一种高速度的运输工具。由于在行驶中经常受到路面地形、交通情况的限制,驾驶人就必须根据具体情况使汽车减速或停车,这就需要合理地运用制动。

大客车一般都设有两套独立制动装置,即行车制动装置和驻车制动器。行车制动装置分行车制动器和缓速器,驻车制动器即手制动。汽车的减速或停车,是由驾驶人通过操纵制动机件来实现的,制动操作正确与否,是保证行车安全的重要条件,同时也是节约燃料、减少轮胎磨损的重要环节。

一、制动的操作对车辆的影响

(一)行车制动的操作对车辆的影响

制动踏板的作用就是在行驶中强制降低汽车行驶速度以至停车,制动踏板使用是否得当,直接关系到汽车的行驶安全和乘客的舒适感。

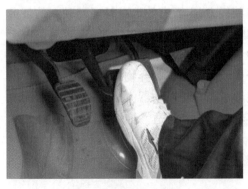

图 5-3 制动踏板的操作

1. 选择合适的脚踏位置

应用右脚趾根部的脚掌踩制动踏板,如图 5-3 所示,用脚尖踩踏容易打滑,用脚心踩踏不能精确地调整。

2. 踩踏制动踏板的要领

操纵制动踏板时,两手应平握转向盘,先放松加速踏板,然后用右脚掌踩在制动踏板上,以膝关节和踝关节的伸展动作踩下或放松制动踏板。

踩踏制动踏板时不能看踏板,必须是条件反射式、迅速的,这是非常重要的。应将脚置于正确位置反复练习。原则上必须要右脚踩踏板。即使是自动变速器汽车,为了防止出错也要用右脚踩踏板。

使用中应尽量选择预见性制动。发现情况,在确保安全的前提下应尽量利用发动机的牵阻作用降低车速，以少用制动，尽量避免使用紧急制动，从而减轻制动器的磨损。

（二）驻车制动器的操作对车辆的影响

驻车制动器操纵装置俗称手制动、手刹，它一般是在停车后或驾驶人下车时使汽车保持制动状态。在有坡度的地方停车，同时还应挂上低挡位。在汽车行驶中，驾驶人还要注意不能单独以驻车制动器代替行车制动器使用，因汽车运行时单独使用驻车制动器会使各种传动机件受到巨大的冲击负荷而损坏，甚至会发生事故。驻车制动常见的有手拉式、拉杆（控制阀）式和按钮式，如图5-4所示。

图5-4 驻车制动器

1. 拉杆（控制阀）式驻车制动器操纵装置的操作

拉杆（控制阀）式驻车制动器一般安装在驾驶室左侧窗的下方，如图5-5所示。大部分客车配备的都是拉杆（控制阀）式驻车制动器。拉杆（控制阀）式驻车制动器是断气刹，制动轮缸里有个很大力的弹簧，当拉起驻车制动时将部分压缩空气放掉，弹簧复位将车轮抱死。当发动机起动时空压机开始向储气罐打气，当气压达到安全行驶的标准压力时弹簧被压住，驻车制动器松开，车轮可以正常转动了。

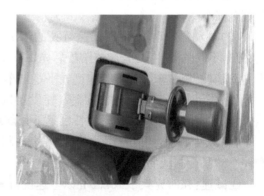

图5-5 拉杆（控制阀）式驻车制动器

使用驻车制动时，应用右脚先踩下制动踏板并保持踩下位置不动，然后用左手提起驻车制动阀后拉。解除驻车制动时，应用右脚先踩下制动踏板并保持踩下位置不动，同时用左手提起驻车制动阀前推，驻车制动阀会回到松开位置。

2. 驻车制动器操作对车辆的影响

（1）在平路短时间停车，如行驶中等待信号灯时，无需频繁使用驻车制动，可用行车制动控制。

(2)长时间停车时,必须挂入低挡位,使用驻车制动。

(3)在陡坡长时间停车时,除了要挂入低挡位、使用驻车制动外,还需要在车轮下面垫上三角木等障碍物,以减轻驻车制动的负担,防止发生滑溜事故。

(三)制动的运用对车辆的影响

汽车的减速或停车,是由驾驶人通过操纵制动机件来实现的,制动操作正确与否,是保证行车安全的重要条件,同时也是节约燃料、减少轮胎磨损的重要环节。

1. 车速与制动停车距离的关系

行车中,驾驶人发现情况,采取制动措施,到汽车完全停止需要一段时间,这段时间汽车所走过的距离叫制动停车距离。制动停车距离可分制动反应距离和制动距离两个部分。

(1)制动反应距离:从驾驶人发现情况想停车开始,一直到右脚踩上制动踏板为止的这段时间,称为反应时间。车辆在这一段时间内所行驶的距离,叫作反应距离。反应距离的长短,主要取决于驾驶人的技术熟练程度、精力集中与否以及当时车速的快慢。从制动效果上说,反应距离愈短愈好。

(2)制动距离:在行车中,从驾驶人踩下制动踏板,制动器产生制动作用起,到汽车完全停止为止,这段时间内车辆所行驶的距离,叫作制动距离。制动距离的长短与行车速度、路面情况、制动效能等有着密切关系。通常情况下,行车速度快、路面滑、制动效能小,制动距离就长,反之则制动距离短。除行车速度、道路条件对制动距离有影响外,还与制动器工作效能、驾驶人思想集中与否、技术熟练程度、方法是否得当有关系。

2. 制动减速的运用对车辆的影响

(1)行驶阻力制动:行驶阻力制动就是依靠汽车在行驶中的阻力——滚动阻力、空气阻力、上坡阻力,来实施制动。使用这种制动,就是让发动机处在急速运转状态下,汽车逐渐减速直至停车。

(2)制动器制动:一般在低速行驶的情况下(10km/h以下)的减速和停车,与正常的减速、停车不同的是,在松开加速踏板后先踩下离合器踏板,然后根据道路和交通情况,逐渐踩下制动踏板,使汽车降低行驶速度或平稳停车。

(3)发动机制动:松开加速踏板,使发动机降低转速,利用发动机的牵阻作用降低车速。挡位越低,牵阻力越大。在下坡特别是下长陡坡时,可以控制车速。

(4)联合制动:同时使用发动机、缓速器制动和行车制动器制动,使汽车迅速平稳地减速和停车。联合制动的操作方法是:

①减速:在时速大于10km/h以上速度行驶时,遇有情况松开加速踏板,打开缓速器开关手柄,降低发动机转速,不踩下离合器踏板,同时用发动机和缓速器的牵阻作用和行车制动器制动使车辆减速。

②停车:当车速降至10km/h以下时,发动机转速减到最小时,关闭缓速器开关手柄,踩下离合器踏板,用行车制动器把车停住,并拉起驻车制动阀,使驻车制动工作。

(5)间歇制动的操作方法。

适用于冬季冰雪路面,夏季的泥泞路面。使用制动但又不能踩死制动踏板的情况时的一种特殊制动方法。

操作方法如下:制动时先松开加速踏板,然后踩制动踏板并逐渐加大制动力,当车轮即将抱死时,马上抬起制动踏板,紧接着再踩下制动踏板,估计快要抱死时再次抬起制动踏板,如此反复操作,就会使汽车得到最佳的制动效果。避免在湿滑路面上制动使汽车方向失控。但每次抬起制动踏板时,还要保持一定的制动力,不要完全抬起。

(6)定点制动(停车)的运用对车辆的影响。

这是日常行车中经常会遇到的停车方式。等红灯时、高速公路收费口,以及其他指定地点停车都会用到。主要考验驾驶人对离合器、制动器、加速踏板、变速杆、转向盘联合操作的协调能力。

运用方法:使用制动踏板的力度要遵循:"早踩长磨,轻—重—轻"的原则。第一,在停车过程中,制动的运用方法即根据车速正确判断停车距离和轻轻踏下制动踏板(轻),不要过急过猛。第二,在汽车减速过程中,逐渐加力踩制动踏板,车速的80%~90%要在这个过程控制下来。第三,在车速逐渐降低,汽车将要停下的过程,这个阶段为调整阶段,可稍抬制动踏板,利用汽车的惯性使汽车到达预定的停止位置后,再轻踩制动踏板使汽车平稳停住。

3. 停车制动的运用对车辆的影响

汽车需要停放时,应遵守交通法规,按指定地点依次停放,注意保持间距。在与其他车辆相邻停放时,至少应保持2m的车距,不得与其他车辆在道路两侧并停。

(1)停车前,要通过内、外后视镜观察后方和右侧交通情况,打开右转向灯。

(2)停车前放松加速踏板,降低车速,使汽车沿道路右侧缓行。

(3)适量踩下制动踏板,按"三把轮停车法"将车停在预定位置。

(4)踩下离合器踏板(当车速降至10km/h以下时),轻踩制动踏板,将车辆停住。

(5)使用驻车制动,使其处于驻车制动工作状态,把变速杆移至一挡(平路可放置空挡),放松离合器踏板和制动踏板,关闭点火开关。

二、缓速器的操作和运用对车辆的影响

缓速器本身只是车辆制动系统中的一个辅助制动系统,它本身只能起到减速的作用,而不能使车辆完全制动。所以汽车进站、停车或是紧急制动时,还必须靠汽车本身的制动系统来将车辆完全制动停止。当汽车打开起动开关,不管是否踩下制动踏板,缓速器都不会工作。汽车起动后,达到一定车速(约5km/h),准备工作指示灯亮,即表示控制器进入工作待命状态,慢慢踩下制动踏板,可以从缓速器的工作指示灯看到缓速器的工作情况。而当车辆速度降低到约5km/h后,缓速器停止工作。

(一)电涡流缓速器的操作对车辆的影响

电涡流缓速器的开关手柄共有五个挡位(图5-6):0挡——无减速作用;1挡——1/4的减速力;2挡——1/2的减速力;3挡——3/4的减速力;4挡——最大的减速力。每次使用缓速器时,仪表板上的缓速器工作指示灯会点亮。注意:当停车或不需要使用缓速器时,必须将开关手柄放回"0"位。使用手控开关可以完全脱离制动蹄摩擦片工作的可能性,长期使用可以大大减轻摩擦片的磨损,延长摩擦片使用寿命,提高经济性。

作为脚控方式的重要部件——气压开关总成一端接在制动管路中;气压开关总成上安

装有四个压力开关,其内部有常开电气触点。当空气达到压力开关的设定值时,压力开关内的触点就将控制电路接通。当驾驶人踩下制动踏板时(图5-7),储气筒内压缩空气就通过气制动控制器进入制动管路,而连通在制动管路中的压力开关总成内部的气压也就随之升高,此时安装在压力开关总成上的四个压力开关内部的电气触点在气压作用下就相继导通,控制电路就启动缓速器起减速作用。此时,仪表板上缓速器工作指示灯会点亮。驾驶人踩下制动踏板的角度不同,制动管路内部的空气压力也随之变化。由于四个压力开关的压力设定值各不相同,它们导通的个数与驾驶人踩下制动踏板的角度成对应关系。制动踏板踩得越重,压力开关导通的个数就越多,缓速器的减速阻力就越大。

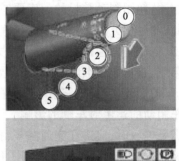

图 5-6　电涡流缓速器的开关手柄

图 5-7　电涡流缓速器脚控示意

当驾驶人踩下制动踏板,压力开关就先于车轮制动器动作;而车轮制动器摩擦片开始动作时,第三个压力开关就已经导通了,即缓速器已经在第三挡工作了。可见,在脚控方式下,缓速器同样能够减轻车轮制动器的负荷。脚控方式是否起作用还受到车辆行驶速度的控制。当驾驶人踩下制动踏板后,车辆速度将在缓速器作用下降低;而当车速降低到3km/h以下时,缓速器控制机构将切断缓速器供电。这一功能可以在驾驶人踩下制动踏板使车辆临时停车时,避免缓速器浪费电能。

(二)缓速器的运用对车辆的影响

(1)在道路条件不好的情况下要小心逐级地操作缓速器。

(2) 在极端差的路面条件下不能使用缓速器,要特别注意没有 ABS 的车辆。

(3) ABS 功能激活时,缓速器会自动关断,ABS 功能解除,则缓速功能恢复。

(4) 下长坡时最好用发动机制动,低速慢行,因为电涡流缓速器是不能一次性长时间工作的(不高于 1min)。

(5) 最好不要长时间打开缓速器手控开关行驶,以免烧坏蓄电池和缓速器。

三、预见性制动和紧急制动的运用方法

(一) 预见性制动

1. 预见性制动的定义

预见性制动,是驾驶人在驾驶汽车行驶中,对已发现的行人、车辆和地形、交通情况的变化或预计到可能出现的难以通过或有一定危险的障碍,提前做好思想上和动作上的准备,有目的地采取减速或停车的措施,称为预见性制动。预见性制动是驾驶人主动进行的制动,在思想上、技术上均有所准备,这种制动不但能保证汽车行驶安全,而且节约燃料,避免机件和轮胎的损伤。

预见性思维判断,就是驾驶人对道路交通情况的发展、变化,提前作出的估计和设想。例如,汽车在经过停驶的车辆、障碍物及胡同口之类的视线"盲区"时,就要设想一下会不会有人或车辆从视线"盲区"中突然出现,并提前减速,观察事态的发展。这样,一旦发现情况,停车、减速就易如反掌。尽管有时在经过"盲区"时并没有任何情况出现,但是这种预见性的思维判断不能省略,它可以有效地防止事故,减少紧急制动,降低情况变化的突然性。

2. 预见性停车的操作方法(早踩长磨,轻—重—轻)

在驾驶人发现情况后,先松开加速踏板,打开缓速器开关手柄,利用发动机怠速和缓速器的牵阻作用来降低车速,并根据情况使用间歇性制动来控制车速,使汽车进一步降低速度,直至停车。若在汽车减速过程中,障碍消除,道路情况已允许通行,可关闭缓速器开关手柄,加速换挡通行,重新正常行驶。若在汽车减速过程中,障碍未消除,道路情况不允许通行,就必须踩制动踏板准备停车,在车速降至 10km/h 后,再踩下离合器踏板,然后轻轻踩下制动踏板,将汽车停在预定的地点。

(二) 紧急制动

1. 紧急制动的定义

紧急制动,是驾驶人在驾驶汽车行驶过程中,遇到突然的、紧急的危险情况,驾驶人用正确、迅速的动作踩下制动踏板,并视必要拉紧驻车制动器的操纵杆,在最短的距离内将汽车迅速停住。

紧急制动是保证行车安全,避免事故发生而必须采用的应急措施。紧急制动时对汽车各部件都有较大损伤,对轮胎会造成损害,而且由于车轮抱死,左右车轮制动力又不同,易导致汽车跑偏,方向难控制。因此,紧急制动只有在不得已的情况下才使用。

2. 紧急制动的操作方法

驾驶人在遇到危险情况时,握紧转向盘,右脚迅速放松加速踏板,立即用力踩下制动踏

板,同时快速操作驻车器,使驻车器处于制动状态。左脚不要踩离合器,顶住地板,充分利用发动机牵阻作用,发挥汽车的最大制动能力,使汽车尽快停住,从而达到紧急停车的效果。

第三节 各种道路制动的操作要求

随着城市化建设和道路建设的不断发展,长途客车和城市公交不再仅仅是一般的交通工具,人们对舒适性、安全性提出了更高的要求,同样对驾驶人使用制动也提出了更高的要求。因此,驾驶人各种道路制动的操作就显得尤为重要。

一、复杂道路制动的操作要求

(一)坡路制动

1.坡路制动的操作技巧

(1)在坡道上制动与在平路上制动有很大区别,尤其是在将车辆停好后,更应该注意挡位的放置。上坡停车时,在熄火后应将车辆挂入前进挡位。下坡停车时,在熄火后应将车辆挂入倒车挡位。此外,在车辆下坡时,有些大客车驾驶人喜欢空挡滑行,仅以制动来控制速度,这肯定存在安全隐患,如果车辆下一个长距离坡道,制动系统就会因过热而失灵,导致事故发生。正确的做法是根据实际车速挂上合适的挡位,让发动机制动,间歇使用缓速器,偶尔辅以制动,这样既保证安全,又能延长制动系统的寿命。

(2)车辆在下坡时速度会越来越快,大客车驾驶人在控制车速时若频繁使用制动踏板,会感到腿部乏力、疲劳,车轮制动鼓和制动蹄摩擦片也会过热,轻者使制动效能降低,重者使制动失效。下坡时,大客车驾驶人应根据坡道的陡缓情况以及车辆载质量的大小,挂上适合的挡位,充分利用发动机的牵阻作用控制车速,同时间歇使用缓速器来降速,这样可避免过多使用行车制动。

(3)大客车一般采用气压制动,气压制动的车辆,要保证气压在安全标准以上,大客车驾驶人一般不宜过多使用行车制动,避免过快降低气压,而应根据所需的制动强度,适当使用行车制动踏板。当车速过快需增大制动力时,可持续一段时间使用行车制动,使车辆迅速减速,当车速减慢需减小制动力时,可稍放松行车制动,须注意不能长时间使用行车制动,以免制动过热。在下长而陡的坡道时,只要气压能满足需要,可采用适当的间歇制动,这样有利于制动鼓和制动蹄摩擦片的冷却。

(4)使用液压制动的车辆,制动时踩两次制动踏板后,用脚压住踏板,使踏板处于较高的邻近制动位置。需要增强制动力时,往下踩点儿;需要减小制动力时,稍放一点儿。制动踏板逐渐降低后,可再踩两次,使踏板重新升高,以保证车辆制动的及时和灵敏。

(5)液压制动汽车在下长而陡的坡道时(特别是炎热的天气下),由于使用制动器的时间长,制动鼓过热,常需停车休息,但往往休息后再起步行驶时,会发生制动失效的现象。这是由于停车休息时,轮缸活塞和皮碗停止不动所致。因为轮缸过热而使皮碗外圆接触面干燥,密封性降低,制动时漏油,引起制动失效。因此停车休息时,应不断徐徐地踩动制动器,使皮碗往复运动,防止外圈表面干燥,这既可使皮碗保持较好的密封性,又能使制动液冷却得快些。

(6)下坡中途行车制动器发生意外故障而突然失效时,可用缓速器代替制动减速,也可用"抢挡"的方法降到最低挡,利用发动机的牵阻降速,同时要掌握好方向,用驻车制动器控制传动机件旋转。使用驻车制动时,不可驻车制动一次抱死,以免损坏传动机件,丧失制动力。可采用松拉结合的方式,拉一下、松一下,再拉一下、松一下,反复进行。当车辆接近停住时,再拉紧驻车制动杆。

2. 坡路制动的注意事项

(1)下坡之前先利用缓速器降低车速,使车辆以缓慢的速度进入下坡道。

(2)下坡路段严禁空挡滑行,必须挂入适当的挡位,利用发动机的牵制作用降低车辆行驶的速度。

(3)在车辆侧滑时尽量不要使用制动,并且要使离合器保持接合状态,用发动机制动减速。

(4)转弯时汽车重心移向外侧,此时制动会加重侧倾,造成单边制动,若速度过快,或制动过猛,则有翻车危险。正确做法是,应在进入弯道前减小车速换入低挡,入弯后缓慢加速,车身才能保持平稳姿态。

(5)有人认为制动前应切断动力,制动会更有效,这是一个严重观点错误。正确的操作是应先用缓速器减速,然后踩下制动踏板,当车速降低至接近停止时再踩下离合器踏板。

(6)当雨天或雾天时,路面附着系数较小、车辆的制动效能较低,此时车辆之间的安全行车间距应适当加大。

(二)山路制动

1. 山路制动的操作技巧

(1)山区道路大都路幅狭窄,坡道较多,有的山道坡陡弯急。在弯路的时候,要遵循入弯前用缓速器减速,通常减速至 30~40km/h 即可。缓慢入弯后加速出弯。山路开车制动技巧强调制动的同时要打方向,顺着山势和弯度随时调整车身姿态。不能猛踩制动,特别是外侧车道的车辆,以免车身失控,坠入山谷。

(2)上坡的时候手动变速器汽车一般要先减挡,以便获得足够的驱动力。上坡路制动的时机与平路上差不多,但由于车身重量带来的减速作用,使用的制动力比平路行驶时稍小一些。在山路上开车要注意保持与前车的距离,与前车距离应保持在 50m 以上。如果坡太长,车的惯性很大,还应适当增大车间距离。

(3)山路上坡制动同样要缓踩制动,要比平路行车更缓一些,但松开制动踏板的速度要比平路快,这样才能保证车速不会过度下降。手动变速器汽车由于车速过快下降很容易导致挡位不合适的情况,过低的挡位会使车身抖动,因此山路制动后要注意及时换挡。

(4)山路开车制动时要注意平稳。大客车后座有乘客,车辆负重较平均,但是因为人车重量太大,惯性亦随之增大,所需制动力大大提高。加大制动力后,由于惯性因素使乘客和车辆都不稳定,如果后座乘客没有防备,就有可能撞上前面的座椅。因此,在驶入山路前大客车驾驶人应提醒所有乘客系好安全带,同时在操作中要巧用加速踏板,轻踏缓抬,尽量用加速踏板和缓速器控制车速。在安全距离许可的情况下,需要减速时,只要松开加速踏板,打开缓速器开关手柄,降低发动机转速,不踩下离合器踏板,适当使用制动,同时利用发动机和缓速器的牵阻作用和行车制动器制动使车辆减速。这样车辆更平稳,车速控制更容易。

(5)山路下坡制动要比上坡制动更加复杂一些。因为不但要用制动系统,还要利用发动机制动。因此下坡的初期不能迅速升至高挡,应选用适当的挡位,这样才能利用发动机制动。另外,山路开车制动技巧强调下坡不能长时间使用制动,特别是下长坡时更不能长时间使用制动,否则会导致制动盘和摩擦片过热,致使制动效能下降,为了防止制动过热,下坡应采用低挡位下坡,应在山路下坡前先降低车辆速度,使车辆以缓慢的速度进入下坡道。下坡前换入适当的挡位,一般选择比上坡挡位高一挡的挡位下坡,严禁在进入下坡路段后再换挡。对于自动变速器汽车,由于不存在手动换挡的问题,所以不能人为强制采用低挡,此时要做的是下坡初期不能加速或者缓加速,保持车速缓慢增加,尽量使用缓速器控制车速,必要时采用间歇制动控制车速。

(6)山路制动的技巧,一般来说还是脚上对制动的控制力最重要。不少新驾驶人喜欢用脚尖轻踩制动,在一般情况下,这种动作没有什么不妥,但在山路开车制动的某些紧急情况下,很可能就无法立刻将车制动。这是因为,用脚尖制动的动作,不如用脚掌迅速有力,能在瞬间将整个制动踏板踩到底,发挥最大制动能力。山路开车制动技巧的正确方法是用脚尖到脚掌之间的力道来踩制动踏板。从一个人平时操作制动踏板的方式就可看出驾驶水平的高低。一踩制动踏板就让车子立即停住,或是该停下时无法停住,都不是熟练驾驶人应有的表现。

(7)在山路下坡路段,遇有弯路的时候,要遵循入弯前用缓速器或制动器减速,通常减速至30~40km/h即可,缓慢入弯后加速出弯。山路开车制动技巧强调制动的同时要打转向盘,顺着山势和弯度随时调整车身姿态。不能猛踩制动,特别是外侧车道的车辆,以免车身失控,坠入山谷。

(8)在山路下坡路段严禁空挡滑行,必须挂入适当的挡位,利用发动机的牵制作用降低车辆滑行的速度。特别是大客车,体积大、质量大,下坡距离长,就是不放空挡滑行速度也比一般平路速度要快30%,弯道多的道路需断续制动,会造成轮毂过热,而使制动失灵,同时在失去动力的情况下,车辆的机动性大打折扣,一旦出现紧急情况,很难迅速调整车身姿态避险。因此严禁空挡滑行。

(9)山路下坡之后如果又是上坡,在接近坡底时,就要做好冲坡的准备,及时松开缓速器或制动踏板,适时换入高速挡。

2. 山路制动的注意事项

(1)在山路上坡时,即使启用"巡航控制",车速还是可能会稍微变慢。自动变速器也可能换挡,以保持上坡速度和克服上坡阻力的需要。若下坡路面很陡时,车速会加快,此时可使用缓速器或踩下制动踏板,解除"巡航控制",使车辆减速。

(2)汽车的制动系统有气压制动和液压制动两种制动方式,这两种制动方式都是由压力来推动的,汽车放空挡(或熄火滑行)时,汽车无法给液压油或气体加压,汽车将无法正常使用制动(没压力)。没压力等于没有制动,在山路下坡时,没有制动是非常危险的。另外车辆下坡行驶,空挡滑行速度越来越快,遇紧急情况制动失灵,后果也同样非常危险。所以严禁车辆下坡空挡滑行。

(3)山路下坡前,应试验制动的性能是否良好,如有故障,应在排除故障之后再下坡,下坡路段慎用制动。

(4)山路下坡路段不可猛打转向盘,因下坡路段惯性大、速度快和转向盘使用不当,易造成翻车。

(三)复杂道路跟车的制动技巧

(1)跟车时制动的主要目的是与前车保持安全的距离,也可以说是保持与前车基本一致的车速。所以跟车时制动技巧的关键是缓踩制动踏板,踩下的力度缓慢持续加大,踩下的速度要根据前车减速的快慢进行调整。

(2)跟车时制动的时机是根据前车制动的情况随时调整,这种制动方式称为跟随制动。跟随制动在操作中要做到当与前车的速度基本一致时保持制动踏板位置,然后再观察前车的速度变化,如果前车继续制动,则也要跟着制动;如果前车的速度不再下降,此时要缓慢松开制动踏板,加速前行,继续与前车保持同样的车速。对于手动变速器汽车在制动减速后,要注意车身的抖动和车速的变化,及时减挡保持车辆行驶平稳,提高驾乘的舒适性。

(3)在跟车制动时,除了要观察前车的制动外,还要注意前车的前方车辆动态。如果发现前车的前方车辆有制动行为,应当把右脚放到制动踏板上,随时做好制动准备。这样做可以防止由于前车制动滞后而导致的连环追尾。有些驾驶人在跟车时喜欢把脚经常放在制动踏板上,这是个不好的习惯,因为只要把脚放在制动踏板上,不管踩没踩制动,制动灯都会亮起,后车看到后一般会减速,这种不必要的减速会降低整体车流的速度,导致交通效率的变低。

(4)在比较拥堵的路况跟车时,熟练的驾驶人一般都采用半联动轻带制动,或者是半联动轻带加速踏板,通过两个踏板的联动,来组合成所需要的动力和所需要的车速。这种方法虽然省力,但是最好别长时间使用,因为长时间保持离合器的半联动,会导致离合器磨损,使离合器使用寿命大大降低。

(四)平稳停车和紧急情况制动的技巧

1. 平稳停车制动的技巧

制动至平稳停车是经常遇到的情况,比如在红灯前、正常停车等情况。如果制动掌握不好,会使乘客很不舒适。公交车驾驶人尤其要掌握好平稳停车,公交车驾驶人如果比较生硬地运用制动,停车时制动力会较大,车很容易发生点头和耸车的情况,而此时坐在车里面的人也会跟着身体前倾,公交车因自身特点需频繁停车,乘客会很不舒服,甚至发生晕车等情况。

为了防止这种情况发生,大客车驾驶人一定要做好平稳停车,才能符合客运的基本要求。平稳停车的操作方法是,在制动距离足够的情况下,一般采用缓速器降低车速,使用制动时要缓慢持续踩下制动踏板,当汽车将要停下时(车速低于10km/h以下),要缓慢抬升制动踏板,直到停稳时完全松开。由于制动力是持续减小,所以车身会实现平稳停下,而不会出现点头的情况。当然,如果制动距离不够长,那么初始制动的时候要深踩踏板,并保持一会儿,此时车内驾乘人员或许会身体微微前倾,如果做到能让身体缓慢落回靠背,那么也是可以接受的。要做到这一点,同样要采用缓缓松开制动踏板的办法,直到车身停稳时才完全松开踏板。

其实说起来容易,能做到上面说的缓慢松开踏板平稳停车,不但需要多多练习,而且需要克服一定的心理障碍,那就是很多人怕车停不住撞到前车或其他障碍物,特别是在前面有车的情况下。最好的练习方法是在一段平路上放置一个桩桶之类的不怕撞而且即便撞上了也不会对车有损坏的物品做参照物,反复练习之后就会很容易掌握这一技巧。

2. 紧急情况的制动技巧

开车时谁也不想遇到紧急情况,但这是不以个人意志为转移的。例如:正常跟车时,前车突然紧急制动停下;车辆正常行驶时前面突然并过一辆车或者闯过一辆自行车。如果在遇到这些情况之后惊慌失措,头脑一片空白,事故发生几乎是难以避免的。

紧急制动就是迅速把制动踏板踩到底,同时拉起驻车制动拉杆或制动阀,让车迅速减速,甚至停下。这个动作或许很简单,其实也的确不复杂,但最关键的是要够狠,要真的做到把制动踏板踩到底,很多人由于潜意识里的惧怕而做不到这样,所以需要多次练习,以克服这一心理障碍。

另外,还有一个关键的环节,那就是不要光顾着踩制动踏板而忘记了对转向盘的控制。很多人一刹那的头脑空白导致忘记了对车的控制,注重紧急情况下的制动就是要通过练习填补瞬间空白的头脑,因为零点几秒的时间如果有效作为就有可能避免一场交通事故。如果通过紧急制动能够让车在障碍物前停下固然好,如果真的不能,那就要考虑能不能避让。紧急避让也就是紧急制动同时采取的措施,要领是在紧急制动的同时打转向盘,绕开障碍物,把车开到旁边的车道,避免与障碍物发生碰撞。

大客车驾驶人在驾驶过程中要尽量避免紧急制动。据有关资料介绍,载货汽车在砂石路面上一次紧急制动,可使轮胎局部磨损1mm,相当于正常行驶3000km的磨损。如确实需要紧急制动时,驾驶人应把握好转向盘,掌握行车方向,若驻车制动和行车制动同时使用,把转向盘的手也往往跟着用力,因而就会出现不自觉的向左(右)转向的现象,应注意防止方向跑偏。

二、恶劣气候制动的操作要求

一般影响到行车的恶劣天气主要是指雨、雪、雾等天气状况,而应对以上几种天气的驾驶措施也各有技巧。在恶劣天气情况下行车,良好的车况是安全行车的必要前提和基础。行车前一定要对车况进行检查,使之保持在良好的状态。对车况的检查,一是检查制动、转向装置:检查制动液储液罐的液面高度,制动时有无跑偏、漏油情况,驻车制动效能是否良好,以及转向装置的各部件连接是否可靠;二是检查刮水器工作是否正常,如果有故障,要及时排除;三是检查全车灯光、除雾装置是否完好,使其能发挥应有的功能。

(一)恶劣气候对汽车制动的影响

(1)汽车在制动时,车轮产生的总制动力,只能小于或等于车轮与道路之间的附着力。车轮与道路之间的附着力主要取决于附着系数,附着系数与路面气候条件有很大的关系。比如,干沥青路的附着系数为0.6,湿沥青路的附着系数减小为0.4,即减少1/3,因此,制动距离将起很大变化。通过以上分析,在雨天行车制动时应切实注意三点:一是制动作用距离加长;二是要尽量避免紧急制动或制动过猛,因为雨天路面上附着力减小,很容易使制动超过附着力,引起侧滑。这时,如时速为40km,则制动距离是35m左右,如时速为100km时,则制动距离是200m左右。当时速为40km时转向盘旋转20°可以产生0.2g的离心力,因此,速度越大,转向盘越不能旋转过大,否则就会引起侧滑。三是要注意刚下雨的前几分钟。对于驾驶人来说,这个时间是最危险的,因为刚下雨时,由于水与路面上的油或泥土的混合使路面最滑,车胎与路面的附着力减至最小。这时要特别注意不能紧急制动。下雨对驾驶人的视线有严重的影响,风窗玻璃上虽装有刮水器,但由于雨水使光线透过率大大减小,因而可视距离大大缩短,能见度大大降低。

(2)汽车在冰雪冻结道路上行驶时,其主要特点是制动距离加长。例如,汽车以每小时40km的速度行驶时,在干沥青路上的制动距离为10.50m,在干水泥路上的制动距离为9.00m,而在冰路上的制动距离为62.98m,在雪路上的制动距离为31.49m。在结雪或冰冻道路上行车时对驾驶人威胁最大的是滑溜,滑溜有以下四种:后轮溜滑、前轮滑溜、动力滑溜、横向滑溜。

(3)汽车在雾天行驶时,对行车安全的影响主要有以下两个方面:一是能见度大大降低,使驾驶人看不清楚运行前方和周围情况。二是由于道路上雾水与积累的油和泥土的混合使轮胎与路面的附着力减小,车轮容易打滑,从而使制动距离增加。

(4)汽车在山区泥泞路上行驶时,如果转向盘打得过猛或制动使用不当,极易造成侧滑或跑偏现象。

(二)恶劣气候制动的操作技巧

(1)适当降低行车速度,增加跟车距离,与前车保持足够的距离,同时打开汽车灯光,特别是在下大雨时应打开前照灯行驶。下雨时道路上其他交通参与者的行为与晴天大不一样,驾驶人要善于观察与掌握下雨时道路上其他交通参与者的行为特点。比如刚下雨时,许多行人因为事先没带雨具,在横穿马路时往往低头猛跑而不顾周围的情况,在这种情况下,驾驶人除减速外还必须随时做好制动的准备。

(2)汽车在雨、雪、雾、地面结冰等恶劣道路状况行驶中遇到打滑时,千万不要马上制动,而是先松开加速踏板,利用发动机怠速的牵阻作用来降低车速,并根据情况使用间歇性制动来控制车速,使汽车进一步降低速度,这时如果采用紧急制动,其后果可能是非常严重的,为避免意外的发生,应避免紧急制动。

(3)在山区泥泞路上行驶时,车辆应在道路中央或顺着前车车辙行驶,车速要保持在30~50km/h。如有会车等情况时,应提前放松加速踏板,打开缓速器开关手柄,利用发动机怠速和缓速器的牵阻作用来降低车速,视情况轻踏制动踏板,待车速确实降下来后挂低速挡慢慢打转向盘驶向路边,等情况处置妥当后,再驾车驶向道路中央或顺着前车车辙逐渐提速。

(4)汽车在雨、雪、雾、地面结冰等恶劣道路状况行驶时,由于路面较滑,能见度较差,在驾驶车辆时应与前车适当加大安全距离,会车时应主动选择安全地段减速或停车与来车会车。在驾驶不带ABS系统的手动变速器车辆时,在踩制动时要"一松、一踩"地进行连环式点制动。驾驶装配有ABS制动系统的车辆时,在踩制动踏板时必须一次踩到底,同时控制好转向盘,用"点制动"的方法是不能让系统发挥作用的,反而易发生危险。在积雪路上若已有

车辙,应循车辙行驶,转向盘不得猛转猛回,以防偏出车辙、打滑下陷。

(5)汽车在雨、雪、雾、地面结冰等恶劣道路状况行驶时,保持轮胎压力正常,不要降低胎压,以免降低制动效果;行进中要保持匀速行驶,避免加速过猛,以防驱动轮因突然增加转速而打滑。停车时要先利用发动机和缓速器制动,再缓缓踩下制动踏板,避免使用紧急制动。转弯时速度要慢,转弯半径要增大,不可猛转猛回方向以防侧滑;禁止空挡滑行。

(6)汽车在雨、雪、雾、地面结冰等恶劣道路状况行驶时,进入弯道或下坡前一定要降低车速,但在降低车速时不要制动过急。最好利用发动机制动来控制车速。

(7)汽车涉水后行驶时,因制动器被水浸湿,摩擦面上附着一层水膜,使其摩擦系数下降20%~30%,制动效能大大降低。所以,汽车涉水后必须适当降低车速,并连续多次地使用制动,以借摩擦产生的热量使水分迅速蒸发,恢复正常的制动效能。

三、高速公路制动的操作要求

(一)高速公路对汽车制动的影响

(1)通过分析汽车制动过程就可以知道,当驾驶人接收到制动信息以后,制动共经历了五个阶段,即驾驶人反应过程、制动装置反应过程、制动减速度增加过程、持续制动过程和制动解除过程。

从制动过程可以看出,在实际制动停车过程中,不是驾驶人踩下制动踏板汽车就会立即停车,从驾驶人发现情况采取制动措施,到完全停车,需经历四段时间。在这四段时间里,汽车仍在运行,这一运行距离称为制动停车距离。制动停车距离的长短对行车安全是至关重要的,若减少1m,就有可能避免事故的发生。制动停车距离可分为制动反应距离和制动距离两个部分。汽车在高速行驶中,制动效能下降,制动距离延长,再加上车轮爆胎,使高速公路交通事故屡屡发生,且危害程度远远地超过一般公路上的交通事故。

高速公路上行车,使用紧急制动是非常危险的,因为随着车速的提高,轮胎对路面的附着能力下降,制动跑偏、侧滑的概率增大,使汽车的方向难以控制,同时,若后车来不及采取措施,将发生多车相撞事故。

(2)高速公路雨天行车时,路面有积水的情况下,行驶中车辆的车轮与路面之间可能会产生危险的"水膜现象",即车轮完全丧失与路面的直接接触而悬浮在积水面上,就如滑水一般,这时转向和制动操作完全失灵。车辆行驶过程中是否产生了"水膜现象",驾驶人本身并不能及时地发现,只有在打方向或踩制动踏板发生失灵时才能察觉,这是相当危险的。"水膜现象"的产生与行车速度有关,在行车时速超过80km时就会产生"水膜现象"。

(二)高速公路汽车制动的要求

(1)高速公路汽车制动时,由于车速较高,首先松开加速踏板,打开缓速器减速开关手柄,利用发动机怠速和缓速器的牵阻作用来降低车速,防止制动过热。然后小行程、多次轻踩制动踏板,这种点制动的做法,能够使制动灯快速闪亮,有利于引起后方车辆的注意。

(2)高速公路弯道行驶中,在转弯前应先利用缓速器适当降低车速,防止由于车速过高使车辆失去控制,造成事故。

(3)高速公路的坡道坡度较缓,车辆上坡时感觉比较明显,下坡时就不容易感觉出来。行车中应随时注意坡道的存在,注意观察道路标志和警告牌,根据道路的实际情况用缓速器控制行驶速度,尤其要控制下坡的速度。

(4)雪天在高速公路上行驶,应加大行车间距,一般应为干燥路面的3倍以上。尽量沿前车的车辙行驶,一般情况下,避免超车、急加速、急转和制动。必须停车时,应提前采取措施,尽量用发动机的牵阻作用来控制车速,必须制动时,视情况轻踏制动踏板,以防各种原因造成的侧滑。

(5)在高速公路上行车,遇有雨、雪等不良天气,首先采取的安全措施应该是适当减速。为防止"水膜现象",汽车的行车时速减至80km以下为宜。同时为了保持足够的行车间距,后车在适当减速以后,与前车的行车间距的数值应维持在本车行车速度每小时公里数千分之一的2~3倍。同时由于雨天行驶道路附着系数下降,易产生"水膜现象",汽车抗侧滑能力减弱,汽车在制动时,极易产生侧滑。所以,高速公路禁止使用急减速和紧急制动,以防止发生追尾事故。

思考与练习

1. 大客车制动工作原理是什么?
2. 制动操作对车辆的影响是什么?
3. 什么是预见性制动?
4. 恶劣气候制动的操作技巧是什么?

第六章 车辆相对位置的控制

我们所驾驶的车辆是一个运动的大型物体,在路面上占有一定的面积,空间上占有一定的体积,运动时有自己的轨迹,所以必须对它的上下、左右、前后有一个良好的感知并与其他物体保持安全距离,这就是车辆的相对位置。本章的内容即为训练和保持车辆与其他物体的安全的相对位置。

第一节 车辆在道路上的相对位置

一、纵向距离控制

纵向行车最小安全距离是判断机动车行驶在同一车道上的前后两车之间是否存在碰撞危险的临界距离值,是保证纵向行车安全的最小车距。就是后车跟随前车行驶时,必须保持前车突然紧急制动时,后车随之制动而不至撞及前车的距离,这个距离就是两车的安全距离。可见,安全距离取决于制动停车距离。因此,后车与前车之间的安全距离,应该大于制动停车的距离才能保证不撞及前车。这就需要充分考虑到影响制动停车距离的因素。将前后两车的实际车距与实时计算出的当前纵向最小安全距离相比较,如果两车的实际车距小于或等于当前的纵向最小安全车距,就代表有碰撞危险;如果两车的实际车距大于当前的纵向最小安全车距,就代表无碰撞危险(图6-1)。

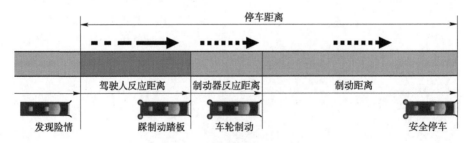

图6-1 制动停车安全距离

影响制动停车距离的因数主要有:车辆行驶速度、驾驶人的反应时间(一般0.6～0.8s)、路面状况、天气变化、车载质量的多少以及制动器的结构形式等。车速越快,反应时间越慢;路面越光滑、车载质量越多,制动停车距离就越长。

所以,驾驶人要根据这些不同的情况,采取不同的车间距离,以留出足够的安全距离。也就是说,不同的行驶速度所要留出的安全距离是不一样的,如时速40km时与时速100km时应保持不同的安全距离。

在干燥路面上,纵向停车安全距离等于反应距离加制动距离的总和。

反应距离的经验计算公式:反应距离 = 时速(km/h)/10 × 3。例如:当汽车车速为80km/h时,反应距离为24m。

制动距离的经验计算公式:制动距离 = (车速/10)²。例如:当汽车车速为100km/h时,制动距离为100m。纵向安全距离经验值见表6-1。

纵向安全距离经验值　　　　　　表6-1

车速(km/h)	30	40	50	60	70	80	90	100
反应距离(m)	9	12	15	18	21	24	27	30
制动距离(m)	9	16	25	36	49	64	81	100
安全距离(m)	18	28	40	54	70	88	108	130

另外也可以采用"时间简易控制法"亦称"三秒钟法",即保持自己的车辆与前车有3s的行驶距离。例如:速度为50km/h,3s的行驶距离为41.7m。也可在前方路边选某一静止物,如标识牌、电线杆等。当前车到这一位置时,后车驾驶者开始默数3s,如果数完时自己的车辆刚好到达(或尚未到达)这一位置,说明与前车之间的距离是合适的;如果还未数完本车就驶过了这一位置,那就是跟车太近了,应减慢车速、加大车距。

必须注意的是,以上方法都是在车况良好、道路条件以及驾驶人的心理、生理条件良好的情况下适用。应根据道路情况改变安全距离,雨天,安全距离是干燥路面的1.5倍;冰雪天的安全距离是干燥路面上的3倍;在隧道内不容易判断距离,视线多集中在前车尾灯上,容易使距离缩短,尽量不要集中视线,有意识地保持安全距离;跟随大型汽车通过交叉路口时,尽量选择能够确认前方信号的距离。

二、横向距离控制

横向间距是指汽车左右两侧与物体的距离。横向间距的大小应根据路面的不同、气候的变化灵活掌握。客运车辆一般比较宽,在道路上行驶时占用的空间较大,与左右车辆、非机动车和行人之间要保持一定的横向安全间距(图6-2)。

因此,驾驶人必须根据车辆的位置、车速、道路、地形等变化,照顾到前后及两侧的情况,调整自己的车速和两车外侧间的横向距离。在没有中心线的道路上行驶,应保持在道路中心位置,为车辆两侧留出安全位置。

图6-2　横向安全间距

与其他车辆并排行驶时,应尽量与其保持一定的侧向距离,防止其突然向本车行驶的行车道调整方向。横向安全距离的大小,要根据两车的行驶速度确定,行驶速度高,车辆横向距离摆动越大,横向安全距离应当加大。

当视线不清、道路较窄、转弯以及路面附着系数较少而现场条件又不允许留有较大的横向距离时,驾驶人应该提前降低车速,选择好行驶路线,并注意两侧空间,避免刮擦树木、电线杆等。

在侧风比较大的情况下,车辆在横风的作用下,车辆容易偏离行车道的危险,应尽量避免与其他车辆并排行驶。

与非机动车间的行驶横向距离,在提前观察好各种车辆动态的情况下,要保持1~2m以上的距离。对于正常路面静止的物体,可以从两侧贴边而过;对于运动的物体,特别是畜力车、三轮车、自行车、拖拉机及行人,间距要大一些;随着速度的加快,横向安全间距也应增加。不同车速横向安全距离见表6-2。

不同车速横向安全距离 表6-2

车速(两车相同)(km/h)	横向最小安全距离(m)	车轮至路边最小距离(m)
20	0.50	0.50
30	0.80	0.60
40	1.00	0.70
50	1.10	0.80
60	1.20	0.90
70	1.20	1.00
80	1.20	1.10
90	1.20	1.20
100	1.20	1.20

横向间距对安全会车起到很重要的作用,驾驶人要在平时有意体会在会车、超车、让车、贴边、转弯和倒车时对两侧距离的判断,通过后视镜等观察行进进后车与物体的间距,并记住当时的距离数值的对应感觉,这样对提高开车时的侧向间距感会有很大帮助。

三、车辆高度控制

驾驶人一般都比较注意前方和两侧的情况,却忽略车辆上方的空间情况,特别是客车车身比较高,很容易碰到车辆上方的行道树横枝、桥梁、电线等。因此,注意车辆上方的空间很重要。

通过隧道、天桥或桥梁时,注意高度标志和限高要求(图6-3)。但是,不要绝对相信高度标志,因路面的积土或积雪会使路面变高,使桥梁的净高变小了。如果驾驶人不能正确判断高度,应该先下车查探,确认安全后再低速缓慢通过。

a)注意隧道高度标志

b)注意桥梁高度标志

图6-3 注意高度标志要求

在有行道树的道路上行驶(图6-4)，应注意车辆上方的情况，尽量在道路中间行驶，避免刮擦树枝。如果发现上方有电线，要注意电线的净高度(图6-5)，确认安全通过。

图6-4　注意行道树的高度

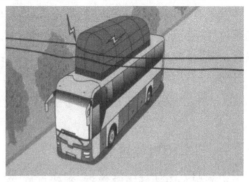

图6-5　注意电线的净高度

四、车辆下部控制

(1)车辆下方的空间与车辆上方相比，驾驶人更容易忽视下方的空间位置情况。汽车下部高度，一般与车辆的最小离地间隙有直接关系。如图6-6所示，离地间隙大，汽车下部高度就高，离地间隙小，汽车下部高度就低。

根据车辆最小离地间隙来判断汽车下部高度，可避免在跨障碍物时或凹凸路面行驶时发生底部碰撞或陷车。不同车辆最小离地间隔有所区别，车辆最低部位与路面的间距，决定了车辆的最小离地间隙。只有正确判断离地间隙，才能确保下部的安全。道路上有物件掉在路面上，驾驶人不要去压物件。当

图6-6　车辆的最小离地间隙

车辆行驶在坑洼地面，应注意路面突起的高度，谨慎慢行，防止车辆底部被路面突起物抵住或车辆底部的零部件损坏。

(2)轮胎行驶位置可参考驾驶室驾驶人驾驶座位设计，驾驶人坐在驾驶座位上，左脚放在离合器踏板下面，左脚正前方延伸线即是左前轮行驶的轨迹；右脚放在加速踏板上，右脚右前方延伸线对右边线的交叉点即是右前轮行驶轨迹。也可以看车窗上找感觉，在玻璃窗左下角对道路中心线，感觉左前轮行驶轨迹；仪表盘右上角对道路连线，感觉右前轮行驶轨迹。

五、车辆后方的控制

大型车辆的盲区较大，在盲区如果有车辆紧紧跟随，驾驶人可能无法观察到。驾驶人行车中，为了预防后方有跟随车辆，要经常观察后视镜了解车后情况如图6-7所示，如前方道路交通

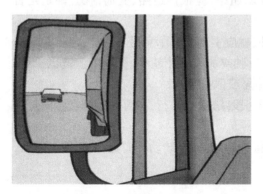

图6-7　注意观察后视镜

条件允许,可适当加大与后车的间距。遇到后车紧随不舍,无法加大行车距离时,可开启右转向指示灯,靠道路右侧行驶,并缓慢减速,让后车超过。

发现有跟随行驶的车辆时,要尽量增大与后车的距离,不要突然减速。制动减速时,要先通过后视镜观察是否有车辆跟随行驶。停车时,要提前开启右转向指示灯,以引起后车的注意,并缓慢减速,尽量避免紧急制动,以防后车追尾。

第二节 车辆超、会、让车中对位置的控制

一、超车相对位置的控制

车辆超车应选择道路宽直、视线良好,对面无来车且道路两侧均无影响超车障碍物的路段进行。机动车超车时,超车时应与被超车保持有充足的安全距离,观察左侧交通情况,选择合适时机,开启左转向灯3s以上,鸣喇叭,夜间变换使用远、近光灯。再次观察左侧及后方情况,在不影响后方车辆正常行驶的情况下,缓慢向左转动转向盘,从被超车的左侧超越,此时注意与被超车辆保持足够的横向安全距离。在与被超车辆拉开必要的安全距离后,开启右转向灯,然后缓慢向右转动转向盘驶回原车道。不得从车辆右侧超车,不得加速强行超车。进入左侧道路超车,无法保证与正常行驶前车的横向安全间距或被超车无让超车的空间时,应主动放弃超车,跟在被超车后行驶。在没有中心线的道路上超车时,应开启左转向灯3s以上,从被超车左侧超越,预计在超车过程中与对面来车有会车可能时,应提前减速,跟随前车行驶。

驾驶车辆准备超越非机动车时,前方有车辆突然停车,造成非机动车占道过大影响正常行驶时,要及时减速让非机动车先行。通过隧道、铁路道口、急转弯路段、窄路、窄桥或遇前方道路上有车辆掉头时,不得超车。行车中超越右侧停放的车辆时,为预防其突然超步或开启车门,应预留出横向安全距离,减速行驶。长鸣喇叭、加速通过和保持正常速度行驶,都无法预防突然出现的危险。

二、让车相对位置的控制

(1)汽车在行驶中,若发现后面有车辆尾随要求超越,应根据道路、交通情况,确定是否让超车。

(2)遇后车发出超车信号后,若具备让超条件,就应主动减速示意后车超越,当被其他车辆超越时,应当减速靠右侧行驶,不得靠道路中心行驶或加速不让超越、让车不让速,更不得向左转向或紧急制动,以免后车处置不及时发生追尾或侧撞事故。

(3)在确认后车可以超越的条件下,选择适当路段减速、靠右行,必要时打开右转向灯或以手势示意后车超越。

(4)让车后,应扫视后视镜,确认无其他车辆接连超越,向左转动转向盘,关闭转向灯后,再驶入正常行驶路线。

(5)不得无故不让或让路不减速。

(6)在让车过程中,若发现右前方有障碍物,不能因企图越过障碍物而突然左转转向盘,

这样会使正在超越车辆的驾驶人措手不及而发生危险,只能紧急减速或停车,待后车完全超过后再绕过障碍物行驶。

遇后方车辆强行超车后,没有拉开必要的安全距离就向右变道时,要减速或靠右停车避让,千万不要赌气。

三、会车相对位置的控制

(一)会车时速度的控制

(1)会车时应根据双方车型、车速、装载及道路状况和交通情况适当降低车速,选择正确的交会点,靠道路右侧通过。跟车交会时,应与前车保持足够距离,同速行驶,避免跟车太近。

(2)选择好合适的会车地点。遇有障碍物时,要合理控制车速,尽量避开在障碍物处会车。有障碍物一侧道路的车辆应当减速或停车,让对面车辆先行通过,会车后再超越障碍。

(3)在路面有障碍物情况下会车,应减速慢行,前方遇有障碍物时,如果来车速度较慢或距障碍物较远,应开启左侧转向灯,加速超越障碍物后驶回右侧会车。

(4)障碍物在来车前方,应注意观察来车动态,当对方车辆已加速强行超越或开启转向灯示意占道行驶时,应立即靠边减速或停车让行,不可与其争道抢行,更不能认为自己有优先通过权,而赌气抢行,避免造成事故或交通阻塞。

(二)会车时的安全间距控制

(1)在道路上会车时应正确判断横向安全间距,安全避让相对方向来车。在没有中心隔离设备或中心线的道路上会车时,应减速靠右行驶,注意保持与车辆、非机动车和行人的横向安全间距。

(2)弯道上会车,应以道路中心线为界,没有画中心线的,以目标的几何中心线为界,保持一定的横向间距,两车均紧靠道路右侧低速行驶。雨、雪、雾、黄昏视线不清或路面较滑时会车,应降低车速,适当加大横向间距,必要时可停车避让。

(三)较窄路段会车安全控制

(1)根据路面宽度降低车速,会车有困难时,有让路条件的一方应主动让对方先行,如果前方有较宽的路段,先到达路宽处的车辆主动停车让行。

(2)尽量避免在窄桥、隧道、涵洞、急转弯处会车。

(3)在狭窄的坡路,上坡的一方先行;但下坡的一方已行至中途而上坡的一方未上坡时,下坡的一方先行。

(4)在狭窄的山路上会车,不靠山体一方的车辆先行。

(5)减速靠右行驶,并与其他车辆、行人保持必要的安全距离。

(6)夜间会车应当在距相对方向来车150m以外改用近光灯,在窄路、窄桥与非机动车会车时应当使用近光灯。

第三节 车辆在各种环境和道路条件下相对位置的控制

一、夜间驾驶相对位置的控制

驾驶人在行车中,80%~90%的信息来源于视觉,夜间能见度下降(仅为白天的1/8),行车中潜藏着诸多危险。因此,驾驶人应根据夜间道路的特点,采取正确的安全行车方法。

夜间行车的交通特点如下:

(一) 驾驶人的视觉特性

视距变短、视野变窄。夜间行车,尤其是在照明条件不好的乡村道路行车,由于受车辆灯光照射距离和照射范围的限制,会影响驾驶人对周边交通情况的辨认。

暗适应时间较长。城市道路的夜间照明条件较好,但是会出现明暗交替的情况,驾驶人由明亮区域到黑暗区域时,眼睛存在5~15min的暗适应期,此时车速越快,风险越大。

(二) 驾驶人的观察和判断

对车速的判断力下降。由于光线较暗,甚至处于黑暗的环境之中,周围背景参照物无法看清,驾驶人对自车车速以及安全间距的判断会出现不同程度的偏差。

来车灯光炫目,影响路况观察。对面来车不及时变换灯光,会引起驾驶人的炫目,影响驾驶人对路况的观察。

道路情况难于辨认。夜晚能见度低,更多时候凭经验驾驶。例如,车辆灯光由路中移向路侧,说明前方出现弯道等。

(三) 夜间驾驶灯光控制

(1)夜间灯光有照明和信号两方面的作用,一般开启时间与城市路灯开亮时间相同。

(2)起步前先开车灯(示廓灯)看清道路及周边情况,确认安全后再起步(近光灯),停车时,待停稳后再改开示廓灯。

(3)在照明良好的道路上行驶或车速低于30km/h,应使用近光灯,在没有路灯或照明差的道路上行驶,或车辆高于30km/h,应使用远光灯。

(4)夜间跟车行驶时,同向行驶的后车距离少于30m不得使用远光灯。

(四) 夜间路面的识别与判断

夜间行车,在视野中的路面一般为灰色,路面以外为一般为黑色,在车辆灯光的照射下,坑洼处也是黑色的。所以夜间行车有"走灰不走黑"的说法。

(1)灯光照明距离由远而近(图6-8)时,表明车辆驶进弯道一侧有山体或屏障的弯道,到达起伏坡道的低谷地段,驶近或驶入上坡道。

第六章 车辆相对位置的控制

图 6-8　灯光照明距离由远而近

(2)灯光照射距离由近而远(图 6-9)时,表明车辆即将由弯道进入直线道,由下缓坡驶入下陡坡,由下坡道驶入平路,即将进入下坡道。

图 6-9　灯光照射距离由近而远

(3)灯光照射离开路面,表明前方出现急转弯,面临大坑(图 6-10)或上坡车已驶到坡顶(图 6-11)。

图 6-10　面临大坑

图 6-11　上坡车已驶到坡顶

(4)灯光照射由路中移到路侧,表明前方出现一般弯道(图 6-12),进入连续弯道(图 6-13),灯光随之从道路的一侧移到另一侧。

图6-12 一般弯道

图6-13 连续弯道

(五)夜间跟车、超车、让超车时的位置控制

(1)夜间跟车:应使用近光灯,并保持较大的安全距离,通常应保持在100m以上,或者在同样条件下,是白天跟车距离的2倍以上;跟随大型车辆应减速保持安全距离,稍靠近中心线行驶,以便观察前方情况。车速较快时,更应保持较大的纵向行车间距,注意观察前车信号灯的变化,随时做好减速或停车准备,以防止前车突然减速或停车时,因距离太近、制动距离不够而发生危险。

(2)夜间超车应尽量避免超车,如确实需要超车,应提前开启左转向灯,观察左侧车道无来车时,逐渐向左侧变更车道,并变换远、近光灯提示被超车辆,确认被超车辆让车后,开启近光灯,保持横向安全距离,加速超越。如果是超越右侧停靠的车辆,应减速,预留出横向安全距离,预防车辆突然起步,或突然打开车门,或者非机动车突然驶向路中或摔倒。超越车辆后,在不影响被超车辆行驶的前提下,开启右转向灯,确认安全后逐渐驶回原行车道。

(3)夜间让超车。夜间行车遇后方车辆变换远、近光灯示意超车时,只要前方交通条件允许,应及时减速让路,但要注意道路右边情况及距离,并关闭远光灯让超。被超车辆前方有障碍物或其他情况不具备让超条件时不得盲目让超车。

(六)夜间会车时的相对位置控制

在没有中心隔离设施或没有中心线的道路上,夜间会车应当距对面来车约150m以外提前关闭远光灯,改用近光灯,先减速、主动让路,确认横向安全间距。如在窄路、窄桥与非机动车交会时必须减速,必要时停车让路,但是要注意自己车辆与路边距离,如图6-14所示。

如果会车地点在山路弯道、悬崖或地势比较危险时,要停车观察路基情况,在确保安全的前提下,以道路中心线为参照物缓慢会车。在靠山一侧会车,应尽量使车辆靠近峭壁,给对方来车留出足够路面。

图 6-14 夜间会车

两车交会时,遇对方车辆不关闭远光灯,不要直视对面来车的灯光,要减速并仔细观察两车交会处(视线盲区)的危险,必要时停车让行,以防交会处有行人通过而发生事故。

(七)夜间通过交叉路口时相对位置控制

(1)应距交叉路口 150m 以外进行远、近灯光变换,示意左右来往的车辆和行人,低速通过;多条车道的,要选择所去方向的车道。

(2)在路口转弯时,应距路口来车 30～100m 关闭远光灯,打开转向灯示意,不断变换远、近光灯。进入路口前应降低车速,预留后轮与转弯路段内侧的距离,避免因转弯半径不足,而发生刮擦事故。

(3)机动车准备进入环形路口时,应该让已在路口内的机动车先行,进入环形路口不开转向灯,出路口打右转向灯,注意左右两侧横向距离。

(4)进入交叉路口左转时,要靠路口中心点左侧转弯,使用近光灯,开启转向灯,遇有对方直行车辆,让对方车辆先行。

(5)遇到停止信号时,通过交叉路口的车要依次停在停止线以外,没有停止线的,停在路口以外。

(6)在没有信号灯的路口,转弯机动车让直行的车辆、行人先行。相对方向行驶的右转弯机动车让左转弯车辆先行。而且还要重点记住,行人、非机动车也在被让行之列。

(7)有些路口没有信号灯,但有交通标志、标线,交通法作了明确规定:机动车行经这样的交叉路口时,应让优先通行的一方先行,即应该优先让行的一方,在通过路口时,应确保不与应该被让行的一方发生交通事故。

(8)没有交通标志、标线的路口,不管任何一方,在接近路口需要通过时,按交通法要求,都要停车,如自己的右侧有车要通过路口,要优先让行。

(9)在十字交叉路口,除直行车辆外,还有不少左右转弯的车辆,特别是那些大型货车和客车,由于车辆本身结构的原因,在一定的空间范围内形成了驾驶人的视线"盲区"。当有其他车辆转弯或直行时,坐在大客车内的驾驶人很难看到它们,或者因为车速、角度估计错误,都有可能发生擦碰。所以要与其他车辆保持安全的横向车距。

(八)夜间通过坡道、人行横道时相对位置控制

(1)夜间通过坡道、拱桥。上短而陡的坡路行驶,应提前加速冲坡,交替使用远、近光灯示意,提醒对面来车和行人注意,将远光灯改为近光灯,以防对面来车炫目而造成车辆失控,车辆驶近坡顶时,利用车的惯性冲过坡顶,合理控制车速。下坡行驶,应开启远光灯,以增大视线范围。

下长坡时要提前观察路况、坡度长度,使车辆保持充足动力。下长坡时要适当控制车速,充分利用发动机的制动作用。下长坡转弯时,要注意弯道处突然出现车辆,接近弯道时要减速靠右行驶。

(2)夜间通过人行横道时的安全驾驶。

①距路口100m减速慢行并交替使用远、近光灯示意。

②靠近人行横道,应观察人行道及周边行人、非机动车的动态。有行人、非机动车横过或即将横过道路时,必须在人行横道前停下。

③通过人行横道或者路口时,应注意提防黑暗中的非机动车和行人,降低车速,谨慎驾驶车辆。

(九)夜间车辆发生故障相对位置控制

(1)车辆发生故障,黄色警告灯亮时,车辆一般都有回家功能,车辆能够以低速行驶,此时靠右行驶,开启双闪警示灯。

(2)车辆发生故障或红色警告灯亮时,确保安全的情况下,选择安全位置靠边停车。

(3)机动车在道路上发生故障或者发生交通事故,妨碍交通又难以移动的,应当按照规定开启危险报警闪光灯并在车后50~100m处设置警告标志,同时开启示廓灯和尾灯。在车后方放置三角警示牌,城市及环路上一般三角牌摆放在车后150m即可(白天是车后50m即可);在高速公路上,三角牌要摆放在车后250m的距离(白天是车后150m)。

二、高速公路相对位置的控制

《公路工程技术标准》规定,高速公路指"能适应年平均昼夜小客车交通量为25000辆以上、专供汽车分道高速行驶,并全部控制出入的公路。"各国尽管对高速公路的命名不同,但都是专指有4车道以上、两向分隔行驶、完全控制出入口、全部采用立体交叉的公路。此外,有不少国家对部分控制出入口、非全部采用立体交叉的直达干线也称为高速公路。

一般来说,高速公路能适应120km/h或者更高的速度,路面有4个以上车道的宽度。中间设置分隔带,采用沥青混凝土或水泥混凝土高级路面,设有齐全的标志、标线、信号及照明装置;禁止行人和非机动车在路上行走,与其他线路采用立体交叉、行人跨线桥或地道通过。从定义可以看出,一般来讲高速公路应符合下列4个条件:

(1)只供汽车高速行驶。

(2)设有多车道、中央分隔带,将往返交通完全隔开。

(3)设有立体交叉口。

(4)全线封闭,出入口控制,只准汽车在规定的一些立体交叉口进出公路。

驾驶车辆进出高速公路相对位置：

（一）驶入收费处

车辆驶近收费处时，要严格遵守限速规定，密切注视指示牌和情报上显示的道路及天气情况，确定是否能进入高速公路。确定可以进入高速公路后，选择通道上方亮绿灯且车辆较少的通行道口，依次排队通过，切勿争道抢行。

在设有电子不停车收费系统（ETC）的收费站，持有电子标签的车辆可以在30km/h的车速内不停车直接通过ETC专用收费车道，进入高速公路。没有ETC卡的车辆，进入收费车道入口领取通行卡，尽量将车身靠近收费亭，停车时使驾驶室门窗对齐收费口，便于收费人员和驾驶人交接票证或通行卡。在入口处领到通行卡或票证后，要妥善收存好，以备出口时交卡或验票。切忌将通行卡或票证随手乱丢，以免在到达收费出口时，为寻找通行卡或票证耽误时间而影响通过速度。

（二）匝道行驶

高速公路的入口大多采用立体交叉形式，有两条或两条以上不同方向的匝道，如果不注意指路标志，往往驶错方向。应注意观察指路标志，选择进入的匝道。

确定行驶的匝道后，及时驶入并尽快地提高车速，但不能超过标志规定的速度；前方有行驶的车辆时，要保持足够的安全间距；有弯道和坡道的匝道一般要限制速度，应注意警告标志，按标志规定的速度行驶。在匝道上不准超车、掉头、停车和倒车。

驾驶车辆从匝道进入高速公路加速车道后，打开左转向灯，尽快将车速提高到每小时60km以上，并仔细观察车道上车辆行驶的情况，选择驶入行车道的时机。如果跟随前车行驶，还要注意观察前车的行驶速度和加速情况，并保持在加速车道能充分提速的安全距离，充分利用加速车道1/2以上的路程，注意并掌握前后情况，在不妨碍行车道车辆行进的有利条件下，驶入高速公路行车道，遇行车道正常行驶车辆较多或车辆尾随间距较近时，应控制好车速，待所有车辆通过后再驶入行车道。严禁在加速车道紧急制动或停车。

（三）驶入行车道

车辆驶入行车道之前，先通过后视镜观察后方行车道上的车辆，正确估计车流速度，调整和控制好车速，根据车流情况确定尾随在哪辆车的后面汇入车流。

1. 速度的选择

车辆进入高速公路后，无论是正常行驶，还是超车或让车，都应严格遵守最高车速和最低车速规定。

在高速公路上行驶时，要注意限速标志，按照标志要求限速行驶。在有限速标志的路段，应及时将车速控制到限速标准以内，超速驶过该路段是非常危险的。

2. 分道行驶

机动车在高速公路上通行时，应当在行车道上行驶，必须严格遵守分道行驶、各行其道的原则，不得随意穿行越线，不准骑、压分界线。高速公路应当标明车道的行驶速度，最高车速不得超过每小时120km，最低车速不得低于每小时60km。高速公路主车道设计有双向四车道(图6-15)、六车道(图6-16)、八车道(图6-17)等。

图6-15　双向四车道

图6-16　六车道

图6-17　八车道

在高速公路上行驶的小型载客汽车最高车速不得超过120km/h,其他机动车不得超过100km/h,摩托车不得超过80km/h。

同方向有2条车道的,左侧车道的最低车速为100km/h;同方向有3条以上车道的,最左侧车道的最低时速为110km/h,中间车道的最低时速为90km/h。

单向四车道以上:侧车道上行驶的车辆,最低车速为110km/h;中间两条车道行驶的车辆,最低车速为90km/h;右侧车道上行驶的车辆,最低车速为60km/h。客车应在客车道行驶,道路限速标志标明的车速与上述车道行驶车速的规定不一致时,按照道路限速标志标明的车速行驶。

3. 行车间距

正常情况下,高速公路上两车之间的纵向间距(两车间的前后距离)略大于行驶速度。每小时公里数的千分之一值。如车速100km/h,则两车的纵距应保持在100m以上。高速公路上,还专门设有为驾驶人确认行车间距的行驶路段,在此路段上行驶,可检验与前车的行车间距,驾驶人可根据要适时调整车速。

正常情况下在高速公路超车时,横向车距(两车间平行瞬间的左右距离)为:车速为100km/h时,横向车距为1.5m以上;车速为70km/h时,横向车距为1.2m以上。机动车在高速公路上行驶,遇有雾、雨、雪、沙尘、冰雹等低能见度气象条件时,应当遵守下列规定:

(1)能见度小于200m时,开启雾灯、近光灯、示廓灯和示宽灯,车速不得超过每小时60km,与同车道前车保持100m以上的距离。

(2)能见度小于100m时,开启雾灯、近光灯、示廓灯、示宽灯和危险报警闪光灯,车速不得超过每小时40km,与同车道前车保持50m以上的距离。

(3)能见度小于50m时,开启雾灯、近光灯、示廓灯、示宽灯和危险报警闪光灯,车速不得超过每小时20km,并从最近的出口尽快驶离高速公路。

(4)变更车道。

变更车道时,应确认与要进入的车道前方车辆及后方来车均有不影响超车的足够安全车间距。打开左转向灯,向左(右)适量转动转向盘,加速驶入需要进入的车道。

(5)通过隧道。

行至隧道入口前50m左右,打开前照灯、示宽灯、尾灯,及时查看车速表,根据隧道口标志上规定的速度控制车速。进入隧道后,将视线注点移到隧道的远处,不要看两侧隧道壁,注意保持行车间距。严禁在隧道内变更车道、超车和随意停车;双向行驶的隧道内禁止使用远光灯。

如果车辆在隧道内出现故障,只要车辆还能继续行驶,应尽可能把车驶出隧道;当车辆无法驶出隧道时,车上人员必须迅速离开车辆,设法将车移到特别停车点,打开危险报警灯,在车后方150m以外设警告标志,并通过紧急电话向高速公路管理中心报警。

驶出隧道前,通过车速表确认行车速度,不能凭直觉判断车速;到达出口时,握稳转向盘,以防隧道口处的横向风引起车辆偏离行驶路线;驶出隧道后,在视力亮度适应过程中切勿盲目加速,以免因视力瞬时下降不适应环境而造成危险。

(6)通过高速公路立交桥。

行至高速公路立交桥时,要注意观察指路标志,在邻近转弯的立交桥前,要根据右侧指路标志确认出口位置、行驶车道和行驶路线。

若要改变行驶路线,在距立交桥500m时,开始逐渐降低车速,根据预告标志适时地向右完成车道的变更,平顺地驶入预定车道;距出口50~100m时,打开右转向灯,按照指路标志的要求进入匝道,驶入新的行进方向车道。

(7)高速公路停车。

在高速公路上行驶的车辆若发生故障必须停车时,切不可采用紧急制动的方法,更不能在行车道直接停车,应控制好车速,看清车前车后的交通情况,打开右转向灯;尽快驶离行车道,停在紧急停车带内或右侧路肩上。

停车后,必须立即打开危险报警闪光灯,在车后方150m以外设置警告标志,若是夜间还需同时打开示宽灯和尾灯;车上人员应迅速转移到右侧路肩以外或者应急车道内,必要时通紧急电话求援或报警。

(四)注意事项

(1)高速公路上行车,应随时注意情报板及标志牌显示的车速预告,适时调整行车速度。

(2)行驶中发现可能发生危险的车辆时,应尽早采取措施,或尽快抓住有利时机超越,或加大纵向间距拉开距离,无论哪种方法都是为了及早避开,确保行车安全。

(3)在高速公路上超车时,在距前车80m左右时,向左适量转动转向盘,保持足够的横向安全间距,避免拖延时间,加速超越;超车后,距被超车辆80m时,打开右转向灯,在不影响被超车辆正常行驶的情况下,平稳驶回行车道,关闭转向灯。

(4)高速公路上行车遇行驶前方道路上有障碍物、因事故前方车道堵塞、道路施工占道及自然灾害造成前方路段损坏需变更车道时,要注意观察道路上设置的标志或警示牌,按照标志或警示牌上的要求行驶。

(5)高速公路弯道行驶中,应适当降低车速,速度过高会使车辆失去控制,引起事故。尤其左转弯道行驶时,由于驾驶人的视距变短,应尽量避免在弯道上超车。为了避免因转小弯与侧面车辆刮碰,禁止在小弯道上超车。

(6)高速公路的坡道坡度较缓,车辆上坡时感觉比较明显,下坡时就不容易感觉出来。行车中应随时注意坡道的存在,注意观察道路标志和警告牌,根据道路的实际情况控制行车速度,尤其要控制下坡的速度。

(7)遇浓雾突然来临,来不及驶向服务区或停车场时,可把车辆驶入路肩下,打开示宽灯和尾灯,待雾散后,尽快驶离路肩。

(8)雪天在高速公路上行驶,应加大行车间距,一般应为干燥路面的3倍以上。尽量沿前车的车辙行驶,一般情况下,避免超车、急加速、急转和制动。必须停车时,应提前采取措施,尽量用发动机的牵阻作用来控制车速,以防各种原因造成的侧滑。

(9)路面结冰时,应立即将车辆驶到最近的服务区或停车场,安装轮胎防滑链或换用雪地轮胎。

(10)机动车在高速公路上行驶,不得有下列行为:
①倒车、逆行、穿越中央分隔带掉头或者在车道内停车。
②在匝道、加速车道或者减速车道上超车。
③骑、轧车行道分界线行驶。
④非紧急情况时在应急车道行驶或者停车。
⑤试车或者学习驾驶机动车。

(五)驶离高速公路

(1)驶离行车道。

高速公路的出口前2km、1km、500m及出口处都设有下一出口预告标志。行驶到距出口2km预告标志后,在左侧车道以上行驶的车辆,要逐渐变道到右侧行车道。驶离高速公路行车道的最佳时机是离出口500m处,打开右转向灯,驶入减速车道后,关闭右转向灯,调整车速到限速规定以内,从减速车道始端驶入减速车道。如果已驶过出口,只能继续向前,至下一出口驶离调整公路,千万不能在高速公路上紧急制动、停车、倒车、掉头、逆行、穿越供紧急时使用的中心隔离带缺口,以免发生危险。在匝道上,注意其他车道的合流车辆,礼让行车,不得争道抢行。

(2)不允许未经减速车道减速,直接从行车道驶入匝道。进入匝道后,根据匝道的弯度掌握好转向盘,并将车速控制在限定的车速以下。

(3)正确驶离高速公路控制。

①见到2km预告标志牌后,就不超车。

②见到1km预告标志牌后,禁止超车。

③见到500m预告标志牌后,打开右转向灯,做好进入减速车道的准备。

④见到出标志牌后,平稳地转动转身盘进入减速车道。

⑤驶入减速车道后,关闭右转向灯,到达分流点三角地带前,车速降到限速规定以内。

⑥注意其他车辆突然驶入出口匝道。

(4)驶到收费处。

驶近收费处时,要严格遵守限速规定,选择通道上方亮绿灯且车辆较少的通行道口,依次排队通过,切勿争道抢行。

在设有电子不停车收费系统ETC的收费站,持有电子标签的车辆可以在30km/h的车速内不停车,直接通过ETC专用收费车道。

进入收费入口处,尽量将车身靠近收费亭,停车时使驾驶室门窗对齐收费口,便于收费人员和驾驶人交接现金、票证和通行卡。

(5)驶离高速公路。

由于在高速公路上长时间高速行驶,对速度反应迟钝,在驶离收费处后的一段时间内,应通过观察速度表来控制车速,以逐渐适应一般道路速度,绝对不能单纯凭自己的感觉判断车速。

三、恶劣气候相对位置的控制

在雨、雾、雪、风特殊天气条件下,驾驶人如何在高速公路上做到行车安全是一个很重要的问题。在特殊气候下,驾驶人视线变差、路面附着系数变小、车辆难以控制,在这样的条件下高速行车,稍有疏忽,就可能导致交通事故的发生。

(一)雨天安全驾驶控制

雨天,影响行驶安全的主要因素是视线受阻和路面变化。雨水洒落使风窗玻璃和后视镜模糊不清,潮湿的路面光线反射、路面湿滑,行车中容易发生转向失控、车辆侧滑等情况。阵雨、暴雨来临前,往往是乌云笼罩,电闪雷鸣,狂风大作,尘埃飞扬,昏天黑地,视线不清。此时的行人往往只顾埋头急奔,寻找避雨处,目标不一,方向不定,而忽视来往车辆,甚至侵占行车道影响车辆行驶。

1. 雨天灯光、刮水器控制

(1)雨天灯光的控制。

①车辆行驶时,应及时开启防雾灯、示廓灯。
②强暴雨致使能见度低时,时应该开启双闪警示灯。
(2)刮水器的控制。风窗玻璃刮水器开关,是控制刮水器的操作装置,大多数安装在转向盘右下方转向柱上,用右手操纵,将开关手柄向下拉或向上推,可选择不同的刮刷挡位。

雨天,雨点洒落在风窗玻璃上,前方车辆、行人和景物等会变得模糊不清,及时开启刮水器,可缓解驾驶人的视线。使用刮水器时的速度,不得影响驾驶人的视线。暴雨天气驾车,刮水器无法刮净雨水时,应当立即减速靠边停驶。

2. 雨天行驶路面选择、速度控制

(1)行驶路面选择。久旱初雨或蒙蒙细雨时,雨水和路面上的尘土、油污、轮胎橡胶粉末混合在一起形成润滑剂,使路面状况变差。久雨或特大暴雨,会造成路肩松软,有的地段会出现塌方、路基塌陷以及路面积水等。

在坑洼不平的路面上行驶,应尽量避开积水;无法避开时,应探明情况,确认积水深度后低速缓慢通过。如有其他车辆正在通过时,切不可跟进,以免前车因故停车造成本车被迫停于水中,不能行驶。

(2)行驶速度控制。雨天行车容易引起"水滑"现象,应严格控制车速,确保轮胎有良好的排水性能。道路不同积水深度的速度控制见表6-3。当车辆发生横滑或侧滑情况,切不可急转方向或紧急制动,应利用发动机制动减速和点压制动减速。

道路不同积水深度的速度控制　　表6-3

积水深度(mm)	0.5	1.0	1.5	2.0
极限速度(km/h)	135	95	80	65

3. 雨天安全驾驶控制

(1)保持安全距离。雨天跟车行驶时的纵向安全距离是干燥路面上的1.5倍,车辆制动或减速时车轮容易发生横滑或侧滑。行车中应降低车速,适当加大与前车的纵向安全距离,注意观察前车的信号灯的变化,随时做好减速或停车的准备,但应避免使用紧急制动减速。

(2)雨天安全会车。由于雨天视线和道路条件对安全行车不利,会车时要提前减速,有让车条件的一方让对方先行,必要时可停车让行。两车交会过程中,应随时注意观察对方车辆动态,与车辆及道路边缘保持一定的横向安全距离,不得侵占对方行驶路线或加速会车。

(3)雨天超车。雨天应尽量避免超车,需要超车时应选择道路宽阔、视线良好、路面条件可靠的路段进行。超车要在确认前车减速让超后,握稳转向盘缓速从被超车左侧与车辆及道路边缘保持一定的侧向安全距离超越。超越后要给被超车辆留出较大纵向间距,缓慢驶回原行车道。超车过程中,不得紧急制动、急加速或晃动转向盘。

(4)雨天制动和停车。雨天应尽量避免紧急制动,预留足够的制动距离,缓缓慢踩踏制动。

由于雨水会使制动摩擦片摩擦力明显下降、轮胎与地面附着力降低,雨天汽车的制动距离会大大延长,如遇突发情况,很难及时制动,往往会酿成悲剧。

由于雨天汽车的制动距离会加长,因此行车时应保持一定的安全距离。如果需要停车,尽量提前100m左右减速、缓踩制动,使后面来车有足够的应急准备时间,避免由于制动过急造成碰撞或者追尾。为了自己和他人的生命安全着想,在雨季千万不要紧急制动。

车辆在雨天临时停车时,应提前减速,选择允许停放的路段,缓慢将车驶向道路右侧,尽量按顺行方向靠路边停车,并及时开启危险报警闪光灯、示廓灯和示宽灯。停车距路边的距离要适当加大,不得在软路肩上停车。

(5)久雨天气或大雨中行车,要注意路基是否疏松和可能出现坍塌情况,尽量选择道路中间坚实的路面行驶;在傍山路、堤坝路或沿河道路上行驶,更要加倍注意安全,不要靠边行驶或停车。

4. 横滑或侧滑相对位置控制

(1)雨水路面行车时,一定要保持车辆的速度均匀,踩踏和松开加速踏板动作要平稳,不要突然猛加速或突然抬起加速踏板减速。加速时产生侧滑要马上抬起加速踏板,反之亦然。

(2)准确控制车速,没有配备 ABS 的车辆在遇到紧急情况时要采用间断制动法,即先猛烈地踩下制动踏板,达到踏板行程二分之一至四分之三,再松回四分之一行程,利用这种迅速多次踏下和松开制动踏板的方法,使车辆减速停车。其实质是模仿 ABS 的做功形式,既不让车轮抱死,又能达到迅速降低车速的目的,同时也能保证驱动轮不被锁死而导致方向失控。

(3)如果是因制动引发的侧滑,应立即停止制动,同时把转向盘向侧滑的一侧转动,转动转向盘时不能因过急或者持续时间过长,以避免车辆向相反方向滑动。停止制动后,车轮就会解除抱死状态,这样横向附着情况会改善,把转向盘向侧滑方向转动,增大汽车的转弯半径,在离心力减小的同时,侧滑现象也随之减轻。汽车回正以后,应平稳地把转向盘转到原来的位置。

(4)行车时,遇到小角度的转弯紧急制动可能会使车发生侧滑。遇到轮胎打滑的处理方法是:立即向后轮侧滑的方向转动转向盘。这样做可以有效减弱后轮侧滑,重新控制车的前进方向;不能踩制动踏板,甚至还要轻踩加速踏板,使汽车的中心后移,使后轮获得更大的抓地力,迅速将打滑的情况纠正过来。打转向盘的速度和幅度也要适度,避免回轮不及时造成新的险情。

(5)如果因转向引起的侧滑,切勿使用行车制动,乱打方向,发生大的侧滑,在确保安全的条件下,应及时停车,检查车辆,查明原因。车辆转弯时速度越快,离心力越大,车辆容易冲出弯道或侧滑。车辆速度超过 60km/h 紧急制动易导致侧滑或甩尾等危险情况。

5. 雨中遇到行人相对位置控制

(1)雨天行车,遇撑雨伞和穿雨衣的行人在公路上行走时,应当提前鸣喇叭进行提示,并适当降低车速,注意观察其动态,保持 1.5m 以上的横向距离通过,同时要随时准备应付突然情况。

(2)当驾驶汽车经过有积水的路面时,应特别注意减速慢行,不要从行人身边快速绕过,应与其保持安全横向距离,以免泥水飞溅到道路两侧行人身上。

(3)蒙蒙细雨中的非机动车驾驶人,因头戴雨帽,致使视线、听觉都受到限制;一手握车把,一手撑伞的骑自行车者更是左右摇晃,不易看清交通情况,应预防其突然转向或滑倒。

6. 通过泥泞路相对位置控制

雨季泥泞路面,行车要缓加速,如果是停车后再次起动车辆,加速过快还会导致因轮胎

空转而使整个车体左右摇摆,此时应该立即松开加速踏板,双手紧握转向盘修改方向,车辆前移,慢慢加油提速,确保直线稳定行驶。

雨天行车和前车保持至少10s以上的紧急处理距离空间,空间就是时间,时间也就是生命。注意使用前后雾灯,当我们自己在车内无法分辨前后方车辆位置时,要知道对方也同样无法分辨出我们的车。

湿滑路面上坡,急加速和急制动都往往会造成车轮打滑,下坡时则切忌空挡,应根据车速保持挡位行驶。如需使用制动则应该持续轻踩踏板,以免长时间踩住制动踏板而导致热效应,使得制动蹄摩擦片和制动盘失去制动力。在非正规路面(柏油和水泥路面以外的路况)行驶,轮胎打滑的原因多半是加速过急,或者是踩下制动踏板过重,以及弯道路面车速过高。

出现轮胎打滑的情况时不要惊慌失措,应该保持镇定,千万不要胡乱扳动转向盘或者干脆彻底丢开转向盘听天由命,绝不能再踩下制动踏板,手动变速器车辆此时应该迅速减至低速挡位,利用发动机制动力来降低车速,以免车轮有过量的驱动力,并逐步使四个车轮转动受力平衡。这样车轮可以很快重新拥有地面附着抓地力,车辆便可以正常行驶了。

如果不慎前车轮陷入泥坑,则需要用小铲子铲开泥坑的边缘,或者使用自备极端泥泞路面垫胎用的铁丝网铺设,"修造"出一个小小的坡路,然后缓缓加速通过,此时急加速导致的结果只能是泥坑越来越深。如果坑比较深,而车辆的接近角和离去角又很小的情况下,也可以利用路边的平整石块、树枝或者草类植物加垫。如果还是不行的话,也可以将自己的衣服塞进泥坑。

7. 涉水相对位置控制

漫水路由于路面被水覆盖,无法看清水底路面情况,雨中通过大水漫过的路面,尽量选择绕行的方法,不要心存侥幸,盲目涉水。必须通过漫水路时,应充分了解路面是否被水冲坏,必须确认安全,挂低速挡,必要时可有人在车前引路,缓慢通过。遇水毁路面时,因无法观察到暗坑和凸起的路面,不得冒险通行。

(1)观察水情。汽车涉水前,要停车仔细观察水流向、深度、速度和水底的情况。只要水位达到保险杠或轮胎的三分之二处,就不要冒险涉水。如通过观测,发现水位较高,应尽量绕行,勿强行通过。

(2)提前开启刮水器,慢速入水。当决定要通过积水路面之前,需要提前开启刮水器。虽然在之前通过观察大约知道了积水深度,但路面情况仍然不是很清楚,汽车一旦入水,溅起的巨大水花很可能会打在前风窗玻璃上,给本来就对路面不熟悉的驾驶人造成视线影响。提前开启刮水器,能够保证相对清楚、良好的视线,帮助车辆安全通过涉水路面。

(3)要正确选择涉水路线,通常选择水浅、底硬、水流稳定、距离短的地方涉水。速度快会增加汽车的实际过水深度,导致雨水从机舱或从底盘进入驾驶室内。同时应避免与大车逆向迎浪行驶。在对路况没有把握的情况下,最好原地等待其他底盘高的车辆,观察前行车辆通过积水路面时的情况,沿着前行车辆的路径通过。

(4)挂低挡匀速行驶。客车采用二挡在积水路面中行车,应该首先保证车辆有稳定有力的动力,使排气管中始终有压力气体,防止水倒灌入排气管,造成熄火。行车过程中尽量保证低挡匀速行驶,避免中途停车、换挡、急打转向盘等情况。

(5)切忌多辆车跟车连续下水,避免因为前车出现故障影响后车正常行驶。在积水路面行驶时,尽量不要松加速踏板,这是为了防止水倒灌进入排气管。

(6)如果车辆熄火,切忌强行点火。如果在通过积水路面时,因为对路况不熟悉导致操作失误,车辆一旦熄火后不可强行二次打火。如果在汽缸进水的情况下还强行点火,或许会导致汽车其他零部件的损害,严重的情况甚至会危及发动机。正确的做法是原地等待救援。尤其是鼓式制动的汽车,否则车辆会在涉水后失去制动,造成严重危险或事故。

(7)涉水后。汽车涉水后,选择安全地点停车,清除水草等物。车辆行驶时,因轮毂与制动摩擦片上留有积水,驾驶人要间断轻踩制动踏板,让轮毂及制动摩擦片受摩擦产生热能,从而蒸发轮毂及制动摩擦片上的水分,以恢复机动车的制动效能。注意此时的车速一定要慢。

(二)雾天驾驶相对位置控制

在水汽充足、微风及大气层稳定的情况下,相对湿度达到100%时,空气中的水汽便会凝结成细微的水滴悬浮于空中,使地面水平的能见度下降,这种天气现象称为雾。雾天,由于能见度降低,视野变窄,视线模糊,视距缩短,妨碍驾驶人视觉,行车中驾驶人很难看清前方障碍(行人、慢行车、故障车、事故车、凹坑等),方向难辨,极易发生交通事故。浓雾还易使驾驶人产生错觉;因空气湿度大而引起的玻璃透视率下降和后视效果变差等现象,也会影响驾驶人的观察和判断,所以雾天在高速公路行车非常危险。

1. 灯光控制

雾天行驶要按规定正确使用灯光,应当开启前照灯、示廓灯、示宽灯、雾灯和危险报警闪光灯,但同方向行驶的后车与前车近距离行驶时,不得使用远光灯。

在浓雾天,不要使用远光灯,因浓雾中使用远光灯,光线易被浓雾反射,导致车前白茫茫一片,反而影响了驾驶视线。

2. 雾天驾驶相对位置控制

(1)雾天行车,驾驶人应密切关注道路上的交通情况,控制好车速,与其他车辆保持足够的安全距离,避免因紧急制动而使乘员摔伤。

(2)遇大雾,能见度极低时,把车开到安全地带或停车场,待大雾散去或能见度改善时再继续前进。

(3)在高速公路上,要注意情报板及标志牌显示的车速预告,即使薄雾天气也应根据视距远近,适当降低车速,行车间距加大为正常的两倍,能见度小于500m大于200m时,白天也要开亮雾灯、防炫目近光灯、示廓灯和示宽灯;时速不得超过80km;与同一车道行驶的前车必须保持150m以上的行车间距。

(4)在高速公路上,能见度小于200m大于100m时,必须开启雾灯和防炫目近光灯、示廓灯、示宽灯;时速不得超过60km;与同一车道行驶的前车必须保持100m以上的行车间距。

(5)在高速公路上,能见度小于100m大于50m时,必须开启雾灯和防炫目近光灯、示廓灯、示宽灯;时速不得超过40km;与同一车道行驶的前车必须保持50m以上的行车间距。

(6)在高速公路上,能见度小于50m时,公安机关依照规定可采取局部或全路封闭高速公路的交通管制措施。实施高速公路管制后,除执行任务的警车和高速公路救援专用车辆

外,其他机动车禁止驶入高速公路。此时,已进入高速公路的机动车辆,驾驶人必须按规定开启雾灯和防炫目近光灯、示廓灯、示宽灯,要在保证安全的原则下,驶离雾区,但最高时速不得超过20km,未按国家标准安装雾灯的机动车辆,必须就近驶入紧急停车带或者路肩停车,并按规定开启危险报警闪光灯和设置故障车警告标志。

(7)雾天尽量不要超车。必须超越其他车辆时,应加倍小心,谨防前车正在避让对面来车。发现前方车辆靠右边行驶时,不可盲目绕行,要考虑到此车是否在避让对面来车;超越路边停放的车辆时,要在确认其没有起步意图而对面确无来车后,适时鸣喇叭,保持横向安全距离,从左侧低速绕过。

(8)雾天会车时驾驶人要选择道路宽阔的路段和地点低速交会。会车时,应适当鸣喇叭提醒对面车辆注意,并关闭雾灯,以免给对方造成炫目;发现可疑情况,立即停车让行。发现对面来车车速较快,没有让道意图时,应主动减速让行或靠边停车;前方有障碍物会车时,要留出提前量和横向安全距离。

(9)雾天跟车行驶时,驾驶人应注意前车的动态,保持合适的安全距离,不要以前车的示宽灯作为判断安全距离的依据。

(10)如前方车辆发生交通事故,不要在车旁或者两车之间停留议论或查看情况,以防不测。

(三)冰雪天驾驶相对位置控制

1. 冰雪天对安全行车的影响

(1)下雪天,雪花飞舞阻碍驾驶人的视线,雪后晴天时,由于雪对阳光强烈反射作用产生炫目及雪盲现象使驾驶人视力下降,影响行车安全。

(2)冰雪路面使车辆发生滑溜,制动距离加长,在冰冻及积雪路面上,轮胎与路面的附着系数很小,比如冰路只有0.1,雪路只有0.2,因此,在路面上的制动距离加长。例如:汽车以每小时70km速度行驶时,在干沥青路上的制动距离为50m,在雪路上的制动距离为117m,在冰路上的制动距离为216m。

(3)因冰雪覆盖,道路两侧的暗沟,路面原有的凹坑塌陷等危险点或障碍物被冰雪覆盖,不易被驾驶人发现,而影响安全。

(4)其他车辆发生滑溜,对本车有很大威胁。在积雪或冰冻路面上行车时,车辆容易滑溜,滑溜有以下四种:

①后轮滑溜,这时后轮被制动,车辆发生滑动,这是最常见的车辆滑溜现象。
②前轮滑溜,这时前轮被制动,由于车辆失去方向控制而发生滑溜现象。
③动力滑溜,由于加速过猛所引起,在积雪、结冰路面上,驾驶人因加速、快速行驶时常发生这类滑溜现象。
④横向滑溜,在转弯时,如车速过快,最容易引起汽车横滑、甩尾,甚至倾覆。雪天发生的交通事故主要有侧滑、翻车、刮擦相撞和追尾。

2. 冰雪天驾驶相对位置控制

(1)正确使用冰雪道路灯光。雪天能见度较低时,车辆行驶中,应开启雾灯、前照灯、示廓灯和示宽灯,但同方向行驶的后车与前车近距离行驶时,不得使用远光灯。

(2)正确使用刮水器。雪花点洒落在风窗玻璃上,前方车辆、行人和景物等会变得模糊不清,要及时开启刮水器。使用刮水器时的速度,不得影响驾驶人的视线。大雪天气驾车,刮水器无法刮净雪花时,应当立即减速靠边停驶。

(3)冰雪路行驶路线、路面的选择。

①积雪覆盖的道路,道路的轮廓难以辨认时,行车中应根据道路两旁的树木、电线杆等参照物判断行驶路线,控制车速,低速行驶。

②在弯路、坡道及河谷等危险路段行驶时,更应注意选择好行驶路线,路况稍有可疑,应立即停车,待看清楚并确认安全后再继续行驶。

(4)安全驾驶相对位置控制。

①冰雪天气行车应控制车速,保持纵向、横向安全距离,至少是平时的2倍以上。

②在冰雪道路上行驶,有条件的要安装防滑链,用发动机制动控制车速,低速行驶。有车辙的路段应循车辙行驶,尽量利用发动机的牵阻作用控制车速;转向盘不可急打急回,以防车辆侧滑偏出道路。

③在结冰的山路上行驶,要装防滑链,根据冰层厚度、坡度大小和坡路长短决定是否可以通行;上坡避免减挡,下坡时尽可能利用发动机的牵阻作用,下陡坡需用行车制动控制车速时,应采用间歇制动。

④以道路两旁的树木、电线杆等参照物判断行驶路线,稳握转向盘,尽量选择路中央或积雪较浅的地方慢行;如行车时间较长,要佩戴有色眼镜,以防雪光伤眼。

⑤在弯路、坡道等危险地段行驶时,应注意选择行驶路线,必要时可停车勘察路况;如道路上已有车辙,应循车辙行驶;行驶中不可急转急回转向盘,以防偏出车辙而打滑或下陷。

⑥在雪坡道行驶,应提前换入低速挡,上坡中避免换挡;加速时不可过急,否则会导致车辆后溜;如车辆已后溜,应先使车辆后倒,然后停车再重新起步;起步时应缓慢、均匀踩下加速踏板,不可过急或断续加速。

⑦在雪路上遇对方来车,应随时注意观察对方车辆动态,与车辆及道路边缘保持一定的侧向安全距离,不得侵占对方行驶路线或加速会车。应选择比较安全的地方会车;必要时可在较宽的地段停车让行,然后再行驶。

⑧车辆在雪天临时停车时,应提前减速,选择允许停放的路段,缓慢将车驶向道路右侧,尽量按顺行方向靠路边停车,并及时开启危险报警闪光灯、示廓灯和示宽灯。停车距路边的距离要适当加大,不得在软路肩上停车。

⑨严寒天气需长时间停放车辆,应选择无冰雪的路面停车;无上述条件时,可清除车轮下的冰雪,以免轮胎与地面冻结在一起;如轮胎冰结,则须挖开轮胎周围冻结的冰雪和冻土再行驶,切勿强行起步,以免损伤轮胎和传动机件。雪天应尽量控制车速,避免紧急制动,预留足够的制动距离,缓踩制动踏板。遇有前车放慢速度,后车需要减速时,采用间歇缓踩制动踏板用驻车制动器的方法,切忌将制动踏板一脚踩到底或使用驻车制动器过急过猛。

⑩路面结冰时,应将车辆立即驶到服务区或停车场。及时安装轮胎防滑链或换用雪地轮胎。在高速公路上使用防滑装置一定严格遵守高速公路的有关规定,因为防滑装置不是绝对的安全装置。

(四)大风天气安全驾驶控制

1. 大风天气的特点

大风天气经常扬起沙尘,使能见度降低、影响驾驶视线、飞沙走石阻碍车辆正常行驶、横风肆虐影响行驶方向,气象条件恶劣。此外,刮倒的电线杆或广告牌等,都会给行车安全带来影响。客车重心比较高,且车体受横风影响较为严重,更易发生侧滑、侧翻事故。

2. 大风天气驾驶安全控制

(1)控制车距。

①大风沙尘天气行车时,要正确地辨认风向,注意适当放慢车速,握稳转向盘,防止行驶路线因风力而偏移。

②注意保持车辆的横向稳定性,尽可能减少超车。横风天气,要保持两侧车辆的安全横向间距。低速度行驶,严密注视行人和自行车的动态,随时准备制动停车。

③逆风行驶时,要注意风向突然改变或道路出现较大弯度,防止风阻突然减小、车速猛然增大。途中突遇暴风,应立即停车躲避,车辆应尽量停在背风处。

④大风、沙尘天气时不要跟车太近,始终要保持安全车距,留出处理突发事件的反应时间。尤其在多尘道路上不要尾随行车,应保持更多安全车距,防止前面车辆扬起的尘土妨碍视线,不能及时处理意外情况,引发事故。

(2)行车道路控制。

①大风天行车,驾驶人必须降低车速,在一般道路上尽量在路中间行驶,并与其他车辆保持安全间距;同时,提防行人、非机动车、牲畜等突然闯入本车的行车道。

②大风天行经立交桥、高架桥、山口、隧道出口时,驾驶人必须牢牢控制转向盘,防止大风影响车辆的行驶方向。

③高速公路行驶的时候,尤其是大风天气行车,尽量避开在最内侧车道行车,远离最中间的缓冲绿化带,尽可能在中间车道行车,防止刮大风的时候,中间缓冲隔离带的界桩等被吹倒,引发事故。

④遇到强烈风沙气象条件影响车辆行车安全时,驾驶人要选择安全地点停车,打开危险报警闪光灯,将车辆背对风沙停靠。

(3)灯光控制。

大风沙尘天气白天行车时,造成尘土飞扬,空气浑浊,能见度降低,则应及时打开示宽灯、雾灯和尾灯,并多鸣喇叭(在允许鸣喇叭地段)提示,引起行人、车辆注意,保持缓慢行进,随时做好制动停车的准备;大风沙尘天气夜间行驶时,不宜使用远光灯,应使用防炫目近光灯,以免因出现炫目的光幕而影响视线,引发事故。

(4)遇到特殊车辆相对位置控制。

大风沙尘天气行车,遇到大型的车辆,如超载、超高、超宽、拖车、罐车、危化品等特殊车辆时。因大风天风阻系数高,超高、超长、超宽车辆,很容易被风吹得来回摆动,车辆上的货物,很容易被吹掉,并且影响视线;所以,遇到这些特殊车辆,在安全的情况下尽快超越前车,不能超车时,要保持足够安全车距。

(五)城区及乡村道路驾驶相对位置控制

在城区及区乡道路行车,应认真观察各种车辆特别是摩托车动态,熟悉和掌握行人(特别是儿童、老人、孕妇、残疾人)及牲畜的活动特点,提前采取预防措施。

(1)安全起步。客车起步前,驾驶人要观察周围上下有无障碍,有异常下车确认。

(2)安全进出主辅路。客车从辅路进入主路或从主路进入辅路时,驾驶人要掌握好车速、时机和安全距离,防止交通拥堵,同时避免与周围行驶轨迹交叉的车辆发生刮擦、侧面相撞、追尾等事故。

(3)转弯(特别是急弯、盲弯)应特别注意周围的行人,在 50～100m 减速鸣号靠右行,用转向灯或手势表示行进方向,做到"一慢、二看、三通过",密切注意汽车转弯内侧,谨防不明汽车行进方向的行人、车辆争道抢行,同时,还要防止车轮及汽车尾部与障碍物碰撞、刮擦。

(4)谨慎会车、超车、让车。做到先让、先慢、先停。乡村道路路面狭窄,路基不实,会车、超车、让车要提前观察,选择路面宽阔、路基坚实的路段,避免过度靠边行驶。不强行超车、不"让道不让速"。

(5)乡村道路路况差,交通条件复杂,驾驶人最好保持车速在30km/h 以下行驶,并加大与其他车辆的安全距离。

(6)停车时选好地点、挂好挡位、拉好驻车制动器手柄、塞好三角木。

(7)行车中做到:情况不明慢,视线不良慢,起步、会车、停车慢,通过交叉路口、窄路、桥梁、弯道、险坡、繁华路段慢。

(8)严禁夜间在达不到夜间安全通行条件的三级(含)以下山区公路通行。

(六)特殊路段驾驶相对位置控制

1. 通过桥梁驾驶相对位置控制

桥梁是为跨越河流、山谷等天然或人工障碍物而建造,供行人、车辆通行的道路交通设施。桥梁具有路面窄、交通流量大、限制车辆轴重、限制行驶速度、禁止超车等特点。

客运车辆,特别是满载客车,要求桥面宽阔,要求桥梁有较高的承重能力。车辆通过承重能力小、路面狭窄、防护设施不完备的桥梁时,存在很大风险。客车通过桥梁时常见的交通事故类型包括:尾随相撞、对向剐蹭、正面相撞、侧滑、剐撞行人、坠车等。所以,通过桥梁时要控制好相对位置。

(1)接近桥梁时,应注意桥头附近地交通标志,遵守其规定,且与前车要保持一定的距离,降低行驶速度。

(2)车辆遇到窄桥时,行驶速度必须控制在 30km/h 以下,严禁超越同向行驶的其他车辆,应尽量避免在桥头换挡、制动、会车和停车。

(3)通过山间的桥梁时,要注意减速慢行,谨防结冰或山间横风。

(4)通过立交桥时要明确自己的行驶方向,随时观察道路指路标志,选择在对应的车道内行驶,以免错过路口。

(5)通过漫水桥、便桥、浮桥以及一些简易桥时,应先停车观察,确认安全后,在引导下低

速通过。必须让车上的所有乘员下车步行通过,以避免发生意外事故。

2. 隧道、涵洞驾驶相对位置控制

(1)进入隧道、涵洞前,应观察交通标志和标线的规定,重点注意检查高度是否在规定的范围之内。

(2)驶入隧道、涵洞前,驾驶人要提前减速,并按交通标志限定车速行驶。

(3)在进入隧道、涵洞入口前 50m 左右,打开前照灯、示廓灯、示宽灯,观察前方情况以及引起后方车辆注意,降低暗适应及后方车辆带来的风险。

(4)出隧道、涵洞时,要观察车速表控制车速,握稳转向盘,以防隧道口的横风引起车辆偏离行驶路线,提前调整好防炫目装置的位置,以降低明适应带来的风险。

(5)通过双车道隧道时,应靠右行驶,注意用灯光与来车交会,稳速通过,切忌抢行。

(6)在隧道、涵洞内不得随意停车和随意变换车道。

3. 山区道路驾驶相对位置控制

山区公路是供车辆在山区行驶的道路。山区公路具有技术等级偏低、交通安全设施不完善、山高坡陡、路窄弯急等特性。车辆在地形较为复杂的弯道、坡路、交叉路口、桥梁等路段容易发生交通事故。

客运车辆具有车身较宽、车体较长、满载时爬坡困难、下坡制动延长等特点,增加了其在山区公路行驶的风险。所以在山区道路驾驶时要控制好相对位置。

(1)客车在山区较窄道路上行驶时,驾驶人要加大跟车距离,并控制好速度。

(2)客车在山区道路交会时,可紧靠道路中心线的右侧行驶;对面来车时,尽快让开道路中央位置;会车时,右侧是山体可紧靠右行,给对方让出比较安全的空间,右侧是山涧时,不要紧靠右行驶,而是在自己车辆的右侧留出足够的安全空间;如果道路的宽度不允许两车同时通过,而对方又无礼让意图,可让对方先行。

(3)汽车上陡坡行驶时,应当提前将汽车换入中、低速挡,平稳地上坡。当动力不足时,应迅速减挡,以防动力不足熄火。如果错过换挡机会,可越级减挡。若遇换不进挡或发动机熄火时,应使用行车制动与驻车制动强行停车,然后重新起步。

(4)在连续弯道行驶,车速要缓慢。车辆在接近转弯处时,事先鸣喇叭,以通知对方可能来车或行人并紧靠道路右侧行驶,随时做好停车准备,以防转弯中遇到来车交会后转弯后遇到障碍。

(5)下坡行驶要严格控制车速。运用发动机和低速挡位的牵阻作用控制车速,并要合理使用制动稳定车速,严禁熄火、空挡或踩下离合器踏板滑行。

(6)应避免在山路上停车,不得已需要在坡上停车时,应选择相对平直、视线良好的安全地段。一定要拉紧驻车制动器手柄,最好用三角木或硬石块垫在车轮后,并在靠右侧路边远距离放置随车三角警示牌,在前后过往车辆视线盲点的弯路上尤其必要。

(7)雨天进入易出现塌方、滑坡或泥石流的危险地段应认真观察,切勿在此地段停车。若前车突遇塌方,应立即停车、后倒避让。如有碎石落在车上或车旁时,切勿停车观看,应加速前进一段路程,选择安全地点停车处理,遇到塌方严重、短时无法排除时,应及时掉头或找安全场地停车等待。

第四节 相对位置培养的训练方法

一、基础驾驶和一般道路驾驶训练对相对位置和空间判断能力培养的影响

(一)基础驾驶训练对相对位置和空间判断能力培养的影响

1. 观察点和视野

驾驶人在起步前要调整座椅,端正驾驶姿势,调整后视镜。正确选择观察点,收集车辆行驶中不同方向所必需的信息,为驾驶人提前确定安全驾驶汽车的行驶方向和行驶位置非常重要。

从驾驶室内观察,要尽量向远处看,随时观察车辆周围的情况,同时要考虑到视线盲区。驾驶车辆起步、变换车道或在交叉路口转弯时,盲区内可能潜伏着危险,要注意转头直接观察,避免发生事故。另外,要了解其他车辆的盲区位置,尽量不要在其他车辆的盲区内行驶。做到眼观六路,耳听八方,注意盲区。

2. 车体感觉

车体的感觉是在驾驶座位上体验车的宽度、长度、高度是什么感觉。当汽车摆正停放后,驾驶人对车体各部分与路面相对位置的视觉感觉,称为静态感觉,在驾驶室内看不到车体的前后边缘,正确掌握车体位置,形成准确判断车体的位置感,对于正确选择行驶位置和路线相当重要(图6-18a)。可在场地利用标杆来感觉、判断车辆的宽度、长度、高度,确认车身的大小和路面的位置。掌握前方、后方、车顶的距离感觉。正确判断车体的位置、记住视线的盲区非常重要(图6-18b)。

图6-18 车体位置

3. 速度感知与相对位置

在限定的速度下,感受车辆的速度,车速快除了对可视范围造成影响外,还会影响驾驶人的反应时间,使驾驶人对空间距离的判断产生误差,而且对行人、自行车以及对向来车的速度还有低估的倾向。车速度与驾驶人的"动视力"存在一定比例关系,当车速为40km/h时,驾驶人的视点(最远看到的距离)为180m,视野范围可达90°~100°(图6-19a)。车速95km/h的速度行驶时,视野范围只有40°(图6-19b),可见车速越快,驾驶人的视点越近,视野越窄,对道路上信息的接收量越少,因为机动车在行驶时,驾驶人、道路环境中的物体发生相对运动,人眼分辨物体的最小距离发生变化,相对运动速度增大,人眼分辨物体的最小距

离也增大,例如两者都以90km/h的速度行驶,即各自以25m/s的速度前进,两车相遇时的相对速度为25×2=50m/s,也就是说如果相距50m,那么只需要1s的时间两车就相碰面了。由于驾驶人超速行驶时对速度感知迟钝,对安全行车距离估计不足,从而延迟了采取安全措施的时间,由于动能与速度的平方成正比,机动车速度增高,其能量将急剧增大,危险性也随之增大,因此大家要保持安全车速与车距,开好安全车。

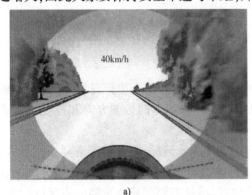
a)

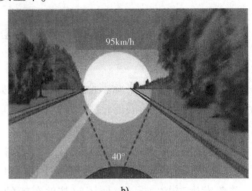
b)

图6-19 不同速度视野

(二)一般道路驾驶训练对相对位置和空间判断能力培养的影响

1. 直线行驶相对位置的控制

(1)行驶方向的控制。

在直线路段行驶时,选择在路中行驶,尽量目视远方道路情况,感觉偏离了行驶路线,及时调整转向盘进行修正。可在场内道路上体验车辆靠右侧、中间、左侧行驶的感觉,以便选择合理的行驶路线(图6-20、图6-21)。

图6-20 看近行驶方向的控制

图6-21 看远行驶方向的控制

(2)行驶速度的控制。

直线行驶是驾驶人必须掌握的一项基本驾驶技能,训练时,应选择在车流量少、宽阔平直有车道分隔线的道路上进行。

初学者目测能力较差、容易改变驾驶姿势和偏离行驶方向,产生忽左忽右现象,尤其以偏左行驶较为常见。因左置转向盘导致学员对公路右侧边缘不能正确估计,纠正时可利用目标选择的方法,并在驾驶中加以体会。

操作方法：

①应做到目视前方、看远顾近、兼顾左右、注意上下、确保安全。

②在低速行驶时，可采用"三点法"估计公路右侧边缘的距离。

③在高速行驶时，利用"中心线法"发现车辆跑偏，并及时纠正。"中心线法"：目光视线从车头向前(50～150m)与道路中心线平行，相距50cm，此时车辆基上处于公路中间略偏右的位置行驶。

④打方向时应做到早打早回，少打少回。

⑤换挡时，以左手操作方向并保持稳定，避免方向跑偏。

⑥遇道路上的不良情况，可减速缓行通过，不可为了选择行驶路线而左右猛转转向盘，致使车辆失稳。此外，还应尽量避开道路上的尖石、棱角物以及拱坑等，以提高车辆行驶的平顺性。

2. 弯道驾驶相对位置的控制

进入弯道之前，降低行驶速度，应看清楚弯道状况，确定行驶路线。根据道路的弯度及时转动转向盘，动作要准确柔和，以确保车辆行驶稳定。行驶在平缓的弯道上，可以双手握住转向盘不倒手进行转向。对于急弯，需要双手交替操纵转向盘。转小弯时，一定要注意车的内、外轮差(图6-22)。

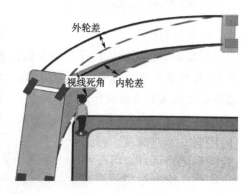

图6-22 内、外轮差

3. 行驶路线位置控制

(1)在道路同方向画有两条以上机动车道的路段行驶时，靠右侧的慢速车道行驶，不得长时间占用左侧的快速车道行驶。

(2)在未施画道路中心线的路段行驶时，靠道路中间偏右位置行驶。

(3)在交叉路口右转弯时，按以下要求进行操作：

①通过后视镜观察右侧后轮的行驶轨迹，为右侧后轮与路肩之间预留足够的转弯空间。

②在施画两条以上右转弯车道的交叉路口，选择靠左侧的右转弯车道转弯。

(4)在交叉路口左转弯时，相对位置的控制：

①靠路口中心点的右侧转弯。

②在施画两条以上左转弯车道的交叉路口，选择靠右侧的左转弯车道转弯。

(5)在交叉路口转弯需要借用对向车道时，做好让车准备，为对向驶来的车辆预留足够的转弯空间。

(6)通过弯道时，根据曲线的弯度调整转向盘，沿道路右侧行驶，不得借用对向车道行驶；通过急弯路段时，注意外侧后轮的行驶轨迹，为外侧后轮与路肩之间预留足够的转弯空间。

(7)连续下雨或者久旱暴雨后，不应靠近道路路侧行驶。

(8)道路路面被冰雪覆盖后，循车辙行驶，并利用道路两侧的树木、电线杆和交通标志等判断行驶路线。

4. 傍山险路相对位置的控制

(1)应尽量靠近道路中间或靠山体侧低速行驶。

(2)遇对向来车时,判断对向来车的车型、速度、装载和拖挂等情况,选择道路较宽、视线良好、无障碍物的路段交会;对向来车不靠山体时,应让对向来车先行。

(3)通过易出现塌方、山体滑坡、泥石流的危险路段,提前观察前方路侧及山坡的情况,确认安全后,迅速通过,不应在该区域停车。

二、场地科目训练对大客车驾驶人相对位置和空间判断能力培养和提高

场地科目训练是在有限空间里控制车辆的能力,同时把起步、换挡、制动、停车、倒车等单项操作有机地结合起来。提高综合运用操作机件和对车辆位置的控制能力,掌握车辆轮廓的空间位置和运动规律,以培养学员驾驶汽车通过狭窄路段、拥挤街道、站台停靠、会车、让车、掉头或倒车以及越过障碍物的实际驾驶操作能力。

(一)倒桩入库(图6-23)

1. 训练目的

提高综合运用操作机件和对车辆位置的控制能力,掌握车辆轮廓的空间位置和运动规律,以培养学员驾驶汽车通过狭窄路段、拥挤街道、站台停靠、会车、让车、掉头或倒车以及越过障碍物的实际驾驶操作能力。

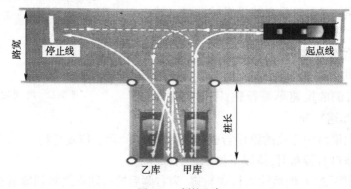

图6-23 倒桩入库

2. 操作要求

车辆由起点起步倒入乙库停正,随后经过二进二退,由乙库侧方移位至甲库,再由甲库经过乙库至车道停车,最后倒车进入甲库,并出库返回起点。

3. 对相对位置和空间能力的培养和提高

因客车轴距长、车尾长、内轮差大的特点,倒桩移库训练能提高综合运用操作机件和对车辆位置的控制能力,掌握车辆轮廓的空间位置和运动规律,以培养驾驶人驾驶汽车通过狭窄路段、拥挤街道、站台停靠、会车、让车、掉头或倒车以及越过障碍物的实际驾驶操作能力。如第一起点停车训练驾驶人对车辆左边与道路边线的距离及停车位置的空间判断;第一倒训练驾驶人倒车库位控制转向盘右转向及回位的时机,车辆左右位置及后方停车距离控制;移库训练驾驶人在有限空间转向盘运用、前后方停车位置控制及车辆轮廓的空间位置控制;斜向出库停车训练提高驾驶人在有限位置转向盘控制及内轮差判断,车辆右边与道路边线距离控制;第二倒训练驾驶人控制转向盘左转向及回位的时机、对车辆左右位置及后方停车距离控制。

(二)坡车道定点停车和起步(图6-24)

1. 训练目的

训练机动车驾驶人上坡路段驾驭车辆的能力,正确地在固定地点靠边停稳车辆,以及准确使用挡位和离合器的能力,以适应在上坡路段等候放行时的操作需要。

该操作可用于有信号控制的交叉路口、车辆在上坡车道上停车和起步。

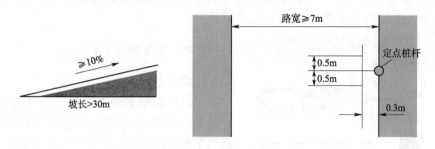

图6-24 坡车道定点停车和起步

2. 操作要求

机动车驾驶人应通过视觉和感觉及时判断坡道的陡坦、长短及路宽等道路情况,采取恰当的操作方法,控制车辆平稳停车和起步。做到转向正确,换挡迅速,方向、制动、离合器三者配合准确协调。驾驶车辆在坡道上的停车线前平稳停车,然后再平稳起步。整个过程中,车辆不得后溜。右坡道上起步时间不得超过30s,车身右侧与边缘线保持平行,并距离边线30cm内。

3. 对相对位置和空间能力的培养和提高

坡定点停车及起步训练能提高机动车驾驶人上坡路段驾驭车辆的能力,正确判断固定地点靠边停稳车辆,以及准确使用挡位和离合器的能力,判断车辆上坡地点,车辆右边与道路连线的距离。

(三)侧方停车(图6-25)

1. 训练目的

让机动车驾驶人掌握将整车正确停于路右车位(库)中的技能,以适应日常驾驶生活中临时停车的需要。如在街道上驶入停车泊位或停车泊位的变更等。

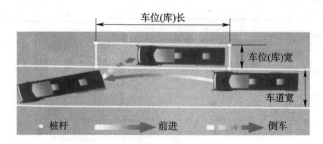

图6-25 侧方停车

2. 操作要求

机动车驾驶人驾驶车辆在不碰、擦库位桩杆，车轮不轧压车道边线、库位边线的情况下，通过一进一退的方式，将整车移入右侧库位中。车辆起步后要按规定的路线、顺序行驶；一次倒车入库，中途不得停车，车轮不轧碰车道边线、库位边线，不能出现发动机熄火现象。

3. 对相对位置和空间能力的培养和提高

侧方停车训练能提高机动车驾驶人掌握将车辆右边停车、倒车的对车辆与道路右边线的位置控制，使整车正确停于路右车位(库)中的能力，以适应日常驾驶临时停车的需要。如在客运站驶入停车泊位或停车泊位的变更等。

（四）直角转弯（图6-26）

1. 训练目的

训练机动车驾驶人在急弯路段能迅速运用方向并对车辆内、外轮差距进行正确判断。可提高汽车在胡同中类似于直角转弯的转向能力。

2. 操作要求

用低速按规定的线路行驶，一次不停车完成，车辆可以由左向右或由右向左直角转弯通过。车辆起步后要按规定的路线、顺序行驶；车轮不得触、轧突出点；车轮不得触轧道路边缘线；不得出现发动机熄火现象。

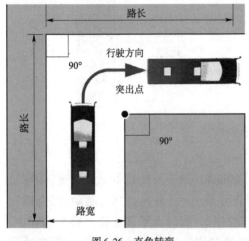

图6-26 直角转弯

3. 对相对位置和空间能力的培养和提高

直角转弯训练能提高机动车驾驶人在胡同里巷类似于直角转弯、急弯路段能迅速运用转向盘的能力，并对车辆向左、右转弯对内、外轮差距及车辆与道路左右两边的距离进行正确判断。

（五）单边桥（图6-27）

1. 训练目的

训练机动车驾驶人准确运用转向、正确判断车轮直线行驶轨迹、操纵车辆不平行运行的能力。

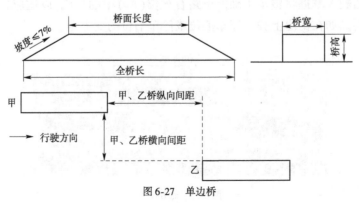

图6-27 单边桥

2. 操作要求

机动车驾驶人按规定的行驶方向,正确操纵转向,将汽车的左、右侧前后车轮依次平稳、顺畅地驶过甲、乙两桥。

3. 对相对位置和空间能力的培养和提高

单边桥训练能提高机动车驾驶人准确运用转向盘,正确判断对所有车轮位置及左、右车轮直线行驶轨迹,操纵车辆不平衡运行的能力。

(六)曲线行驶(图6-28)

1. 训练目的

提高机动车驾驶人操纵转向、控制车辆曲线行驶的能力。

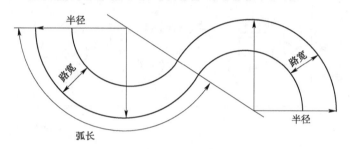

图6-28 曲线行驶

2. 操作要求

机动车驾驶人驾驶车辆从弯道的一端前进驶入,减速换挡,以低挡低速从另一端驶出。行驶中不得轧弯道边缘线,转向自如。

3. 对相对位置和空间能力的培养和提高

曲线行驶训练能提高机动车驾驶人操纵转向盘在有限空间位置的S形路面上行驶的能力,正确判断车轮内、外轮差轨迹与路边缘线的距离。为实际S形窄道、山区连续转弯道路上安全驾驶打下基础。

(七)限宽门(图6-29)

1. 训练目的

训练机动车驾驶人在一定车速下对车身位置的正确判断能力。

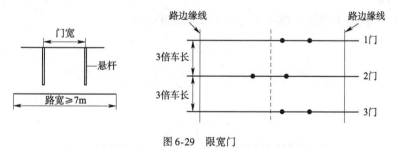

图6-29 限宽门

2. 操作要求

机动车驾驶人驾驶车辆以不低于20km/h的速度,从三门之间穿越,不得碰擦悬杆。

3. 对相对位置和空间能力的培养和提高

限宽门训练能提高机动车驾驶人在一定车速下对车身横向间距位置及转向盘控制的正确判断能力。提高驾驶人对变更车道、会车横向间距的控制。

(八)通过连续障碍(图6-30)

1. 训练目的

训练机动车驾驶人驾驶车辆通过连续障碍时,对车轮行驶轨迹和内、外轮差的判断能力。

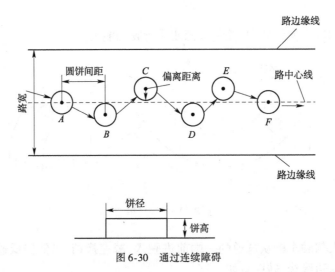

图6-30 通过连续障碍

2. 操作要求

车辆用二挡(含)以上挡位,将车骑于圆饼之上通过,车轮不得碰、擦、轧圆饼,并且不得超、轧两侧路边缘线。

3. 对相对位置和空间能力的培养和提高

通过连续障碍训练提高驾驶人对车辆各车轮行驶轨迹和内轮差位置的判断能力,提高连续运用转向盘的控制能力,判断车辆左右两边与路边缘线的距离。

(九)起伏路(图6-31)

1. 训练目的

训练大客车驾驶人驾驶车辆平顺通过起伏路面的能力。

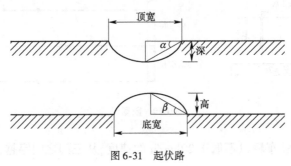

图6-31 起伏路

2. 操作要求

机动车驾驶人驾驶车辆行驶至起伏路面前 20m 内制动减速,使用低速挡或者半联动平稳安全地通过起伏路段。

3. 对相对位置和空间能力的培养和提高

起伏路训练能提高大客车驾驶人驾驶车辆在障碍物前制动减速的能力,判断车辆各轮胎的行驶位置,并做到制动、离合器、加速三者配合。为客车驾驶人在凹凸不平路面上平稳行驶打好基础。以便在实际道路中能熟练地通过凹凸不平路面、松软路面或损坏路面。

(十) 停靠站台(图 6-32)

1. 训练目的

训练大客车驾驶人准确驾驶车辆进入站台和靠近路边的能力。

图 6-32 前进侧停靠站台

2. 前进侧停靠站台的操作要求

停靠站台前,应仔细观察站台的位置和周围情况。打开转向灯,车辆向站台一侧靠近,当车身进入站台或车门对正站牌时,使车身停正,随即将车平稳停住。

3. 对相对位置和空间能力的培养和提高

通过训练能提高大客车驾驶人"三方轮"停车的能力,提高大客车驾驶人左侧距离的目测水平。

三、其他科目训练对大客车驾驶人相对位置和空间判断能力培养和提高

(一) 窄路掉头对大客车驾驶人相对位置和空间判断能力培养和提高

掉头是对汽车原来行驶方向 180°的改变。掉头时要合理控制车速、利用地形,掌握转向时机。

掉头要根据道路的宽窄等情况采取一次性顺车掉头或倒车与顺车相结合的方法进行,一次性顺车掉头迅速、方便,但只适用于宽阔的道路、大交叉路口、广场等地方,见图 6-33,掉头前先开启左转向灯,发出掉头信号,查明掉头地点的交通情况,降低车速,挂入低挡,控制好转向时机使掉头安全、顺利进行。掉头后及时关闭转向灯。在不能一次性掉头的地方掉头时,利用、选择地形和倒车路线要符合安全第一的原则,并尽量不影响来往车辆正常行驶(图 6-34)。

掉头前开左转向灯,降低车速,倒车时注意周围情况,经过一进一倒或多进多倒用半联动低速进行。

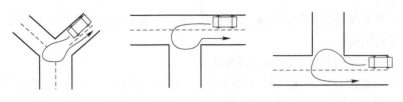

图 6-33　一次性顺车掉头

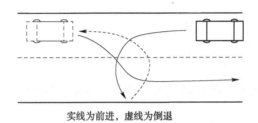

实线为前进，虚线为倒退

图 6-34　公路掉头

（二）连续弯道和曲线驾驶对大客车驾驶人相对位置和空间判断能力培养和提高

在弯道训练时，可选择连续弯道进行，训练前须熟悉弯道行驶的方法和要领，着重训练弯道速度控制和方向的运用。而曲线行驶训练是为弯道行驶做准备。

转弯时，学员应合理地确定转弯路线、速度及转向时机，做到"减速、鸣号、靠右行"。但在禁鸣路段，则应缓行，不得鸣号。

1. 右转弯驾驶

右转弯时，学员应待车辆进入弯道后再逐渐驶向右边，不宜过早靠右，需注意转向时的内轮差以防右后轮驶出路基，右侧视线存在死角时不宜太靠路中，防止对方来车影响安全。

2. 左转弯驾驶

左转弯时，转向盘的转动角度应小，使车辆转大弯通过，但应注意右前轮不得驶出路外。若为明弯，在前方无来车及其他情况时，可以适当偏左行驶，以提高通过速度和行驶稳定性。转弯过程中，应控制好车速，掌握好车辆动力，避免紧急制动及不必要的换挡操作。

3. 连续转弯驾驶

教练员应指导学员将各个弯道分解为独立的单个弯道，依照左、右转弯的操作方法逐个对待，要控制好车速和方向的配合，选择好行驶路线，适时鸣喇叭，沿中心线右侧行驶。若是明弯，在确认安全的情况下，尽量将行驶路线走直，以减小转弯时离心力和行驶距离。

（三）窄路控制驾驶对大客车驾驶人相对位置和空间判断能力培养和提高

由于窄路交通流量小，车辆密度低，路面较窄，等级较低，弯道和坡道及穿越的村庄、集市较多，视线受到限制，盲区大，交通情况、交通秩序比干线公路差。因此，在行车训练中，根据窄路的特点选择行驶路线和行驶速度，正确分析道路上的交通情况，确保行车安全。

在窄路上训练，要根据道路情况，尽量选择干燥、坚硬、平坦的路面，以减少车辆的跳动。

如果对面无来车,应尽量居中行驶,尤其是在路面较窄、拱形较大的路段,应选择有多次行车轮迹、路基坚实、路面平整的路线行驶,尽量避开道路上的尖石、棱角物等,必要时可减速缓行,切不可为了躲避障碍而左、右急转转向盘。

行车中发现对面有来车时,应根据车辆距较宽地段距离的远近,确定加速或减速驶向较宽的地面,并将车辆驶靠右边,以便交会。此时应注意观察路基的坚实程度,在雨季更应加倍小心,以防路基塌陷。两车间若没有合适的交会地段时,离宽路段较近且便于倒车的一方,应发扬风格及时倒车礼让,以防交通阻塞。

发现后方车辆要求超越时,应就近选择较宽的地段靠右礼让,并及时减速甚至停车待超,切勿让车不让速,应尽量缩短被超越的时间。

若需超越前方车辆时,则应先观察道路情况,寻找可以超越的地段,待车辆驶近可超地段时,适当缩短跟随距离并保持足够的动力,一旦条件成熟,立即加速超越。若不具备超车条件,不得强行超车。

穿越村庄时,因村民居住在道路两侧,两旁的建筑物及一些简易设施和摊铺会影响车辆的正常行驶。另外,一些村民的交通意识较薄弱,野外放养禽畜的现象较为普遍,易出现突发情况。因此,通过村庄,要及时减速,看近顾远,谨慎驾驶,认真观察道路两侧建筑物、树丛等,及时避让路面上的凹凸障碍物,预防行人和家禽突然横穿街道。这个训练过程中的关键是,教练员要指导学员能从非机动车、行人和家禽畜的动态中发现危险苗头,尽早采取安全措施加以防范。

(四)跟车行驶和变更车道训练对大客车驾驶人相对位置和空间判断能力培养和提高

由于交通情况限制,后面的车辆不能超越前车时,就必须暂时或长时间地跟随前车行驶。跟车时因受到前车的影响,视线不良,驾驶操作被动。因此,与前车必须保持适当的纵向间距,注意前车发出的各种信号和动态变化,及时调整跟车的速度及位置。训练时,须掌握以下几点:

1. 掌握好不同跟车速度与间距

跟车行车根据行车速度和道路条件,保持一定跟车速度和纵向安全间距。无论何种条件,都必须与前车保持在随时可以制动停车而不至于与前车尾部相撞的距离内。

2. 掌握好跟随大型车辆的方法

适当加大跟车纵向间距,跟随距离过小,将影响行车视线,不利于对前方道路交通情况的观察,无法判断前车的动向,对突发情况不能及时采取有效措施。即使在繁华路段车速较低时,其跟随间距也不能太小,至少应能看清前方的各种信号灯及岔路口的信号灯。

3. 掌握好低速跟随的方法

跟随距离可适当缩短,但不能过分靠近,一般至少保持 3s 行驶的安全距离,以双眼能看到前车后轮着地位置为宜。跟随时,应尽量避免紧急制动,以免后面的其他跟随车辆因制动不及时造成危险或追尾事故。

在车辆变更车道训练时,应养成看清楚左右交通情况,先开转向灯,然后再转向的良好习惯,变更车道速度要缓慢,切忌突然变更车道,禁止进入导向车道后中途变更车道。变更

车道后须迅速关闭转向灯,当车辆在导向车道内跟随停车后再起步时无须开启转向灯。

(五)会车、让车和让超车的训练对大客车驾驶人相对位置和空间判断能力培养和提高

1. 会车训练

在车辆交会训练时,根据双方车辆的速度、车型、车况、装载情况及路况、天气、视线、交通情况和驾驶技术水平等情况,及时调整自身车辆的速度及行驶位置,选择有利的会车地点,适当降低车速,握稳转向盘。同时,顾及道路两侧情况、保持两车间留有足够的横向安全间距。

当前方遇有障碍物会车时。应判明来车的速度和前方道路情况,根据条件采取合理的交会方法。来车速度较慢或离障碍物较远时,应果断加速越过障碍物后,驶入右侧;也可根据需要适当降低车速,在超越障碍前与来车交会。

在两车之间出现窄桥、障碍物或狭路时,应让距离较近、车速较快、前方无障碍的一方先行通过,不得争道抢行。若障碍物在来车前方,应注意观察对方的动向,发现对方车辆强行超越(或打开左转向灯示意)时,应立即减速或停车让行,切不可造成"三点并排"交会。在没有画中心线的道路上遇到对面车在较近距离内超车时,应靠右减速慢行,做好停车准备。若突遇对方车辆强行超车,占据本车的车道时,较好的处理办法是尽可能让出车道。

2. 超车训练

超越前方同向行驶车辆在借道行驶后驶回原车道时,须严格遵守有关规定,查明情况,开转向灯,确认安全后,方可驶回原车道。超车应严格遵守交通法规中"禁止超车"中的有关规定,在道路条件允许的情况下,训练应选择道路宽直,视线良好,对面又无来车,且道路两侧均无影响超车障碍物的路段进行。

超车前应根据双方车辆的车速及车长,充分估计超车所需的时间和距离。条件允许时,打开左转向灯,逐渐驶向道路左侧,鸣喇叭,待前车让车后,加速从左侧与被超车保持足够的横向安全间距超越。超车后,仍循左侧行驶一段距离,在不妨碍被超车正常行驶的情况下,变左转向灯为右转向灯,逐渐驶回正常行驶路线。若超越过程中发现对面来车不可超越时,须立即制动减速,待被超车辆右侧超越后驶回右侧车道跟随被超车辆,不可强行超车,更不可右侧超车。

超越停驶车辆时,应减速鸣号,注意观察停驶车辆的动态,并与其保持较大的侧距,尤其是注意车辆前方的情况和停驶车辆前后方的行人。

(六)通过交叉路口、环岛路口、立交桥和铁路道口的训练对大客车驾驶人相对位置和空间判断能力培养和提高

1. 通过交叉路口训练

通过有信号灯指挥的交叉路口时,要遵守"红灯停,绿灯行"的原则,而且还必须掌握好先行权和放行权的问题。被放行车辆享有先行权,在通过有信号控制的人行横道时,被放行的行人在人行道上享有先行权,而通过没有信号控制的人行横道时,也必须确保行人的安

全。被放行的直行车辆和转弯车辆相遇时,直行车辆享有先行权。通过无人指挥的交叉路口时,应遵循"一慢二看三通过"的原则通过。

2. 通过环岛路口训练

进入环行交叉路口(环岛)的车辆,一律按逆时针单向行驶,行至所要出去的路口,开右转向灯离岛驶出。进入环行路口的车必须让已在路口内行驶的车先行,转向信号灯按"进道不开灯、出道开右灯"的原则运用,在有两条或两条以上车道的环行路口。当车辆由内侧车道离开环行路口的预定地点前,要先安全驶入外侧车道,不能从内侧车道右转弯直接驶出环行交叉路口。

3. 通过立交桥训练

通过立交桥可根据行车导向标志和立体交叉路口的管理规定行驶。在训练前须提早了解立交桥上的导向标志和相关规定,并指导学员按规定行驶。

4. 通过铁路道口训练

通过铁路道口训练时,应遵循"一慢二看三通过"的原则,提前减速,确认安全后通过。尽量避免换挡操作,听从道口管理人员的指挥。在火车行驶区域,车辆发生故障不能行驶时,不可以停留,须尽快想办法将车辆移开,以免发生事故。

由于特殊交通环境属于特殊的交通条件,不能或难以在实际道路交通环境下进行训练,为了提高驾驶人在不同道路、环境下相对位置的控制和空间判断能力,可采用驾驶模拟器进行训练。

思考与练习

1. 驾驶车辆时如何管理空间位置?
2. 驾驶车辆超、会、让车时相对位置如何控制?
3. 夜间驾驶如何控制车辆?
4. 在高速公路驾驶时相对位置如何控制?
5. 不同天气条件下如何控制车辆?

第七章 安全驾驶与绿色驾驶

目前,随着人们生活水平的提高,越来越多的人都拥有了自己的车。车辆增多了,交通安全问题更加突出了。我国交通安全的现状,概括起来是八个字,即"事故频繁、损失惨重"。对于某一起交通事故来说,乍看起来似乎是偶然的,然而必然性寓于偶然性之中。其必然性必须从人、车、道三个方面进行分析。人是交通安全中重要的因素。因为人、车、道三大要素中,车辆是由人驾驶的;道路是由人来使用的;车辆和道路是客观的、无意识的,而人是主动的、有意识的。因此交通安全的关键在于"人"。人是交通安全的核心。我国有80%~90%的道路交通事故是由驾驶人、行人及乘客等因素造成的(包括驾驶人的驾驶失误、麻痹大意和违章行驶等)。如今,汽车在给人类带来方便的同时也给地球造成了极大的污染。污染的主要来源是汽车尾气、轮胎、蓄电池等,而汽车污染物生成的多少又与驾驶人密切相关。熟练的驾驶技术是绿色驾驶的前提,同一车型,使用条件基本相同,不同的人驾驶,汽车材料损耗可相差20%以上。这其中有使用因素的影响,更有驾驶技术的影响,因而学习本章内容对驾驶人来说是必不可少的。

第一节 安全驾驶基本知识

一、驾驶的适宜性与行车安全

道路交通安全主要受人、车、路和环境四个因素的影响,其中人是主导因素,统计资料表明,我国有80%~90%的道路交通事故是由驾驶人、行人及乘客等人的因素造成的,而这其中又有70%~80%的事故是由驾驶人直接原因造成的。世界其他国家的研究也表明,驾驶人是导致交通事故的所有因素中最重要的。

(一)影响驾驶适宜性的因素

驾驶适宜性是指驾驶人具备圆满、不出差错地完成驾驶工作的素质,以及经过驾驶培训可获得从事驾驶工作潜能的特性。即驾驶人操纵车辆在道路上行驶时,其心理和生理功能能够适应道路可能出现的各种情况,并作出及时、正确、安全反应的特性。驾驶适宜性从属于职业适宜性,它使得驾驶人在驾驶工作方面能够有稳重的生理、心理素质,二者相对稳定而又相互弥补,是驾驶人在一定交通环境下实现车辆安全行驶的有力保障。

1. 生理特性

视觉特性在驾驶人行车过程中至关重要,研究表明,超过80%的交通信息是驾驶人通过视觉获得的。对行车安全有较大影响的视觉特性有静视力、动体视力、夜间视力、明适应和暗适应能力、视野、色觉、深度知觉能力等。

（1）静视力是指在静止状态下检测的人的视力。合格的静视力是成为一名驾驶人的前提条件。静视力可以通过其他辅助手段纠正，因此由静视力导致的交通事故并不多见。

（2）动体视力。动体视力是人与辨识对象相对运动时，人眼的辨别能力。在行驶过程中，驾驶人与周边环境物体一般处于相对运动状态的，此时良好的动体视力是保证行车安全的重要条件。高速行车需要驾驶人能及时掌握前方情况，以保证有足够的时间对突发情况作出反应，然而由于人的视觉特性的限制，随着车速的提高，驾驶人的视认距离却缩短了。研究表明：一般人的动体视力比静视力低10%~20%，特殊者低30%~40%。

例如车速为60km/h时，驾驶人可看清离车240m处的交通标志，当车速为80km/h时，则驾驶人看不清楚距离车160m处的交通标志。随着车速的提高，动视力也随之下降。动视力还与年龄有关，年龄越大，动视力与静视力的差越大，这一点应引起年龄较大的驾驶人的注意。动体视力是影响行车安全的一个重要因素。因此对驾驶人来说，动体视力显得比静视力更为重要。

（3）视野。当眼注视一目标时，除了看清这个注视目标处，同时还能看到周围一定范围内的物体，这个空间范围，叫作视野（图7-1）。

（4）色觉是视觉功能的一个基本而重要的组成部分，是人类视网膜锥细胞的特殊感觉功能。正常人视觉器官能辨识波长380~760μm的可见光，由紫、蓝、青、绿、黄、橙、红7色组成。色觉障碍包括色盲和色弱两大类，色盲是指辨色能力消失；色弱是指对颜色辨认能力降低。

（5）暗适应指当人长时间在明亮环境中突然进入暗处时，最初看不见任何东西，经过一定时间后，视觉敏感度才逐渐增高，能逐渐看见在暗处的物体的现象。

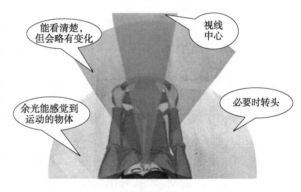

图7-1 视野

夜间行车时，由于前照灯及其他照明设备时刻变化，驾驶人经常处于暗适应的状态下，此时暗适应能力将影响到行车安全。晴朗的白天进入隧道，照度会从上万勒克斯（照明单位）突然降至100lx左右（加上照明设备），这时驾驶人的视力会急剧下降，以致在一定时间内无法辨认隧道内的障碍物，这就是著名的"黑洞效应"。西安火车站地下隧道因"黑洞效应"在不到一年的时间里发生了46起交通事故。人由于生理差异，暗适应能力是不同的。暗适应能力是影响夜间行车安全的重要因素。

（6）明适应指当人长时间在暗处而突然进入明亮处时，最初感到一片耀眼的光亮，不能看清物体，只有稍待片刻才能恢复视觉的现象。

（7）夜间视力指驾驶人在夜间黑暗情况下所表现的视力；夜间视力是指人在低亮度和低照度条件下的视力。在黄昏时分、大雾天气、阴雨天气及夜间时分行车时，外界光线较差，人辨识物体的能力将随之下降。在一定范围内，人的视力随着照度的增加而提高。根据日本学者对日落前后照度的调查，日落前日光照度在1000lx以上，日落后30min降到100lx，50min后将降到1lx。随着照度的下降，汽车会开启照明灯，但即使将前照灯全部开启，照度也只能达到100lx。试验得知,此时的驾驶人的视力通常只有白天的50%左右,而在完全黑暗的情况下,人的视力通常只能达到白天3%~5%的水平。正是由于夜间视力的特性,驾驶人在夜间采集周边环境的信息往往较白天要困难,而由于人的夜间视力衰减率不同,白天视力良好的驾驶人夜间视力并不一定良好,因此行车也更加危险。

(8)深度知觉,又称距离知觉或立体知觉。这是个体对同一物体的凹凸或对不同物体的远近的反应。深度知觉又是人眼对物体大小、远近距离等空间位置的感知。

2. 心理特性

心理特性包括感知、分析、判断和采取相应行动的特性。感知是对外界信息的认知;分析判断是根据已有的知识、经验对感知的各种信息进行分析、综合、判断和推理;采取相应行动特性是通过传出神经支配肢体动作。

(1)信息处理特性。

反应处理特性指对错综复杂的道路交通信息进行识别、分析、判断,并迅速作出决策的能力。信息处理特性处理感觉器官输入信息的能力,首先要有区分必要信息和非必要信息的能力,继而快速处理信息的能力。驾驶人驾驶行为执行过程,见图7-2。

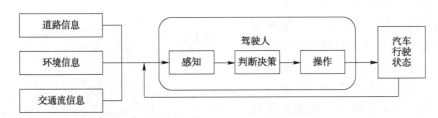

图7-2 驾驶人驾驶行为执行过程

(2)心理指标。

由想象、决断、天性等协同作用共同构成的心理指标也是行车操作人员不可或缺的重要参考指标,肢体的运动、大脑对信息的获取、注意力分配是重中之重。速度估计是运动知觉中对行车安全较为重要的影响因素,它是驾驶人对车速的预测判断能力,驾驶人在正常驾驶过程中,总是处于不断运动变化过程中,驾驶人能否及时准确地估计出本车与他车运动状态的变化,是关系到自己与他人安全的重要因素。

驾驶人对行车环境中的信息应当进行必要的删选,提取影响本车行车安全的交通信息,而忽略或者放弃对自身干扰很小的交通信息,并对处理的信息进行准确的响应。所以信息处理、反应特性和注意的品质,包括注意的广度(范围),注意的稳定性(时间),注意的分配(几种项目),注意的转移(灵活性)在行车安全领域都有突出作用。

(3)操作机能指标。

驾驶人驾驶技术素质主要来源于驾驶人日常行车过程中驾驶知识的点滴积累、车辆各个部件操作的熟练程度,从而使得驾驶人对于车辆行驶过程中遇到的多种复杂情况能够给予及时、准确应对。技能素质方面主要是要求驾驶人要反应准确、及时、可靠。因为在交通信息量比较大的行车环境中,行车事故方面的状况出现没有征兆且时间紧急,给车辆操作人员的反应处理的间隔较短,所以要求其反应准确、及时。据统计,驾驶人因为面对紧急情况时,常常会高度紧张,这样就会容易出现错误操作,所以一定要保证驾驶人在技能素质方面操作的可靠性。

(二)机动车驾驶人适宜性检测

驾驶人适应性指从事机动车驾驶工作的人应该具备能够适应安全驾驶需要的生理条件、心理条件、行为意识、行为能力等多方面的条件。驾驶人适宜性检测依据《机动车驾驶人身体条件及其测评要求》(GB 18463—2001),对驾驶人进行生理、心理条件检测。

1. 生理检测

(1)血压检测。

①仪器:血压计。

②检测方法:

被测试者将衣袖摺起至大手臂处,然后将手臂伸入检测孔内,肘关节抵住测试仪拐弯处进行测试,测试时不要说话,不要乱动,保持轻松。

③标准:收缩压 <140mmHg,舒张压 <90mmHg。

④检测目的:驾驶人是典型的职业紧张人群,其患高血压的概率高于其他人群,对驾驶人进行血压检测,掌握驾驶人的血压状况,做好预防和治疗工作,防止在工作中由于血压过高引起突发性疾病,影响安全驾驶。

(2)色觉色盲检测。

①仪器:色觉色盲检测仪。

②检测方法:

被测试者在屏幕上按键选择画面中的数字、字母、动物图形或简易图形,实在看不出的就直接按 Enter 键进行下张画面检测。

③标准:无红绿色盲。

④检测目的:了解驾驶人色觉的状况,检测不合格的驾驶人不予上岗,以消除安全隐患。

(3)视力、夜视力检测。

夜视力是暗适应视觉,人眼在明亮环境下突然进入黑暗环境中逐渐恢复辨别物体的能力。

①仪器:视力、夜视力检测仪。

②检测方法:

视力:被测试者额头靠近检测窗口,检测孔正中黑色圆圈内会出现一个"C"字形,在看清缺口方向后告诉检测人缺口方向,分双眼和左眼、右眼检测。

夜视力:夜视力检测前 30s,检测孔内有强光刺激眼睛,这时,检测孔内有红色小灯随机闪烁 2~7 次,被测试者看到闪烁一次,按左手计数按键一次。30s 后,光刺激灯熄灭,暗适应开始,看清黑色圆圈内的"C"字形缺口方向后立即按下右手应答按键,然后告诉检测人员缺口方向。

③标准:两眼视力(允许矫正)≥0.7,夜视力:≤35s。

④检测目的:夜间行驶时,由于汽车前照灯及其他各种照明,光亮度和黑暗度在时刻变化。在这种情况下若驾驶人辨认事物的功能低下,易酿成车祸。通过夜视力检测,可以筛选

出具有夜视力缺陷的驾驶人,对其进行治疗和强化训练,保障安全驾驶。

(4)动视力检测。

动视力检测的是人与视觉对象存在相对运动时,人眼辨别物体的能力。

①仪器:动视力检测仪。

②检测方法:当听到检测人员说"开始"后,被测试者看清由远到近移动的"C"字形缺口方向后立即按下面板按键,并告诉测试人员缺口所指方向,连续测试五次。

③标准:动视力≥0.2s。

④检测目的:常规的静视力良好者,动视力未必就好,而影响交通安全的主要是动视力。通过对驾驶人动视力的检测了解其对移动物体的辨别能力,对检测不合格的驾驶人经过强化训练,提高驾驶人感知移动事物的视觉机能,保障驾驶人出行安全。

(5)深视力检测。

深视力是指被试者对物体深度运动的相对距离和空间位置的感知能力。

①仪器:深视力检测仪。

②检测方法:被检测人员坐到距检测仪2.5m处,听到检测人员说开始后,会看到有三个标示杆,中间的标示杆会随机前后移动,两侧的标示杆作为参照物存在,当被检测人员感觉三个标示杆在同一平面上时,立即按一下手中应答按钮,连续测定三次。

③标准:初考驾驶人为 -25 ~ +25mm,在职驾驶人为 -22 ~ +22mm。

④检测目的。

在驾驶人中发现深视觉盲者为2.1%,深视力存在缺陷容易酿成交通事故。通过对驾驶人深视力的检测,了解其远近视力的状况,对检测不合格的驾驶人提出有针对性的安全建议,保障驾驶人出行安全。

(6)听觉检测。

①仪器:听觉检测仪。

②检测方法:被测试者背向站立于测试仪前,听到检测人员说开始后,耳机内任何一边有声音,都立即接一下手中应答按键,连续测试八次。

③标准:两耳低频20 ~ 45dB,大于45dB不合格。

④检测目的。

通过对驾驶人听力的检测,了解其听觉的状况,对检测不合格的驾驶人做到早发现、早治疗,杜绝有听力障碍的驾驶人继续上岗。

(7)身高体重检测。

标准:身高≥1.55m。

2. 心理综合监测

(1)速度估计。

速度估计是指被试者对物体运动速度感知判断的准确性,即对速度快慢的估计能力。估计偏高和偏低均影响判断的准确性。

①检测方法:被测试者观察在路面(明区)匀速运动的小汽车,当小汽车进入盲区后,被测试者根据小汽车在明区移动的速度,推测其通过盲区所需要的时间,立即按下右上角按键,练习2次,测试6次。

②标准:初考驾驶人为500~2400ms;在职驾驶人为800~2500ms。

③检测目的:检测驾驶人在多种心理特性感觉中对速度的过早反应倾向(动作提前倾向)。该项检查的目的是诊断驾驶人的速度感觉和焦躁性。

(2)复杂反应。

机体对外界刺激在一定时间内作出正确应答的判断能力。用误反应次数表示。

①检测方法:被测试者在开始测试时,看到黄色图案,立即按下左手按键,看到绿色图案,立即按下右手按键,看到红色图案,立即踩下右脚踏板,当听到耳机内有蜂鸣声,不管看到任何颜色的图案都不要进行操作,直到测试完毕,练习4次,测试16次。

②标准:初考驾驶人≤8次;在职驾驶人≤5次。

③检测目的:检查驾驶人在各种不同驾驶条件下是否具备正确的注意力分配以及在不同刺激下适当的知觉反应动作及其处理。

(3)操作机能。

即注意能力测试,被试者操纵转向盘控制左、右两根指针同时不断回避动态中呈现的障碍标记以测定其注意的稳定性、注意分配和注意转移的能力。用误操作次数表示。

①检测方法:被检测者开始测试时,画面会出现一边往上运动和一边往下运动的红绿色方块,被检测者用转向盘控制两个小车,转动转向盘对运动中的红绿色方块进行规避,使两个箭头同时从方块的绿色端通过,但不能碰到双色横条和两边的边界,直到检测完毕。

②标准:初考驾驶人≤130次;在职驾驶人≤110次。

③检测目的:用于检查驾驶人在驾驶中注意力分配及其持续的能力,衡量驾驶人方向操作的正确性,发现驾驶人在知觉的注意力和注意分配、持续方面的缺陷。

3. 其他检测

(1)心电图。

①仪器:心电图测试仪。

②检测方法:被检测者平躺于检测床上,四肢平放,全身放松,检测人员将电极固定在被检测者的检测位置上,观察心电图是否存在异常。

③标准:按《劳动能力鉴定职工工伤与职工病致残等级》(GB/T 16180—2014)及2009年 AHA/ACC/HRS 心电图标准化检测。

④检测目的:观察被检测者的心电图,掌握驾驶人的心脏功能,做好预防和治疗工作,防止在工作中由于心脏疾病引起突发性疾病,影响安全驾驶。

(2)个性特征。

①检测方法:如实回答系统随即生成的一些生活常识、个人品格、思想品质、社会交际能力方面的问题。

②检测目的:用于检测与驾驶安全有关的人格特性,能有效筛选事故倾性驾驶人,也是对驾驶人进行驾驶安全指导的基础。通过检测,对被检测者的安全人格个性特征作出一个客观的评价,以方便对驾驶人进行管理。

(3)安全态度。

①检测方法:如实回答系统随机生成的一些有关安全类的问题,作为系统对被检测人员

的安全态度进行一个客观的评价。

②检测目的:用于检查驾驶人与安全有关的驾驶态度特性,通过驾驶人对交通法规的理解来对驾驶人的安全态度进行客观的评价。

(4)危险感受。

①检测方法:根据在有效时间内观察到的图片信息,如实回答系统随机生成的相关问题。

②检测目的:危险感受测试,可通过对模拟交通场景图的认知,并由认知点、态度点和综合点反映驾驶人对潜在危险环境的主观认识和评价能力及其相应的驾驶态度,它不仅可以用来筛选事故倾性驾驶人,而且也是对驾驶人进行安全考试的依据。

对驾驶人进行驾驶适宜性检查可以帮助驾驶人找出发生交通事故的原因,提高驾驶人的安全素质;驾驶人适宜性检测是对驾驶人的心理和身体功能情况进行科学的测定,这项措施可以说是事故预防的拐杖,对安全驾驶作用很大。通过检测和培训可以全面提高驾驶人群体素质,进而降低道路交通事故的发生率,提高道路交通的安全性。同时,对于驾驶人的选拔和科学化管理也具有重要的意义。

(三)驾驶的适宜性与行车安全关系

1. 紧急反应与行车安全的关系

紧急反应是指驾驶人对行车环境中的突发信息能够及时筛选排除不良因素而作出响应的一种能力,检测中把时间变动率作为其评价指标。如果受检者时间变动率大,说明其紧急反应能力较差,表现在行车安全方面就是反应迟钝、应急处理不当;如果受检者时间变动率小,说明其紧急反应能力较好,在驾驶人的反应中属于机敏性,反应在行车安全上就是反应迅速、处理问题得当。紧急反应能力较差的均为急慢类的驾驶行为,比如制动不及时,转向急慢等。例如:在山区道路行驶过程中突然发生滑坡,紧急反应好的驾驶人就会在避让和制动两种操作之间在短时间内作出有效反应,避免损失,而紧急反应差的驾驶人在短时间内不能采取有效措施,从而造成损失。

2. 连续紧急反应与行车安全的关系

连续紧急反应检测的是驾驶人在面对连续行车情况时所需要作出筛选和决策所需要的时间,是紧急反应的更高一层,它强调了交通信息在传输过程中的密集性和连续持久性。把时间极差值作为它的评价指标。如果受检驾驶人连续紧急反应检测出来的数值比较大,说明其在处理连续的交通信息时持久力和反应速度不够。表现在行车安全方面就是在出现连续紧急情况时反应迟钝、应急疲劳。汽车行驶时,交通环境中的各种信息没有一定的预见性,因此各种交通状况的出现也没有规律可言,驾驶人只有具有极好的连续应急反应、有较小的时间极差值,才能在遇到连续紧急情况时表现出适当的行车安全,如制动、避让、减速或者警告等等。比如行驶过程中想要向左调整行车路线时,对面高速开来一辆车并且还占用了自己的车道,驾驶人在这种紧急的情况下,要表现出适当的驾驶行为,在保持左转向灯亮的同时鸣喇叭警示,观察对方车辆的情况,如果对方对这些警示无动于衷,驾驶人要紧急采取措施,此时他将面对至少两种情况需要处理,第一种是右打转向盘进行避让,会使得车辆右前轮过分靠路沿而出现危险;第二是避免第一个危险,向左打方向,但是由于紧急,驾驶人应当掌控好车身的倾斜程度,以防止车身发生倾斜,以保证车辆的行车安全和正常行驶。

3. 处置判断与行车安全的关系

处置判断主要反映的是驾驶人对交通环境中的相对于自己的左右交通信息而给予的注意力分配能力以及据此而采取的动作的协调准确性,并把处置判断错误次数作为其评价指标。若受检驾驶人的处置判断检测数据较大,说明其对行驶道路中的左右注意力分配不均匀、对某一侧事物关注过高,从而导致顾此失彼现象的发生,同时还从一定程度上说明了驾驶人操作的协调性较差,在复杂的交通环境中针对不良状况不能及时采取有效措施而出现思想混乱以至于手脚不协调的现象。主要表现在驾驶操作转向不足或过度、制动换挡不协调等等。例如当驾驶人在高速行驶超车时,当与前方车辆接近时因为处置判断较差,持续注意力不足,一味地左打方向,出现不合理的行车安全,使得车辆左前轮过于近地靠近路边,呈现出危险状态。

4. 选择反应时间与行车安全的关系

选择反应检查的是驾驶人在面对两种以上较为繁杂的情况时处理能力的稳定程度,分别将选择反应时间和时间变动率作为其检测指标和评价指标。对于选择反应时间变动率大的驾驶人群,面对复杂的交通状况,其分析处理能力较差,并且不稳定,赌博冒险心理较重,在行车过程中对应的行车安全表现为变更车道不合理、强变或者乱变道、盲目超车等。相反,时间变动率小的驾驶人,心理素质良好,处置复杂事情沉着冷静,从而表现出合理的安全的行车安全。

5. 选择反应错误次数与行车安全的关系

选择反应错误次数主要检查行车人对两种以上复杂交通信息的处理上是否准确,并将检测的选择反应错误次数作为其评价指标。选择反应错误次数多的驾驶人面对复杂交通环境时在处理上容易出现不合时宜的反应,侧面反映了其在心理上具有一定的侥幸心理,在处理问题的执行上表现欠妥,表现在行车安全上主要就是操作失误类行为。比如车辆在行驶过程中,其他车辆在左侧超车与自己齐头并进,此时对向驶来一辆车辆因为违规而驶入自己的车道,在这种情况下驾驶人采取怎么样的处理方式较为得当,这就是选择反应错误次数相关方面的实例,在现实中表现出的行车安全主要为制动不当、制动误操作、转向不当、避让不当以及无操作的茫然驾驶行为的出现;而选择反应错误次数少的驾驶人能够在有限的时间内选取合理的驾驶行为,从而能保证行车安全。

二、情绪与安全的关系

(一)情绪及特性

情绪是指人有喜、怒、哀、乐、惧等心理体验,这种体验是人对客观事物的态度的一种反映。情绪具有肯定和否定的性质。能满足人的需要的事物会引起人的肯定性质的体验,如快乐、满意等;不能满足人需要的事物会引起人的否定性质的体验,如愤怒、憎恨、哀怨等;与需要无关的事物,会使人产生无所谓的情绪和情感。积极的情绪可以提高人的活动能力,而消极的情绪则会降低人的活动能力。

心理学中对于情绪的普遍的看法是以个体的愿望和需要为中介的一种心理活动。当客观事物或情境符合主体的需要和愿望时,就能引起积极的、肯定的情绪和情感;反过来,当客观事物或情境不符合主体的需要和愿望时,就会产生消极、否定的情绪和情感。可见,情绪是个体与环境间某种关系的维持或改变。情绪具有易变性、两极性、倾向性等特点。

情绪是比较短暂和不稳定的,当情境消失,此种情绪也会逐渐变化。人的情绪、情感具有两极性。从性质上看,表现为肯定和否定的对立性;从作用上看,表现为积极的增力作用和消极的减力作用;从形式上看,表现为冷静和冲动、轻松和紧张状态。情绪的倾向性指的是一个人的情绪、情感因某种原因总要指向一定的对象,总怀有一定的目的。

(二)情绪状态的分类

比较典型的情绪状态有心境、激情和应激三种。

1. 心境

心境是指人比较平静而持久的情绪状态。心境具有弥漫性,它不是关于某一事物的特定体验,而是以同样的态度体验对待一切事物。心境具有积极和消极之分,积极向上、乐观的心境,可以提高人的活动效率、增强信心,对未来充满希望;消极悲观的心境,会降低认知效率,分散注意力,影响反应能力。

2. 激情

激情是由狂喜、愤怒、恐怖、绝望等强烈刺激引起的一种强烈的、爆发性的、为时短促的情绪状态。处于激情状态时,认识会局限在引起激情的事物上,以致认识范围狭窄,理智受到抑制,意识的控制能力减弱,不能正确评价自己行动的意义和后果。许多车祸就是发生在这种激情状态之下。

3. 应激

应激是指人对某种意外的环境刺激所作出的适应性反应。汽车驾驶人在突如其来的或在危险情境的条件下,必须迅速地、几乎没有选择余地采取决定的时刻,使情绪处于应激状态。例如,正常行驶的汽车意外地遇到故障时,机动车驾驶人紧急制动。应激状态给机动车驾驶人会带来一些不利于驾驶的负效应:

(1)注意范围缩小,难于分配和转移,顾此失彼。
(2)易沉浸于内心的紧张体验中,而减少对外界情况的主动了解。
(3)对情境综合判断能力下降。
(4)动作不平衡、不准确,易出现错误动作。
(5)在极端情况下可能完全丧失操作能力,就是人们常说的手足无措。
(6)动作随意性程度下降,无目的的多余动作增加。

(三)情绪与安全驾驶

1. 情绪对安全驾驶的影响

道路交通事故分析发现:很多事故发生前的6h内,驾驶人的情绪、情感都发生过剧烈的变化,出现过积极亢奋情绪,或消极低沉情绪,或生气、烦躁、郁闷、恐惧等消极低沉情绪。无论是积极亢奋情绪,还是消极低沉情绪,都会影响行车安全。

情绪对安全驾驶的影响见图7-3。

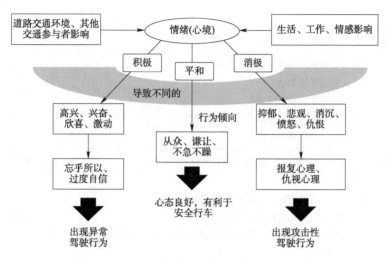

图 7-3 情绪对安全驾驶的影响

2. 驾驶人主要不良心理情绪诱因及对安全行车的影响(表 7-1)

驾驶人主要不良心理情绪诱因及对安全行车的影响　　　　表 7-1

不良心理情绪	主 要 诱 因	对安全驾驶的影响
麻痹大意	(1)道路宽敞、视线良好或夜间行车,车稀人少; (2)长途运输,运输任务即将结束; (3)由复杂道路进入平坦路面; (4)车况良好,操作得心应手	注意力分散、超速
心理疲倦	(1)任务多,劳动强度大,工作时间长; (2)对驾驶工作不感兴趣	行动迟缓、视力下降、操作失误
盲目自信	职业运输驾驶过程中一直比较顺利,感觉自己驾驶技术高超,头脑反应快	超速、开英雄车
表现心理	运输车辆上载有认识的熟人,如领导、同学、异性朋友等,希望表现自己的驾驶技术,得到表扬夸奖	复杂路段,高速冒险通过
烦躁情绪,报复心理	(1)会车时,对方没有让出中心线,或者夜间使用远光灯会车,影响自己的行车路线和视线; (2)超车时,对方减速但是不让路,或者让路但是不减速较长时间超车不成功; (3)跟车时,前方车辆故意压慢车速而影响自己车辆行驶	开斗车气、不避让、强行超车或连续鸣喇叭、攻击性驾驶,导致对方驾驶人紧急制动、紧急躲避
愤怒情绪	(1)与乘客发生口角; (2)其他机动车连续鸣笛,强行超车等刺激干扰	注意力不集中,动作失误
虚荣、好胜	被其他车辆连续超越,认为没了面子	高风险驾驶

续上表

不良心理情绪	主要诱因	对安全驾驶的影响
兴奋与沮丧	(1)受到上级领导表扬或批评； (2)恋爱或失恋； (3)家中有喜事或难事； (4)违反交通规则或发生事故被处罚； (5)人的生理周期影响	开车走神,注意力不集中
心理焦虑、急躁	运输任务重、时间紧,完不成当天的工作任务	开快车,连续违法驾驶
紧张、恐惧	(1)陌生路段路况不熟悉,尤其是夜间走盘山路等； (2)看见惨不忍睹的交通事故现场； (3)领导过分强调安全行车,使得行车过程中莫名其妙地紧张	动作变形,操作失误
从众心理	看到其他驾驶人超速、超载,自己也跟着做	出现意外,措手不及
侥幸心理	明知超速、超载、车辆带病上路等,仍冒险驾驶	容易出现紧急情况

3. 应激反应对安全驾驶影响

道路交通事故发生前的瞬间,每个驾驶人的应激反应都不一样。有经验、受过专门训练的驾驶人从容镇定,能正确处理紧急情况；经验不足,准备不充分的驾驶人往往手足无措,处置不当。应激反应不当会导致操作错误。

4. 注意力对安全驾驶影响

注意力是驾驶人安全行车重要的心理因素之一。驾驶人注意力分散的诱发原因分为主观原因和客观原因。主观原因注意力分散是由驾驶人自身不安全驾驶行为引起；受外界事物和环境影响引起的注意力分散成为客观原因注意力分散。驾驶人出现走神、注意力分散的情况时,不能正确观察、判断和妥善处理当前的交通情况,容易导致交通事故的发生。注意力影响因素见图7-4。

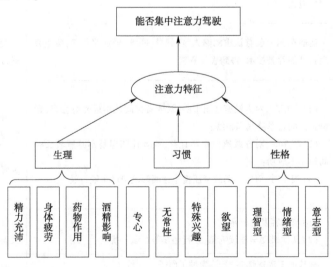

图7-4 注意力影响因素

三、安全驾驶的原则和驾驶相关知识

在驾驶车辆过程中,从法律层面上讲,只有严格依照交通法规的要求,才能真正实现安全驾驶。但有些时候,因为道路环境和条件是不断变化的,驾驶人并不是遵章守法就可以保证安全行驶的。有些事件从发生到结束,在总体上双方都是依照交通法规进行驾驶操作的,但事件的演变顺序则不一定按交通法规期望的顺序和目的进行,极有可能最后仍然发生了意想不到的事故。因此,在驾驶过程中,驾驶人只要把握住道路交通法原则,在具体的操作细节上,应当依据当时的车辆技术状况和道路交通环境条件灵活处置,才能实现真正意义上的安全驾驶。

(一)安全驾驶的原则

1. 安全驾驶核心原则——安全第一,预防为主

自从汽车这一人类文明进步的产物走入我们的生活后,提高了我们的生活质量,改变了我们的生活方式,但驾驶人驾驶汽车时任何一点的粗心大意或侥幸心理,都可能威胁自己和他人的生命财产安全,给我们带来太多的伤痛,无情的交通事故吞噬着无辜的生命。所以,驾驶人不仅仅是驾驶技能的提高,更要养成安全意识和安全行为的习惯,树立"安全第一、珍爱生命"的理念。关爱自己和他人的生命,是每一位驾驶人义不容辞的责任,平安出行是大家的共同企盼。应本着对生命的尊重,树立"以人为本,安全第一""行车1分钟,安全60秒"的安全行车理念,主动遵守交通法规,文明参与交通出行,自觉养成良好的安全意识,做到守法自律、谨慎驾驶、文明礼让,共同创造一个安全和谐的交通环境。

安全驾驶实际上有两个重点,而平时的宣传教育中只有一个:要遵守交通安全规则,不要违章。另外还有一个重点,是要预防别人违反交通规则,预防别人各种有可能的违章行为和意外行为。这才是至关重要的一点。事情大都是一分为二的,一是遵守,二是预防,这就是我们的左右两只手。我们平时只用一只手,安全就抓不牢。比如说:开车时本人不随意变更车道,但要预防别人突然变更车道;本人在弯道不占道行驶,但要预防别人在弯道占线快速行驶;本人不违反信号灯,但要预防别人闯红灯;本人按法规行驶,但要预防别人强行超车和争道抢行;本人不紧急制动,但要预防别人无故的紧急制动;本人注意观察清楚,但要预防别人看都不看就随便走。所以,驾驶车辆要遵守交通规则,只是了解安全行车的一半。如果只知道遵守交通规则,是远远不够的,事故还是照样要来的。所以预防为主,是最重要的安全行车常识。

2. 谨慎驾驶的黄金原则——集中注意力、仔细观察、提前预防

谨慎驾驶是避免交通事故、确保行车安全的驾驶习惯和技巧;在驾驶时,必须考虑其他交通参与者的行为,并采取适当的措施来防止事故发生。谨慎驾驶习惯能够帮助驾驶人建立事故是可以预防的信心,提高驾驶成绩和保持情绪平稳。谨慎驾驶的三条黄金原则是:集中注意力、仔细观察和提前预防。

(1)集中注意力。

①车辆在起步、行驶时要特别注意观察周围环境的各种动态,注意其他驾驶人、交通参与者的行为,防止他们的违法行为引发交通事故。

②注意控制驾驶行为,跟车时要有足够的耐心,保持心态平稳,尽量避免随意变更车道和穿插行驶。

③停车时,要注意看清楚前后左右的动态,及时规避危险情况。

(2)仔细观察。

观是看的意思,察是仔细看的意思。仔细看清楚路面情况,这是驾驶车辆最基本的要求。驾驶人驾驶车辆是观察、分析判断、操作的过程,也就是先观察周围路面情况,获取捕捉相关信息,及早和准确地发现问题;然后对周围路面情况正确迅速地综合分析判断、识别危险、作出决定;准确和留有余地的操作,按所做的决定采取相应措施来控制车辆。根据对交通事故原因的分析,因观察错误而发生的事故,约占59.6%;分析判断不正确而发生的事故,约占34.8%;操作或其他原因而发生的事故,约占5.6%。其中因观察错误而发生的交通事故占主要因素,这说明观察清楚非常重要。观察时所遇到的路面情况,可以分为三种:

①视线清楚。仔细观察交通标志、标线,特别是路上的指示标志,适时调整行驶路线和行驶速度,当发现行车路线出现错误时,切忌紧急停车;密切关注前方尽可能远的交通状况,及时发现各种不安全因素,留有足够的时间进行处理;随时观察后视镜,在起步、行车、停车时都应保持注意力的合理分布,在并线、转弯时还要回头察看车后的交通情况。这种路面只要及时提前观察,即可安全行车。但就怕注意力不集中、疏忽大意,怕不认真及时观察。

②视线有限。如雾天、夜晚、黄昏、雨天、轻度疲劳时;路灯照明不良,时明时暗的路段等。遇到视线有限的情况,只要车速慢一点儿,观察到的范围是可以满足行车安全的。

③视线受阻。如急转弯、隐蔽的小支岔路口、路上行驶的大车、路两旁的停车、陡坡陡桥等。遇到这种视线受阻、视线盲区的路面情况,要坚持做到鸣喇叭,放慢车速,选择适当行车路线,拉开安全距离,认真观察,随时准备好停车,才能保证行车安全。

(3)提前预防,进行积极主动观察,依据掌握的危险源知识,分析、判断存在的行车风险,提前预防。采取相对保守的策略,提前采取措施,避免紧急情况的出现。做到在保持安全的情况下,即使有先行权也应做到礼让。前面路旁有自行车和行人,在这种路面上,提前预防的安全驾驶方法是:

①提前多按喇叭。

②提前减速。

③尽可能加大横向间的安全距离。

④加强注意观察。

⑤随时准备停车。

预防工作的好与坏,是决定会不会发生事故的主要因素。如果驾驶车辆时,全面预防,提前预防,基本上可以杜绝事故。车让人,让出文明;车让车,让出风格;人让车,让出安全——人人相让,让出和谐交通。

3. 驾驶机动车必须遵守的原则——靠右侧通行

根据《中华人民共和国道路交通安全法》规定,应靠道路的右侧行驶,靠道路的右侧选择自己的行驶路线。同时,严格遵守"各行其道"的原则,在划分机动车道和非机动车道的道路上,在机动车道行驶;在没有划分中心线和机动车道的道路上,在中间行驶;在划分小型机动车道和大型机动车道的道路上,按规定的车道行驶。

在实际驾驶过程中,各行其道只是一个总的原则,不能死搬硬套。比如,在双向双车道行驶,道路右侧有行人或其他行驶缓慢的机动车、非机动车,而对面没有来车时,就没有必要尾随驾驶,应当打开左转向灯,借用逆行道进行超越驾驶,以保证车辆均匀的行驶速度;如果对面有来车,则只能尾随其后缓慢行驶,待与对面来车交会完毕后再借道超越,当借道行驶完成超越任务后,就应当打开右转向灯返回原车道行驶。同时,各行其道也是一个道路通行权的优先权保障问题。比如,为了完成超越或其他改变行驶方向的目的,必须变道行驶才能实现。那么,在变道时,首先就侵犯了在原来在各自车道内正常行驶的其他车辆的优先通行权,因此,在变道前就必须先打开转向灯向后车发出信号,告诉后车,待后车同意后,方可开始变道,如果后车闪远光灯或鸣笛,则表示不同意借道,就应当待后车超越后再行借道,若强行借道,就有导致交通事故发生。

4. 行车途中紧急躲避障碍原则——先慢后快

一般情况下,面对突如其来的危险,踩制动踏板和转动转向盘是驾驶人的第一反应,对于一个有经验的驾驶人来说,二者是能够同时进行的。只有驾驶人在危险来临时出现惊慌失措的情况下,才会有来不及踩制动踏板的现象。因此,在复杂路段驾驶,驾驶人调整心态、注意观察、控制车速是避免出现惊慌失措现象的根本方法。

车辆行驶时,如果忽然遇到危险却来不及制动时,唯一的办法只有闪避了,而闪避也是有技巧的。具体的方法就是向没有障碍的方向转动转向盘,转动时,要由慢到快。注意,没有障碍的方向,同时也应当没有危险,例如,其他车辆和行人。否则,将会避过一个障碍,又撞向另一个障碍,越躲麻烦越多。路面越滑,就越要平稳地转动转向盘。完成闪避动作后,应迅速将转向盘回正,这样汽车很快就会从左右摇摆的状态中恢复平稳。驾驶人在整个过程中也不要紧盯着障碍物,而是应将视线对着正确的行驶方向。

5. 汽车驾驶基本原则

汽车在行驶过程中,经常是各操纵机件的协同操作。在驾驶过程中,应严格遵循一定的操作原则,否则将会造成严重的后果。各操纵机件协同操作时,应遵循的原则是:

(1)离油对动原则:踏下离合器踏板时,必须放松加速踏板;松抬离合器踏板至半联动时,应酌情缓踩加速踏板。

(2)离变联动原则:在未完全踏下离合器板时,不得脱挂变速杆。

(3)制离分动原则:踩下制动踏板时,在车速未完全降低到10km/h以前,不应该踩下离合器踏板,但车速降到10km/h以下时,应迅速踩下离合器踏板。

(4)油制逆动原则:车辆不需要加速的情况下,右脚必须放在制动踏板上;制动踏板和加速踏板不得同时踩踏。

6. 营运客车驾驶人应遵守的安全驾驶原则

(1)不得超员超载;要系好安全带。

(2)不得超速行驶;会车要"宁停三分,不抢一秒"。

(3)不得违规超车;跟车保持合理车距"3s"原则。

(4)不得违反道路交通信号灯、交通标志与标线的指示通行。

(5)不得逆向行驶、占道行驶、违法变更车道;要礼让三先:先慢、先让、先停。

(6)不得酒后开车。

(7)不疲劳驾驶(包括身心疲累、情绪不稳定驾驶)。

(8)不服用国家管制的精神药品或麻醉药品驾驶营运车辆。

(9)遇救护车等特种任务车辆,应立即避让。

(10)不得在驾驶时有拨打、接听手持电话等妨碍安全驾驶的行为。

(11)不将营运车辆交给未经公司审核同意的驾驶人驾驶。

(12)不得驾驶存在安全隐患的车辆上路行驶。

(13)不得按规定线路、时间、班次运行。

(14)不得人为屏蔽、遮挡、干扰和损坏车载 GPS 监控终端设备。

(15)不得下陡坡时熄火或者空挡滑行。

(16)不得在高速公路上倒车、逆行、穿越中央分隔带掉头。

(17)不得在高速公路或城市快速路上违法占用应急车道行驶;停车上下乘客。

(18)不得在车门、车厢没有关好时行车。

7. 安全驾驶选路原则

选宽不选窄;选平不选偏;选中不选侧;选硬不选软;选水不选泥;选旧不选新;选直不选弯。

8. 驾驶车辆处理紧急事态时遵循的原则

(1)冷静沉着:在遇紧急事态时,驾驶人必须要保持头脑冷静,不惊慌,这是采取正确避险措施的先决条件。这需要驾驶人有良好的心理素质。驾驶人只有冷静沉着,才能及时作出准确的判断,使操作及时准确,从而达到避险的目的,千万不可惊慌失措。

(2)先人后物:世间万物,人是最宝贵的。汽车遇紧急事态时,驾驶人应首先考虑人的安全,这是避险时最基本的处置原则。因为物资可以补偿,而人的生命是无法补偿的。

(3)避重就轻:避重就轻也是驾驶人在遇紧急事态时的基本处置原则。所谓避重就轻就是向损失较轻或危害较小的一方避让,尽量避开损失较重或危害较大的一方。

(4)先方向后制动:驾驶人在行车中遇到紧急事态时,应按照先考虑避险方向后再实施制动原则。因为,在事故前改变车行方向,可以使车辆避开将要发生事故的位置,甚至能化险为夷、转危为安。若制动先于方向,就会错过避让时机。

(5)先人后己:在遇紧急事态危及他人的生命时,客车驾驶人应本着宁可牺牲自己也要保护他人的安全作为原则,这是驾驶人应有的职业道德。特别是在遇有危及人群生命安全的事态时,应尽量减少对他人或生命财产的威胁。

9. 驾驶车辆路遇行人的安全处置原则

(1)路遇顾物忘却安全的行人。

行人表现:有些行人将东西掉在道路上,为尽快捡回失物,不顾汽车邻近和自身安全,冒险上前捡拾;有些赶着牲畜在路边行走的人,当汽车驶近,牲畜骚动起来,为了保护牲畜而冲到路中驱赶,忘却自己的安危。

处置原则:对于这些行人,驾驶人必须既要看人,又要看物,要将物和人有机地联系起来,一旦发现有物落在车行道上,就应做好有人来捡物的准备,主动降低车速,避让物品,并做好随时停车的准备,以保安全。

(2)路遇躲避灰尘和泥水的行人。

行人表现:一般来说,每个行人都想躲避灰尘和泥水,有些冒失的行人,为了躲避汽车行驶扬起的尘土或溅起的泥水,往往不顾安全,在汽车驶近时,突然跑向路的另一边。

处置原则:对这样的行人,重点应放在预防上,要注意观察风向和行人动态。尽量减速,以减少尘土飞扬;避开水洼,减少污水的飞溅,并做好避让行人的准备,鸣号(在非禁鸣地区)提示行人注意。

(3)路遇沉思的行人。

行人表现:陷入沉思的行人,注意力高度集中在所思考的问题上,除两腿本能地机械移动外,对外界一切都置若罔闻。汽车的行驶声、喇叭声都不能引起他的注意。

处置原则:遇到这类行人时,要减速鸣喇叭(在非禁鸣地区),缓行绕过,并尽可能地保持较大的安全距离,以防行人在沉思中突然惊醒,盲目乱跑。

(4)路遇结伴而行的行人。

行人表现:几个人结伴而行,其中一人向路的一边跑,其他人也可能跟着跑。对这些行人要注意领头的人和那些表现比较犹豫的人,尤其在同行人大都已穿越道路,还剩少数人在另一边时,要特别注意这少数人的行动。结伴而行的人,常常边走边谈,一些青年人爱打闹玩笑、指手画脚。

处置原则:对此类行人必须格外注意,防止因他们打闹玩笑而突然跑到道路上来;对列队而行的团体,只需稍鸣喇叭提示,按正常速度通过即可。当列队横穿道路时,应停车等候队伍过完,不可鸣喇叭催促,更不可抢行冲断队伍。

(5)路遇精神失常的行人。

行人表现:有些精神失常的人,往往在公路或街道上毫无规则地游荡,有时手舞足蹈地拦截车辆,甚至横卧于道路上。

处置原则:遇到这种人时,应本着人道主义精神,设法低速缓绕而行,不应对其恫吓或用武力驱赶。精神失常的人与汽车缠闹时,驾驶人应关闭驾驶室,不要与其纠缠,让车处于随时起步的状态,待他们离开后起步行驶。

(二)安全驾驶相关知识

1. 驾驶人安全心理知识

交通安全与驾驶人的心理活动有着密切的联系,驾驶人的心理因素是安全行车的决定因素。道路交通事故统计分析显示,相对于技术因素,驾驶人心理健康状况对安全行车的影响更明显。心理健康的驾驶人精神饱满、注意力集中、情绪稳定、驾驶操作规范、运行平稳,面对紧急情况不慌不乱。心理不健康的驾驶人易情绪异常、注意力分散,驾驶操作不规范、不安全。驾驶人在驾驶车辆时,只有保持良好的心理特征品质,才能保证行车安全。

(1)驾驶人积极的心理活动能保障安全行车,而消极的心理活动必然导致事故的发生。

(2)驾驶人的个性心理特征对交通安全有着直接的影响,良好的心理特征表现在驾驶车辆时头脑清醒,判断准确,反应迅速,操作敏捷、行动果断。

(3)驾驶人因年龄、性别、身高、经验的不同而存在着很大的差异;驾驶人只有根据自己个性差异,适时地把握自己,不断努力克服弱点,弥补不足,才能减少行为错误,最大限度地避免交通事故的发生。

(4)驾驶人在行车时要有效地控制自己的情绪、情感,养成良好的性格是安全行车的重要条件。

(5)驾驶人应具有自觉性、果断性、坚持性、自制性等基本的意志品质和一定的注意转移、分配能力,始终保持良好的心态,安全地驾驶车辆。

2. 驾驶人气质与安全驾驶(表7-2)

驾驶人气质与安全驾驶　　　　　　　　　　表7-2

气质类型	驾驶车辆时积极的一面	驾驶车辆时消极的一面
多血质	动作迅速敏捷、胆大心细、机动灵活,对道路条件适应快,应变能力强	注意力转移,感情易变化,耐久力差
胆汁质	精力旺盛、胆大粗心、不易疲劳、反应迅速敏捷	往往争强好胜、超速行车、强行超车、争道抢行、情绪急躁
黏液质	小心谨慎、行动迟缓、遵章守纪、不急不躁、自制力强	遇突然情况应变能力差、反应迟钝、固执呆板
抑郁质	观察细致、谨慎敏感、能遵章守纪	处理情况犹豫不决、行动慢,遇危险惊慌失措,面临险情时往往极度恐慌

3. 汽车消防知识

车辆行驶中,会因吸烟、电器短路、撞击、翻车等因素诱发火灾,导致车辆受损和人员伤亡。所以,驾驶人需要了解车辆消防知识。

(1)车辆火灾的预防措施。

车辆火灾一般都是因为燃油系统故障、电路系统故障、车辆碰撞、高温天气、违规用火等因素引起的,一旦发生火灾,结果多是车辆报废、货物损毁、人员伤亡。做好火灾预防工作,可以有效避免火灾发生,减少损失。

①常见的车辆火灾。

燃油系统发生火灾,主要是由于油管破裂、润滑油泄漏引起的。发动机大负荷长时间工作时,超高温的排气管也能使泄漏的油污燃烧。

电器或线路起火主要是由于电线老化破损、自行随意改装线路造成的搭铁短路或电气设备老化,自改设备负荷超载。

当汽车碰撞时,能量通过金属变形的方式得到释放,有时则会直接触及油箱造成爆炸起火,有时会因碰撞时损坏电气线路及各种用电设备造成短路,引起火灾。

夏季高温引起的车辆火灾主要原因有两种:一是高温易使车辆的橡胶部件软化、储液密封容器内的压力加大,易造成润滑油或汽油等液体泄漏,遇到静电、火花引起火灾;二是夏季在阳光下暴晒过久,车内温度最高能够达到50~70℃,车内打火机或装在压力容器里的喷雾剂等物品,都有可能因高温发生爆燃起火。

此外,驾乘人员不注意消防安全,在车内随意乱抛乱扔烟头或未熄灭的火柴。一旦烟头、火柴接触易燃的座椅、座垫或直接掉落在可燃装饰材料上,都会引发车辆火灾事故。

②火灾的预防。

A. 做好车辆的日常检查,定期对全车线路、电气设备、油箱、发动机及底盘等易出现火情的部位进行检查,及时发现火灾隐患并处理。

B.车辆出现故障及时维修,不乱接车上电气线路,不违章操作电器。遇到自己解决不了的电气设备、电路故障,要到专业机构维修,切忌盲目操作。

C.不在车内违章存放易燃危险物品,不在车内装载、存放打火机、香水以及含汽油、酒精的易燃易爆品。

D.车上按规定配备灭火器,掌握灭火器的正确使用方法,做到小火可自救,大火能控制。

(2)车辆火灾的扑救。

正确扑救车辆火灾,对于迅速控制火情、缩短灭火时间、减少人员伤亡和财产损失非常关键。驾驶人要掌握最基本的火灾扑救方法,在最短的时间内控制火势,进而尽快扑灭火灾。

①发动机发生火灾的扑救。

发动机发生火灾时,要迅速停车,驾驶人要迅速让车上人员打开车门下车,然后切断电源,取下随车灭火器,对着发动机舱盖的缝隙或火焰根部正面猛喷,严禁打开发动机舱盖灭火。

②加注燃油发生火灾的扑救。

在加油过程中发生火灾时,千万不要惊慌,要立即停止加油,尽快将车开到远离加油站的空旷地方,用随车灭火器或加油站配置的灭火器灭火,也可用衣服等物品将油箱上的火焰扑灭。如果地面有流洒的燃料,要用库区内的灭火器或沙土将地面明火扑灭。

③碰撞引发火灾的扑救。

当汽车因碰撞发生火灾时,由于撞坏车辆零部件损坏,乘车人员伤亡较严重,首要任务是设法救人。如果车门没有损坏,应打开车门让乘车人员逃离,如车门损坏,乘车人员应破窗而出,及时引导疏散人员脱险。同时,驾驶人应组织力量冷静果断地进行扑救,并向"119"报警。火势较大时,不得靠近火区,应等待专业消防队灭火。

④当公共汽车发生火灾时,由于车上人多,要特别冷静果断,首先应考虑到救人和报警,视着火的具体部位而确定逃生和扑救方法。如着火的部位在公共汽车的发动机,驾驶人应开启所有车门,令乘客从车门下车,再组织扑救火灾。如果着火部位在汽车中间,驾驶人开启车门后,乘客应从两边车门下车,驾驶人和乘车人员再扑救火灾、控制火势。如果车上线路被烧坏,车门开起不了,乘客可从就近的窗户下车。如果火焰封住了车门,人多不易从车窗下午,可用衣物蒙住头从车门处冲出去。

⑤当驾驶人和乘车人员衣服被火烧着时,千万不要奔跑。如时间允许,可以迅速脱下,用脚将火踩灭;如果来不及,可就地打滚或由其他人员帮助用衣物覆盖火苗以窒息法灭火。

⑥当停车场发生火灾时,一般应视着火车辆位置,采取扑救措施和疏散措施。如果着火汽车在停车场中间,应在扑救火灾的同时,组织人员疏散周围停放的车辆。如果着火汽车在停车场的一边时,应在扑救火灾的同时,组织疏散与火相连的车辆。

⑦油罐车或装运其他可燃、易燃液体的汽车发生火灾时,可用沙土围堵扑盖。阻止带火的液体四处漫流,同时用泡沫或干粉灭火器扑救。如果地面有流出的燃料燃烧,应设法将着火车辆拖离危险区,然后将地面和汽车上面的火焰扑灭。如果火势已蔓延到整个汽车,应首先扑灭油箱所在部位的火焰,防止油箱爆炸。

(3) 灭火器的使用。

车辆发生火灾时,灭火器是应急救援的必备物品。按照国家标准《机动车运行安全技术条件》(GB 7258—2012)的要求,车辆应装备灭火器,灭火器在车上应安装牢靠并便于取用。

①车辆常用的灭火器。

干粉灭火器:灭火级别高、功能全,灭火迅速,具有电绝缘性能和较好的低温使用性能。目前车辆配备的灭火器大部分都是手提储压式干粉灭火器。

超细干粉灭火器:具有干粉灭火器的优点,同时抗复燃效果好,灭火效能是普通干粉灭火器的6~10倍。干粉自动灭火器已被广泛应用于公共汽车的消防。

二氧化碳灭火器:二氧化碳作为灭火剂,绝缘性能好,但二氧化碳是一种中等毒性的物质,浓度达到7%~9%时,就会使人呼吸困难、呕吐、感觉麻木、神志混乱,当浓度达到10%时,人在此环境中停留1min,就会失去知觉。由于存在一定的危险性,在车上装备这种灭火器,驾驶人需要有一定的实践经验。

②车载灭火器的正确使用。

车载灭火器超过使用保质期应及时更换。出厂满5年的,即使未开启使用过也必须送专业维修单位检修,以确保灭火器安全可靠,以后每隔2年检修一次,从出厂日期起满10年的灭火器应强制报废。

驾驶人要定期查看灭火器保险销是否完好,筒体是否变形锈蚀,喷嘴是否有油垢堵塞;应经常擦除灰尘、疏通喷嘴,使之保持通畅。驾驶人还要经常查看灭火器压力指示器的指针是否在绿色区域内,指针在绿区表示正常,红区表示压力不足。

发现汽车有焦味或冒出浓烟时,驾驶人要立即作出车辆自燃的判断,切忌惊慌失措。要立即拉紧驻车制动器操纵杆、关闭电源,迅速离开驾驶室,取出灭火器,对着火部进行灭火,同时向"119"报警。

使用灭火器时,先除掉压把上的铅封,拔掉压把保险销。左手握着喷管,右手提着压把,在距离火焰2m的上风向,右手用力压下压把,左手拿着喷管对准火焰底部左右摆动,喷射覆盖整个燃烧区,直至火焰扑灭(图7-5)。

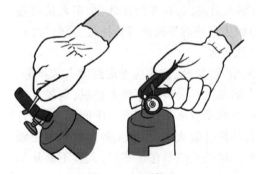

图7-5 灭火器使用

③汽车灭火注意事项。

A. 使用车载灭火器救火时,禁止倒置使用,否则有可能导致喷射中断。

B. 一定要选好风口,寻找好有利位置,站在上风口对着火源灭火。

C. 着火的位置不同,灭火器的使用方式也会不同,车辆下面着火时要从下往上灭火。

D. 灭火后,一定要检查灭火是否彻底,以防止复燃,千万不要大意。

第二节 节约驾驶

汽车驾驶中的节约技术统计资料表明,燃料费在汽车运行成本中所占比例最大。另外,同样的汽车,在不同的驾驶方式下,其油耗可能有30%~50%的差距。因此,养成良好的驾驶习惯,可以大幅度降低油耗。

一、节油驾驶

随着国家经济的快速发展,道路里程数快速增长,汽车的使用量开始呈现阶段几何数量级快速增长,由于能源缺乏,节油应该是每个驾驶人的共识和社会义务,驾驶人在节约用油、减少油费支出的同时,也实实在在地减少了废气排放,改善了我们的环境。尤其在以绿色低碳环保为主题的今天,节油技术显得越来越重要。影响汽车燃油消耗的主要因素有汽车技术状况、道路、气候环境条件,以及驾驶者技术水平等,其中驾驶人驾驶技术对汽车的燃油消耗的影响最大,正确的驾驶操作可以降低汽车的燃油消耗量。实现汽车节油最有效的方法是驾驶人掌握规范正确的驾驶方法,树立节能驾驶理念,保持良好的驾驶习惯。

(一)影响汽车能耗的主要因素

汽车的燃油消耗表示汽车在一定使用条件下,以最小的燃油消耗量完成一定行驶里程的能力。简单来说,在完成一定行驶里程时,燃油消耗越少的汽车其燃油经济性越高。汽车的燃油经济性常用一定运行工况下汽车行驶百公里的燃油消耗量或一定燃油量能使汽车行驶的里程来衡量。燃油经济性指标的单位为 L/100km,即汽车行驶 100km 所消耗的燃油量。一般汽车说明书给出的百公里耗油量多是指汽车满载、稳定行驶在平坦路面上的最低耗油量。

影响汽车燃油经济性的因素是多方面的,主要因素包括车型选择、汽车技术状况、驾驶技术和道路条件、气候条件等。

1. 车型选择

车辆的燃油消耗与运输车型的选择关系密切。同一车型承担的运输类型不同,燃料经济性也不相同;选择经济车速高、底盘低、车身流线型好的车辆从事长途运输,燃料消耗要低。

同一车型不同的运行环境,车辆燃料消耗相差也很大;底盘稍高、经济车速较低的车辆进行农村客运、山区道路客运等,燃料的经济性较好。

2. 车辆运行环境条件

车辆燃料消耗受道路、气候、气象等环境条件的影响较大,同一车辆在不同的地域、不同的天气、不同的道路环境行驶时的燃料消耗相差很大。

低温天气:车辆需要较长时间预热,燃料消耗相对较高。

高温天气:车辆在行驶时开空调,比不使用空调燃料消耗增加 5%~25%。

市区道路、低等级道路:道路拥堵时,要消耗较多燃料。

山区道路:坡多弯急,限速较低,车辆不能以经济车速行驶,频繁制动,车辆燃料消耗增加。

超载运输:车辆燃料经济性急剧恶化,燃料消耗显著增加。

3. 驾驶人的驾驶习惯

在车辆驾驶过程中,驾驶人不规范的驾驶操作和不良的驾驶习惯会导致车辆燃油消耗增加。影响燃料消耗的不规范驾驶操作如下:

（1）频繁急加速和制动，无论车辆是低速行驶还是高速行驶，都可使车辆油耗增加5%~30%。

（2）长时间怠速运转，将使车辆油耗增加，同时还加大发动机的磨损。

（3）频繁变换挡位或挡位使用不当，会使车辆燃料消耗增加。

（4）车辆走走停停，频繁起步，也会导致燃料消耗增加。

（5）行驶车速控制在中速，油耗较低；高速时汽车的行驶阻力增加、发动机负荷大，耗油量增大。

（6）在一定的道路上，用不同挡位行驶，油耗不同。合理地选择挡位使汽车处于经济工作区域。通过选择挡位，使发动机尽可能处在万有特性图的经济工作区工作。

4. 汽车的结构的影响

汽车由发动机、底盘、车身等总成组成。汽车的结构、性能，以及与运输对象是否匹配，汽车驾驶、维护、车用燃油及润滑油的选用，新能源技术水平等对汽车燃油消耗都有重要影响。所以汽车节能是一项很复杂的系统工程。

（1）发动机。

发动机油耗对汽车油耗有决定性的影响，油耗取决于发动机的结构与性能。发动机对汽车油耗的影响有五个方面：

①高压缩比、完善的供油系统及合理的燃烧室形状、采用电子点火系统等，能降低发动机的油耗。

②柴油机压缩比高于汽油机，因此柴油机比汽油机油耗低。

③汽车在平路上行驶时，发动机的负荷率只25%左右，发动机在油耗较高的范围内工作。为节约燃油，应使发动机工作在80%以上的负荷。

④混合动力汽车在减速、制动过程中不但可以不消耗燃油，还能回收制动能量，混合动力汽车可实现不同工况下较好的能量流管理，因此提高了汽车的燃油经济性。

⑤柴油机采用高压共轨技术，使燃油喷射系统可对喷油定时、喷油持续期、喷油压力、喷油规律等进行柔性调节，可提高柴油机的经济性。

（2）传动系。

传动系效率越高，动力传递过程能量损失越小，油耗越低。对于齿轮变速器，挡位越多，发动机处于经济工况下工作的机会越多，有利于提高汽车的燃油经济性。无级变速器使发动机在最经济工况下工作，燃油经济性显著提高。现在正进行大功率、高效率传递，高寿命的机械无级变速器（CVT）的研究。齿轮变速器比液力自动变速器的传动效率高。自动变速器汽车虽驾驶方便，但汽车油耗高。

（3）汽车总质量。

总质量影响汽车的滚动阻力、坡道阻力和加速阻力，对汽车的燃油经济性影响很大。试验表明：整车装备质量为1360kg的汽车，当总质量减少10%，油耗降低8.8%。因此，应将汽车的车身轻型化：采用轻型材料，减轻汽车自重。采用轻型设计技术，使构成部件、附属品轻型化。

（4）汽车的外形。

汽车行驶克服空气阻力而消耗的功率与汽车行驶速度的三次方成正比。低速时，空气阻力对油耗影响不大，当车速超过50km/h，空气阻力对油耗的影响明显。旧轿车的空气阻力系数在 0.45 左右,现代轿车的空气阻力系数为 0.30 左右,节油轿车可降至 0.2 左右。不在轿车顶上安装行李架、货车装载品用篷布盖好、高速行驶时不打开车窗等措施都能降低空气阻力系数。

(5)轮胎。

轮胎结构对滚动阻力影响很大,改善轮胎结构,可以减少汽车的油耗。子午线轮胎可降低滚动阻力。子午线轮胎与普通斜交轮胎相比,滚动阻力下降 20%~30%。另外,轮胎的花纹及胎压对汽车的油耗有较大的影响。

5. 道路条件

道路状况对汽车的燃油消耗的影响主要是各种路面滚动阻力系数的差异。在不同的道路,滚动阻力系数的差别很大。滚动阻力的大小与滚动阻力系数成正比,燃油消耗又与滚动阻力成正比,所以,滚动阻力系数小的道路上行驶会更省油。不同路况下汽车轮胎与地面的滚动摩擦系数见表 7-3。

不同路况下轮胎与地面的滚动摩擦系数 表 7-3

路面类型	滚动阻力系数	路面类型	滚动阻力系数
良好的沥青或混凝土路面	0.010~0.018	压紧土路(雨后的)	0.050~0.150
一般的沥青或混凝土路面	0.018~0.020	泥泞土路(雨季或解冻期)	0.100~0.250
碎石路面	0.020~0.025	干沙	0.100~0.300
良好的卵石路面	0.025~0.030	湿沙	0.060~0.150
坑洼的卵石路面	0.035~0.050	结冰路面	0.015~0.030
压紧土路(干燥的)	0.025~0.035	压紧的雪道	0.030~0.050

汽车在良好的道路上行驶,车轮的滚动阻力小,还可以充分利用高速挡行驶,进一步节省燃油;汽车在崎岖不平的道路上行驶,平均技术速度下降,而且由于速度经常变化,增加了换挡和制动次数,会使汽车油耗增加。

汽车在不良道路条件下行驶,会使发动机汽缸内的压力和曲轴转速提高,加剧汽缸磨损。同时,汽车在高低不平的路面上行驶,使零件承受冲击载荷,加剧了行驶部件和轮胎的磨损,行车不稳,增加油耗。

汽车在高速公路上行驶,速度高、运距长、停车少。虽然在此工况下发动机的负荷率比较高,但是风阻随车速的快速增加而急剧增大,其对汽车燃油经济性的影响尤为明显。

当汽车在山区公路上行驶时,路面状况差,坡长而陡,路窄弯急,有些地段坡度较陡。汽车上坡时,需要克服坡度阻力行驶;而下坡时,则需长时间制动。汽车上坡行驶的阻力大、速度低以及频繁加速都将导致汽车燃油经济性急剧恶化。

城市内行驶距离短、车流密集、汽车行驶工况复杂,平均行驶速度低,汽车经常在急速制动和加速等工况下工作,使汽车的燃油经济性变差。

当汽车在坑洼路面或越野行驶条件下,车轮与路面间的附着力减小,汽车的滚动阻力增大、路面上的障碍物影响车辆通过,汽车的燃油消耗要高得多。试验表明,不同类型的道路中,汽车在省级公路上行驶最省油,分别比高速公路、坏路、山区公路、城市公路节省燃油 1.4%、22.6%、25.2%、30.9%。

6.气候条件

气候、环境温度对油耗的影响很大。环境温度直接影响发动机的润滑系统、冷却系统和进排气系统的温度,对汽车的燃油经济性有很重要的影响。寒冷的冬季气温低,润滑油黏度大、摩擦阻力大,而且燃油蒸发慢、雾化不良、燃烧不完全。所以,发动机起动、汽车起步困难,不可避免地会使汽车油耗增高。炎热的夏季气温高,发动机的充气量减少,进气温度高,也会导致燃油经济性变差。

温度对汽车燃油经济性的影响并不是简单的比例关系。环境温度高于常温时,温度对汽车的影响相对比较稳定;而高温与低温对汽车燃油经济性的影响就相差悬殊。据试验测得,和常温相比,当环境温度为 -10℃时,其燃油消耗增加高达4%左右;0℃时的燃油消耗量增加22%左右。气温过低时,发动机起动困难,燃油雾化不良、燃烧速度慢、散热损失大,传动系和行驶系的机械损失增大。气温过高时,发动机的充气量下降,容易过热和产生气阻等,发动机工况受到影响,从而使油耗量增大。随着海拔高度的增加,气压降低而空气稀薄,发动机的充气量也会随之降低,发动机燃烧受到影响,进而使汽车的燃油经济性也降低。

汽车行驶时的风阻与汽车相对风行驶速度的平方成正比,其对汽车的燃油经济性产生很大的影响。当汽车以 48km/h 以下车速行驶时,其风阻往往被忽略;当车速达到 90km/h 以上时,风阻的影响就十分明显,汽车高速逆风行驶时其燃油经济性将明显下降。

(二)节油驾驶方法

驾驶人要充分了解节能驾驶知识,培养节能驾驶意识和节能驾驶习惯。规范驾驶操作,运用节能知识驾驶车辆,达到节能减排的目的。

1.正确的驾驶方法

相同品牌的同类车型,不同的驾驶操作方式,其燃油消耗水平可能会有 15% 左右的差异。

(1)驾驶前的准备。检查发动机风扇皮带无老化、断裂、起毛线等现象,松紧度合适;检查发动机机油量,油面应在机油尺上下限刻度间中下部。检查转向机构的自由行程,松旷量不能超过车辆设计标准(一般为不超过两指)。

(2)发动机起动。电喷汽油发动机起动:无论是常温起动(大气温度或发动机温度高于5℃时)及热起动(发动机温度在40℃以上),还是冷起动(大气温度或发动机温度低于5℃时),起动时应将变速器挡位置于空挡(自动变速器挡位置于P挡),踩下离合器踏板(自动变速器车辆踩下制动踏板),旋动点火开关至起动位置,发动机顺利起动后松开,每次起动位置的接通时间不得超过5s。起动过程中不应踩加速踏板给发动机提供额外的燃油。

(3)车辆预热。非增压电喷发动机起动后在原地保持怠速运转预热 20s~60s。增压发动机起动成功后,应先在原地保持发动机怠速运转预热 1min 以上,在此期间不应使发动机高速空转。

(4)平顺起步。发动机起动后 1min 之内起步,低速行驶 1~2km,冬天适当延长到 3~4km,待冷却液温度升高后再转入正常速度行驶。起步时,适量轻踩加速踏板,用缓慢松抬离合器踏板的方法使车辆平稳起步。注意不得熄火或者过早、过晚踩下加速踏板。

(5)迅速加速、加挡。车辆起步后,在道路和交通允许情况下,尽快从低挡换到高挡,动作干净、利落、无失误。控制好加速踏板,做到轻踩、缓抬,不要猛踩、猛抬或者连续地踩、抬加速踏板。猛踩加速踏板(急加速),燃油消耗会急剧增加。对于自动变速器车辆,猛踩加速踏板,既不能迅速提高车速,又浪费燃油。

(6)保持经济车速。经济车速是汽车以直接挡或超速挡行驶时,燃油消耗量最低的车速,一般经济车速是汽车最高设计车速的50%~75%。发动机转速越高,其输出功率和功率利用率越大,单位功率的燃油消耗量越小。低速行驶汽车的油耗较高,车速过高燃油消耗也很大。发动机超过最低油耗转速时,燃油消耗率随着车速的增加而增加。当车速超过一定值以后,燃油消耗率增加得非常快。因此,车速过高或过低都不利于节省燃油,突然加速要比平稳加速多消耗1/3燃油。

(7)合理选择挡位。汽车在运行中,换挡时机与换挡动作都对燃油的消耗影响很大。正常行驶条件下,高挡位比低挡位节省燃油。当感到动力不足时要及时减挡,而不能猛踩加速踏板,一味地猛踩加速踏板,将加大燃油消耗。换挡时要脚轻手快,动作准确。这样可以缩短换挡时车辆行驶的距离,达到节省燃油的目的。

(8)合理滑行。车辆行驶中,松抬加速踏板,采用带挡滑行代替制动的方式,充分利用车辆的惯性和发动机的制动作用节约燃油。要避免滑行过早或过晚,滑行过早会使车辆没到位就停下,重新起步或加速,增加燃油消耗;滑行过晚会使车辆到位时车速很高,需要强烈制动减速,也会增加燃油消耗。

(9)正确操作制动器。减速时,合理使用、正确操作制动器,尽量少用或不用制动,采用以滑行代替制动的方式,充分利用车辆的惯性节约燃油。一次紧急停车再起步会多消耗35mL左右的燃油。

(10)停车熄火。非增压发动机车辆一般停车在1min以上,应使发动机熄火。如果汽车经过高速或爬长坡行驶后,发动机温度很高,先怠速运转30s以上后熄火。增压发动机车辆停车后不能立即熄火,应保持发动机怠速运转3min以上,待发动机充分冷却后熄火。

2. 良好的驾驶习惯

良好的驾驶习惯,是驾驶人综合素质和技能的体现。行车时要做到注意力集中,仔细观察和提前预防,既能确保行车安全,又能节约能源。

(1)合理选择行驶线路。对于道路运输车辆来说,正确选择行驶路线,对保证行车安全、节约燃油和延长车辆使用寿命具有良好的作用。如果执行新的运输任务,事先了解行车路线,避免绕弯路造成不必要的燃油消耗。

(2)正确观察、判断和处理行车中的交通情况。驾驶人对交通情况处理的基本规律包括"观察—预测—分析—决定—行动"。通过正确观察、判断和处理各种交通情况,不仅可以避免事故,而且也会减少燃油消耗和维护成本。

(3)尽量减少发动机空转。一般小型车发动机每怠速运转5min,就会消耗大约70mL的汽油。在短时间停车等候时,发动机空转既会对空气造成污染,又会增加燃油消耗。

(4)避免怠速时踩加速踏板。猛踩加速踏板,加浓、加速装置会额外供油。据测量,汽车怠速时每踩一次加速踏板,相当于浪费汽油3~5mL;同时,混合气被额外加浓后,还会造成燃烧不完全而产生有害废气,污染环境。

(5)有序通过交叉路口。在交叉路口每次都停车和突然制动,会造成油耗增加。在交叉

路口减少急加速、急减速和停车的次数,可减少燃油消耗。

(6)不要频繁变更车道。频繁变更车道,需要不断地改变行驶方向、速度、急加速、制动。这时发动机一直处于不稳定工作状态,且行驶距离延长,会使大量的燃油在不知不觉中变成了没充分燃烧的尾气,增加了燃油消耗。

(7)正确使用车用空调。气温适宜,当车速低于60km/h时,可视情况关闭空调,打开车窗通风;但车速高于80km/h,则应利用空调制冷,不要打开车窗。因为高速时开窗后风阻增大,所消耗的燃油比空调所消耗的燃油更多。

(8)注意发动机温度的调节。发动机的温度在80～95℃时油耗最低、转矩和功率最大。发动机温度低于40℃时,不要让发动机大负荷高速运转或汽车高速行驶,达到40℃以上时开始正常行驶。冷却液工作温度低,会使发动机油耗增加。据试验,冷却液工作温度从90℃降至80℃,燃油多耗2.5%;降到75℃时,多耗3%～5%,降到65℃时,多耗15%。

(9)通过隧道在距隧道入口50m左右,应开启前照灯、示宽灯、尾灯,仔细观察前方情况以及引起后方车辆的注意;驶到出口时,握稳转向盘,避免隧道口处的横向风引起车辆偏离行驶路线;驶出隧道后,在明适应过程中不加速。

(10)行驶中的检查。在行驶过程中应经常注意察看车上各种仪表,察听发动机及底盘声音,如发觉操纵困难、车身跳动或颤抖、机件有异响或异常气味、水温异常时,即应停车检查进行必要的调整和修理。

行驶中发动机动力突然下降,应立即检查是否因冷却液或机油量不足导致发动机过热(注意水温高时不能打开水箱盖)。

(11)收车后的检查。每当行驶1000km时,驾驶人应自己清除空气滤清器的灰尘。

二、轮胎工作气压对汽车节油的影响

汽车轮胎工作气压不足或是气压太高,都会增大车辆耗油量,因此应该定时检查轮胎气压。根据美国能源部的调查,只要每一辆车的轮胎气压比标准气压少了1PS(磅/平方英寸),美国每天就得多消耗1500万L汽油。

轮胎工作气压直接关系到汽车行驶的安全性和经济性。普通轮胎每月都会有泄漏消耗,这属于正常的,就算是品质较好、价格高昂的轮胎也有正常的泄漏。轮胎充气的正常减少会增大行驶阻力消耗更多的燃油。

一般情况下,每月会正常减少20～30kPa,如果不能及时补气,那么会在不知不觉中多耗燃油,而且数量还极可观。

当汽车各轮胎的气压均较标准(各车型规定值)降低49kPa,就会增加5%的油耗;而仅一边的轮胎气压均较标准降低49kPa,则增加2.5%的油耗;前轮一只轮胎气压较标准降低49kPa,则增加1.5%的油耗。当轮胎气压低于标准的20%～25%时,就会减少20%的轮胎行驶里程,相应增加10%的油耗。而且胎压下降十分容易引发轮胎产生驻波现象,造成爆胎的危险后果。

在负荷一定时,轮胎工作气压过高,下沉量小,地面接触面积缩小,单位面积所受的力增加,从而加速了胎面中部的磨损,缩短了轮胎的使用寿命。在此种情况下,滚动阻力小,有利于节油。但是,胎压过高,使轮胎与地面的接触面积减少,单位面积所承受的压力、磨损剧增,容易造成制动失控、遇地面突起物或凹陷爆破、损害车的悬架系统、乘坐不舒适等危害。

因此,应选择有利于节油、节轮胎的最佳工作气压。一般选压缩系数为 10%,此时工作状态最佳。

三、汽车轮胎与节约驾驶

汽车轮胎作用是支承全车重量;将汽车的牵引力传给路面;与悬架共同减缓振动和冲击及保持侧向稳定性,保证车轮与路面有良好的附着性能。轮胎性能的好坏关系到汽车行驶的安全性、通过性、平顺性和经济性。

车辆在行驶过程中,为克服行驶阻力,有 1/4~1/3 的能量被轮胎消耗掉。

汽车行驶时的滚动阻力与轮胎的类型、结构、材料和气压等有关。因此,正确选用轮胎,不仅可以降低轮胎的使用成本,还可减少行驶阻力,减少油耗,达到节能的目的。

1. 轮胎的合理选用对汽车节能的影响

(1)轮胎选用原则。

①轮胎类型的选择。

轮胎类型主要依据汽车类型和行驶条件选择。客车优先选择绿色子午线轮胎。越野车选用胎面宽、直径较大的超低压胎,轿车采用直径较小的宽轮辋低压胎。

②轮胎花纹的选择。

轮胎花纹主要依据道路条件、行车速度选择。高速车宜采用浅花纹和纵向花纹的轮胎。低速车应采用加深花纹或超深花纹的轮胎。

③轮胎尺寸和气压的选择。

轮胎尺寸和气压主要根据汽车承受载荷情况和行驶速度选择。所选轮胎承受的静载荷值应等于或接近于轮胎的额定负荷。

(2)控制轮胎气压。

①轮胎工作气压应与负荷能力相适应。

作用在轮胎上的负荷,直接影响轮胎的变形程度。当轮胎气压一定时,随载荷增加,变形程度也随之增加。因此,轮胎工作气压应与负荷能力相适应。一般选压缩系数为 10%,此时工作状况最佳。

②轮胎使用速度应与负荷能力相适应。

若使用的最高速度在规定的范围,可适当增大负荷和提高气压;若高于规定速度应减小负荷;超载时应减速;若常在市内低速工作,应提高气压。

③轮胎工作气压应与胎温相适应。

胎温升高 1℃,气压升高 1/273 个压力单位,环温升高 10℃,胎温应降低 10℃。北方可适当提高气压,一般为 29~49kPa。夏天适当降低气压。胎温过高时应停车降温,不可用水降温。

2. 绿色轮胎及其应用

(1)绿色轮胎的结构特点。

子午化、无内胎化和扁平化是轮胎结构设计发展的方向,也是绿色轮胎的首选。绿色轮胎胎面一般由胎面胶和胎面基部胶两部分组成,胎面胶的动态模量大于胎面基部胶,胎面基部胶厚度与胎面胶厚度之比为0.25~0.70。通过用有限元法分析轮胎的水滑现象,可以设计出能够明显改善水滑现象的胎面花纹。

(2)绿色轮胎的使用特点。

①使用寿命长:绿色轮胎具有弹性好、滚动阻力小、耗油低、生热低、耐磨、耐穿刺、承载能力大、乘坐舒适等优点。由于轮胎胎体的特殊结构,使得在行驶中轮胎的路面抓力大、效果好,装有绿色轮胎的汽车与装有斜交轮胎的汽车相比,其耐磨性可提高50%~100%,滚动阻力降低20%~30%,可以节约油耗6%~8%。也正因为这样,同样车型选用子午线轮胎比选用斜交轮胎操纵性好,有较好的驾驶舒适性。

②高环保:传统轮胎由于添加了有致癌作用的橡胶配合剂,它们随着胎面磨损散发在空气中,严重污染了环境,同时世界上每年有数亿条轮胎被废弃,它们不但占据大量空间,而且难以分解,对环境造成了极大威胁,被人们称为"黑色污染"。随着人们环保意识的不断提高,在继续努力降低滚动阻力的同时,已开始重视使用不污染环境的材料制造轮胎,而且努力延长轮胎的行驶里程,以减少废旧轮胎的数量。大量汽车使用绿色轮胎以后,对节油和减少污染产生了巨大作用。绿色轮胎的广泛应用每年为全球节省数百万桶石油,并显著减少CO的排放量。

③低消耗:习惯使用的黑色轮胎是以标准的合成橡胶和天然橡胶制成的,在汽车行驶温度升高的条件下,其防护材料的结构和性能都发生改变,同时车轮滚动的阻力也在增加。绿色轮胎与普通轮胎相比,减轻了轮胎重量,减少了复合材料的能耗(滞后损失)。所以,绿色轮胎与同等规格的轮胎相比,滚动阻力可降低22%~35%,并因此减少汽车燃料消耗3%~8%,使汽车CO的排放量有所下降,其他性能如耐磨耗、低噪声、干湿路面抓着力等均保持良好水平。

④安全性:绿色轮胎通过优化胎体设计,以绝佳的弹性胎面改进汽车在光滑路面的抓地性能,使驾驶更平稳、制动距离更短,大大提高了驾驶安全性。研究证明,绿色轮胎产生的摩擦力可以减少汽车在湿滑或结冰路面上15%的制动距离,使汽车的冬季驾驶性能提高10%~15%。这对减少事故率和人员伤亡有着重大的意义。

(3)绿色子午线轮胎的节能效果。

行驶中,子午轮胎的周向变形小,轮胎各层之间、橡胶与连线之间的位移小,使轮胎内部的摩擦小、滚动阻力降低,油耗下降。

绿色轮胎运用特殊的硅土混合技术、结构设计技术和生产技术,在不损失轮胎基本安全性能的情况下,使滚动阻力比普通轮胎下降20%,减少油耗5%以上,有效降低汽车燃油消耗,增强燃料使用效率,降低二氧化碳的排放。这种轮胎可使环境和驾驶人双双获益,一方面对环境的不利影响最小化,另一方面可为消费者节省燃料费用。采用子午线轮胎,一般可节油5%~10%,长距离高速行驶可节油8%以上,城市公交车可节油3%~7%,载重汽车可节油3%~6%。

3. 轮胎节约驾驶

(1)汽车起步不可过猛,无论空、重车都应低速平稳起步。避免轮胎与地面拖曳,以减少胎面磨耗。

(2)在良好路面上行驶,应保持直线前进,除会车和避让障碍物外,禁止左右摇摆和急剧转向,以防轮胎和轮辋之间产生横向的切割损伤轮胎。

(3)车辆下长坡时应根据坡度大小、长度和道路情况,适当控制车速。在坡长、路陡、路况复杂的情况下,应挂挡行驶,并利用轻微制动控制车速下坡。这样不但可以避免紧急制动,减少轮胎磨损,而且对安全行车也有保障。

(4)汽车行驶中,轮胎温度和气压逐渐升高,在炎热季节尤其突出。此时,应在阴凉处自然降温,切不可放气或浇冷水降温和降压。否则,轮胎因骤然冷却、变形而发生裂纹,导致早期损坏。如遇涉水,应先停车休息,降温后再通过。

(5)车辆上坡时,应尽量利用惯性行驶,适时变速,及时换挡,上坡时要保持车辆有适当的余力,不要等车停了再重新起步,以减少轮胎的磨损。

(6)行车转弯应根据弯道情况控制车速,不要高速转弯,否则车辆产生较大的离心力,使车载货物倾斜,质心偏移一侧,单边轮胎超载拖曳,加速磨耗,同时还会使轮胎被轮辋横向切割,造成损坏。

(7)在复杂情况下(会车、超车、通过城镇、交叉路口、过铁路)行驶时,应掌握适当的行车速度,减少频繁制动和避免紧急制动,否则造成轮胎与地面之间的滑动摩擦,致使胎面严重磨损。

(8)在不良道路上应减速行驶,并仔细观察,择路通过,通过后应停车检查双胎之间是否夹有石子,如有应及时排除。

(9)车辆途中停车和到场停车,要养成安全滑行的停车习惯。在停车前要选择地面平整、干净和无油污的地面停放,每条轮胎都要平稳落地,尤其是车辆装载过夜,更应该注意选好停放地点,必要时将后轮顶起。

(10)通过冰雪及泥泞道路时,应采取适当的防滑措施,减轻车轮的滑转及侧滑;使用防滑链时,避免损坏轮胎。

(11)出车前、行车中、收车后,做好轮胎的日常维护检查工作。

四、蓄电池与节约驾驶

(一)蓄电池分类

常用的车用蓄电池主要分为三类:普通蓄电池、干荷蓄电池和免维护蓄电池。

(1)普通蓄电池:普通蓄电池的极板是由铅和铅的氧化物构成,电解液是硫酸的水溶液。它的主要优点是电压稳定、价格便宜;缺点是比能低(即每公斤蓄电池存储的电能)、使用寿命短和日常维护频繁。

(2)干荷蓄电池:它的全称是干式荷电铅酸蓄电池,它的主要特点是负极板有较高的储电能力,在完全干燥状态下,能在两年内保存所得到的电量,使用时,只需加入电解液,等过20~30min就可使用。对保存期超过两年的干荷电铅蓄电池,使用前应按补充充电的电流,充电5~10h后再使用。

(3)免维护蓄电池:免维护蓄电池由于自身结构上的优势,电解液的消耗量非常小,在使用寿命内基本不需要补充蒸馏水。它还具有耐振、耐高温、体积小、自放电小的特点。使用寿命一般为普通蓄电池的两倍。市场上的免维护蓄电池也有两种:第一种在购买时一次性

加电解液以后使用中不需要维护(添加补充液);另一种是电池本身出厂时就已经加好电解液并封死,用户根本就不能加补充液。

(二)延长蓄电池使用寿命的方法

在汽车发动机起动初期,发电机将带动发动机为汽车电器系统供电,当汽车发动机转速达到一定的时候就自动进入充电状态。因此,除了起动时发电机提供全车的所有电力供给外,其余时间都由蓄电池提供电力。特别是发动机起动和灯光照明,需要蓄电池提供强大的电力。为保持蓄电池良好的工作状态,延长其使用寿命,要做到:

(1)安装:蓄电池在汽车上安装要牢固,减轻振动;否则,车子在颠簸路况行驶时,导致蓄电池抖动甚至脱落而损坏,甚至损坏汽车。更严重的是令汽车中途抛锚。

(2)连接线:需要经常检查蓄电池连接线、活接头是否牢靠,线与接头之间是否接触良好。否则,将有可能导致产生电火花,严重的会引起电池爆炸,损坏汽车。

(3)防锈:除了检查安装牢固外,还要注意电池卡子产生的氧化物、硫酸盐等。可以用凡士林在清理刮净锈物后涂抹,以防再受锈蚀。

(4)清洁:保持蓄电池的外部清洁,经常清除蓄电池盖上的灰尘污物及溢出的电解液,有助于防止自放电。

(5)封口胶:封口胶开裂后必须及时修复,保持电池的可靠性。

(6)电解液液面高度:保持正常的电解液液面高度,保障蓄电池的性能稳定。

(7)低温气候下:当汽车进入低温区域时候,尽量避免蓄电池完全放电,并注意观察电解液是否会冻结。

(8)充电:密切留意蓄电池过充或长期亏电。过充电会促使极板活性物质硬化脱落,亏电会使极板硫化。因此,驾驶人要保证调解器电压不能过高或过低。

(9)放电:蓄电池长时间大电流放电,将极大地损伤电池内部结构。驾驶人每次起动时间不能超过5s。需要两次连续起动,中间要间隔10~15s的时间。

(10)充电:出现下列情况之一时应进行充电:电解液密度降至$1.2g/cm^3$以下;冬季放电超过25%;夏季放电超过50%;灯光暗淡;起动无力。

第三节 车辆的环保驾驶

一、现代汽车与环保

在21世纪,人类社会迅速发展,同时也迎来了一个全新的阶段。但是,伴随着各个国家工业化进程的加快,以及城市化程度的不断提高,能源危机和环境污染,已经成为摆在人类社会发展面前的重要问题。节能环保是我国的一项基本国策,树立节能减排意识,不断加强节能减排工作,有利于缓解能源紧张状况,保护环境。驾驶人要掌握节能减排驾驶知识,注重节能减排意识,树立节能驾驶理念,培养节能驾驶习惯。

(一)车辆运行与节能减排

汽车的节能减排涉及汽车能源体系中能源的生产、转换以及利用等各个方面。降低汽车燃料消耗、避免汽车材料浪费和减少汽车排出物(温室气体、污染性气体、固体排出物等)对人们生存和生活环境的影响是汽车节能减排的重要任务。

1. 汽车与空气污染

根据最新数据显示,截至2016年底,全国机动车保有量达2.9亿辆,其中汽车1.94亿辆。2015年中国机动车污染防治年报发布,机动车排放的污染物主要包含四项:氮氧化物(NO_x)、颗粒物(PM)、碳氢化合物(HC)和一氧化碳(CO)。汽车对NO_x、PM的贡献比例超过90%,而对HC和CO的贡献则超过了80%。而其中全柴油车排放的NO_x接近汽车排放总量的70%,PM超过90%;而汽油车CO和HC排放量则较高,超过排放总量的70%。

汽车排放污染物对人体的主要危害如下:

(1)一氧化碳(CO)是发动机因氧气不充足或其他原因造成燃料不完全燃烧产生的一种无色、无味的气体。人体吸入CO后,会出现身体缺氧、思考受阻、反应迟钝、头痛、头晕、呕吐等中毒症状,严重时可能导致死亡。

(2)碳氢化合物(HC)是发动机废气中的未燃烧部分,还包括供油系中燃料的蒸发和滴漏。单独的HC只有在含量相当高的情况下才会对人体产生影响,一般情况下作用不大,但它却是产生光化学烟雾的重要成分。

(3)氮氧化合物(NO_x)是发动机有一定负荷时大量产生的一种褐色的有臭味的废气。发动机废气刚排出时,气体内存在的NO毒性较小,但NO很快氧化成毒性较大的NO_2等其他氮氧化物。NO_x超过一定浓度时,具有明显的刺激性,会刺激眼结膜,引起流泪并导致红眼症,同时对鼻、咽、喉等器官均有刺激作用,能引起急性喘息症,使人呼吸困难、眼红喉痛、头脑晕沉,造成中毒。

(4)二氧化碳(CO_2)对人体无直接危害,但因大气中的CO_2大幅度增加,其会吸收红外热辐射而形成温室效应,破坏人类和动植物赖以生存的生态环境。CO_2的控制已成为汽车排放研究的重要课题,提高汽车燃油的经济性和使用低排量汽车是减少二氧化碳的重要措施。

(5)颗粒物(PM)是燃油燃烧时因缺氧产生的一种物质,其中以柴油最为明显。

柴油在高温高压下裂解更容易产生大量人眼看不见的炭烟。炭烟会影响道路能见度,并因含有少量带有特殊臭味的乙醛,往往引起人们恶心和头晕。炭烟不仅本身对人的呼吸系统有害,而且炭烟粒的孔隙中往往吸附着SO_2及有致癌作用的多环芳香烃等,其危害更大。

2. 降低汽车污染物排放的措施

(1)选用达到国家排放标准的车辆,是降低排放污染的基本保证,包括使用达到国家排放标准的车辆和混合动力车、纯电动车等新能源车辆。不断升级新生产机动车污染物排放标准。新车要越来越好,新上路车排放量要越来越小。2017年1月1日起全国范围正式实施国Ⅴ排放标准,轻型车国Ⅵ标准2016年底也正式发布。跟国Ⅰ车相比,新生产汽车的单车污染排放量下降90%以上。

(2)养成良好的驾驶习惯,是节能减排的重要方法。遇到较长时间红灯时,将发动机熄火,减少发动机空转时间;在城区路段,按照经济车速保持相对匀速行驶,减少急加速等操作。

(3)保持车辆良好技术状况,是节约燃料、降低尾气排放的关键。车辆技术状况的好坏

与车辆的维护有直接的关系,要定期对车辆进行检查维护,按车辆压缩比标值选择合适标号燃油。我国 2000 年淘汰了含铅汽油,2017 年 1 月 1 日开始供应国Ⅴ标准车用汽、柴油,车用汽柴油含硫量已从 2000 年的 1000ppm 下降到目前的 10ppm,降低了 99%。

(二)汽车技术状况与节能减排

汽车随着使用时间的增长,其性能也在逐步发生变化。车辆技术状况会变差、故障增多、油耗增大。汽车本身的良好技术状况是节约燃油的关键,而加强车辆技术管理则是确保车辆经常处于良好技术状况的关键。

1. 发动机技术状况与油耗关系

(1)发动机对汽车油耗有决定性的影响,发动机的油耗取决于发动机的结构。发动机的压缩比高,有完善的供油系统及合理的燃烧室形状,采用电子点火系统等都能降低发动机的油耗。

(2)柴油发动机由于压缩比比汽油机要高得多,因此油耗也较低。试验和使用证明,一般装备柴油发动机的轿车比装备汽油发动机的轿车节油 18% 左右,柴油发动机载货汽车比汽油发动机载货汽车节油 30% 左右。

2. 底盘技术状况与油耗的关系

汽车底盘技术状况引起燃料消耗增大的主要原因是维护、调整不当,使发动机的部分动力在传输过程中转化为无用的甚至有害的热能消耗掉,并且大大影响了汽车的运行性能。

(1)汽车传动系中的离合器、变速器及主减速器技术状况的好坏直接影响传动效率,从而影响燃油消耗。传动系效率越高,传递动力的过程中能量损失越小,汽车的油耗就越低。挡位设置增多,能增加发动机处于经济工况下工作的机会,有利于提高汽车的燃油经济性,一般用高挡位行驶比低挡位行驶省油。自动变速器的汽车虽然驾驶方便,但汽车油耗较高。

(2)行驶系统技术状况不良,如车轮轮毂轴承过紧、前轮定位失准、前后轴距不符合规定等,都会造成汽车行驶时滚动阻力、摩擦损失、功率消耗增大,滑行距离缩短,燃油消耗增加。前桥一些部件因磨损、松旷、变形等原因,造成前轮定位发生变化,会加大行驶阻力和燃料消耗。轮胎气压不足、轮胎变形大、滚动阻力增加,也会增加油耗。

(3)制动系统技术状况差,驻车制动器、行车制动器调整不当,会出现卡滞或制动不灵,增加油耗。

(4)选择润滑油时,如油的黏度、抗磨性和黏温特性等如果不能满足不同季节、不同使用条件的要求,会增大机件的磨损和耗油量,降低传动效率。

3. 汽车质量和外形与节能的关系

(1)汽车的总质量影响汽车的滚动阻力、坡道阻力和加速阻力,进而影响汽车的燃油经济性。以整车质量为 1360kg 的汽车为例,当汽车总质量减少 10% 时,油耗将降低 8.8%。

(2)汽车速度不高时,空气阻力对汽车的燃料消耗影响不大,但当车速超过 50km/h,空气阻力对汽车燃油经济性的影响逐步明显。高速行驶时关闭车窗等措施都能降低空气阻力,减少油耗。

4. 轮胎与节能的关系

轮胎结构对滚动阻力影响很大,改善轮胎结构,可以减少汽车油耗。子午线轮胎比普通斜交轮胎的滚动阻力小20%～30%。另外,轮胎的花纹及胎压对汽车的油耗也有较大的影响,以40km/h的速度行驶,胎压降低30%,汽车耗油量将增加5%。

二、未来汽车环保发展趋势

《中国制造2025》提出"节能与新能源汽车"作为重点发展领域,明确了"继续支持电动汽车、燃料电池汽车发展,掌握汽车低碳化、信息化、智能化核心技术,提升动力电池、驱动电机、高效内燃机、先进变速器、轻量化材料、智能控制等核心技术的工程化和产业化能力,形成从关键零部件到整车的完成工业体系和创新体系,推动自主品牌节能与新能源汽车与国际先进水平接轨。"的发展战略,为我国节能与新能源汽车产业发展指明了方向。

(一)新能源汽车基础知识

1. 新能源汽车的概念

新能源又称为非常规能源或可替代能源,是指在新技术的基础上,已经初步开发利用或是正在积极研究、有待进一步推广利用的可以取代化石燃料的可再生清洁能源,例如:水能、风能、生物质能、地热能、太阳能;还有氢能、沼气、甲醇等。

新能源汽车(New Energy Vehicles),是指采用非常规的车用燃料作为动力来源(或使用常规的车用燃料、采用新型车载动力装置),综合车辆的动力控制和驱动方面的先进技术,形成的技术原理先进,具有新技术、新结构的汽车。

2. 新能源汽车的分类

(1)混合动力汽车。

混合动力汽车(Hybrid Vehicle)是指车辆驱动系统由两个或多个能同时运转的单个驱动系统联合组成的车辆,车辆的行驶功率依据实际的车辆行驶状态由单个驱动系统单独或共同提供。

通常所说的混合动力汽车,一般是指油电混合动力汽车(Hybrid Electric Vehicle,HEV),即采用传统的内燃机(柴油机或汽油机)和电动机作为动力源,也有的发动机经过改造使用其他替代燃料,例如压缩天然气、丙烷和乙醇燃料等。

(2)纯电动汽车。

纯电动汽车(Blade Electric Vehicles,BEV)是指完全采用可充电电池(如铅酸电池、锂离子电池)作为动力源,由发电机转化能量的汽车。

(3)燃料电池汽车。

燃料电池汽车(FCV)是一种用车载燃料电池装置产生的电力作为动力的汽车。车载燃料电池装置所使用的燃料为高纯度氢气或含氢燃料经重整所得到的高含氢重整气。与通常的电动汽车比较,其动力方面的不同在于FCV用的电力来自车载燃料电池装置,电动汽车所用的电力来自由电网充电的蓄电池。因此,FCV的关键是燃料电池。

(4)氢动力汽车。

氢动力汽车是一种真正实现零排放的交通工具,排放出的是纯净水,其具有无污染、零排放、储量丰富等优势。因此,氢动力汽车是传统汽车最理想的替代方案。与传统动力汽车相比,氢动力汽车成本至少高出20%。中国长安汽车在2007年完成了中国第一台高效零排

放氢内燃机点火,并在2008年北京车展上展出了自主研发的中国首款氢动力概念跑车"氢程"。

(5)燃气汽车。

燃气汽车(Gas Vehicles,GV)又称为天然气汽车,是以天然气作为燃料的一种气体燃料汽车,可分为压缩天然气汽车、液化天然气汽车和吸附天然气汽车。因为天然气的甲烷含量在90%以上,是一种很受欢迎的发动机燃料,具有燃点高、安全性强的特点。再加上天然气属于清洁燃料,在天然气汽车的尾气排放中不含有硫化物或铅等污染物质。

(6)生物燃料汽车。

生物燃料是指从农林产品或其副产品(一般包括农作物或动物的脂肪)、工业废弃物、生活垃圾中提取的可再生燃料。而燃用生物燃料或燃用掺有生物燃料燃油的汽车就叫作生物燃料汽车(Bio Fuel Vehicles,BFV)。从环保的角度考虑,生物燃料是一种可再生能源,从理论上讲可使大气中的二氧化碳得到平衡,且具有安全性能高、稳定性强的特点。目前使用最广泛的乙醇汽车,是将提炼出的乙醇与普通汽油按照10∶90的比例混配而成的替代能源,作为汽车的能源供应。

(7)太阳能汽车。

太阳能是一种巨大的能量,来源充足到不需要考虑,取之不尽,用之不竭,如果不能有效地利用,真的非常遗憾。面对如此强大的能源,把它应用到汽车上具有非常广阔的前景。在目前发现的所有新兴能源当中,利用价值最高的当属太阳能。假如以太阳能作为汽车的能源,那么每辆汽车的二氧化碳的排放量会相应减少43%~54%,汽车尾气对环境污染的问题就会得到有效解决。一般来说,传统燃油发动机的能源利用率比较低,只能达到25%,最高也仅能达到50%~60%,但是太阳能的利用率可高达95%以上。由此,太阳能汽车已经引起人们关注,在不久的未来必将得到迅速的发展。

(8)二甲醚汽车。

二甲醚(DME)作为汽车燃料替代柴油,柴油机热效率比汽油机高7~9个百分点,但现有柴油机因污染大而逐渐被淘汰。二甲醚为燃料的柴油机以高效、环保等优点正在逐渐替代原有的柴油机。

(二)未来汽车环保发展趋势

1.我国节能与新能源汽车产业发展的战略目标

(1)纯电动汽车和插电式混合动力汽车。

①产业化取得重大进展。到2020年,自主品牌纯电动和插电式新能源汽车年销量突破100万辆,在国内市场占70%以上;到2025年,与国际先进水平同步的新能源汽车年销量300万辆,在国内市场占80%以上。

②产业竞争力显著提升。到2020年,打造明星车型,进入全球销量排名前10,新能源客车实现批量出口;到2025年,2家整车企业销量进入世界前10。海外销售占总销量的10%。

③配套能力明显增强。到2020年,动力电池、驱动电机等关键系统达到国际先进水平,在国内市场占有率达80%;到2025年,动力电池、驱动电机等关键系统实现批量出口。

④逐步实现车辆信息化、智能化。到2020年,实现车—车、车—设施之间信息化;到

2025年,智能网联汽车实现区域试点。

(2)燃料电池汽车。

①关键材料、零部件逐步国产化。到2020年,实现燃料电池关键材料批量化生产的质量控制和保证能力;到2025年,实现高品质关键材料、零部件实现国产化和批量供应。

②燃料电池堆和整车性能逐步提升。到2020年,燃料电池堆寿命达到5000h,功率密度超过2.5kW/L,整车耐久性到达15万km,续驶里程500km,加氢时间3min,冷起动温度低于-30℃;到2025年,燃料电池堆系统可靠性和经济性大幅提高,和传统汽车、电动汽车相比具有一定的市场竞争力,实现批量生产和市场化推广。

③燃料电池汽车运行规模进一步扩大。到2020年,生产1000辆燃料电池汽车并进行示范运行;到2025年,制氢、加氢等配套基础设施基本完善,燃料电池汽车实现区域小规模运行。

(3)节能汽车。

到2020年,乘用车(含新能源乘用车)新车整体油耗降至5L/100km,2025年,降至4L/100km左右。到2020年,商用车新车油耗接近国际先进水平,到2025年,达到国际先进水平。

(4)智能网联汽车。

到2020年,掌握智能辅助驾驶总体技术及各项关键技术,初步建立智能网联汽车自主研发体系及生产配套体系。到2025年,掌握自动驾驶总体技术及各项关键技术,建立较完善的智能网联汽车自主研发体系、生产配套体系及产业群,基本完成汽车产业转型升级。

2. 未来汽车环保发展趋势

(1)电动化:新能源电动车及充电桩的全面普及。据统计,2016年中国新能源汽车销量达50.7万辆,预估至2030年,新能源销量可达2500万辆。

政策支持加速新能源电动汽车的发展,国务院先后出台了《节能与新能源汽车产业发展规划(2012—2020年)》、《中国制造2025年》、《电动汽车充电设施建设计划》,同时在我国已有88个城市出台了新能源电动汽车支持政策。

到2050年,为保证电动汽车的畅行,所有街道边、停车场等公共停放车辆的场所将全部配置无线充电的设施,高速公路将成为沿路无线充电覆盖的大通道。

(2)动力电池技术提升,增强续航能力。动力电池是新能源汽车发展的关键,据目前统计,纯电动汽车电池成本占整车成本近50%,电池使用的高效率以及环保化将成为新能源电动车的主要发展方向,石墨烯等新材料的研发也正在进行中。随着未来技术的提升,电池使用的高效率以及环保化将成为新能源电动车的主要发展方向。核动力或将用于汽车行业,核动力是利用可控核反应来获取能量,从而得到动力、热量和电能。

在2009年凯迪拉克就提出"核能汽车"的概念,利用核燃料"钍"作为电力的核能汽车,1t的"钍"能制造出10亿W的电,足以维持一年的供电,利用"钍"作为汽车电力,只有8g就相当于加了6万加仑的油,并且用"钍"生成电力的汽车完全不会排放任何废气。

(3)轻量化是电动汽车技术发展的方向。据统计,电动汽车重量降低10%,对应续航里程可增加5.5%,汽车采用轻量化的材料可明显提高续航里程,而目前汽车轻量化材料主要有高强度钢、玻璃纤维、铝合金、碳纤维、镁合金等,例如现在电动汽车巨头特斯拉Model S便

已实现全铝车身,同时宝马 i3 车身也运用了碳纤维材料。

(4)智能化,从 ADAS 到无人驾驶。目前 ADAS 是智能汽车的重要实现方式,它能帮助在汽车行驶过程中感应周围的环境,收集数据,进行静态、动态物体的辨识、侦测与追踪,并结合导航仪地图数据,进行系统的运算与分析,从而预先让驾驶人察觉到可能发生的危险,有效增加汽车驾驶的舒适性和安全性。很快我们的汽车或将"聪明"到无需人驾驶,将人从开车的紧张、焦虑中解放出来,让驾驶人拥有更加愉悦轻松的驾乘体验。

(5)环保化,制造车身材料可回收。在汽车的生产制造过程中,广泛应用了塑料、涂料、黏合剂、保温材料、织物及皮革等,而这些材料则成为 VOC(挥发性有机化合物)的主要来源。到 2050 年,车内 VOC 将不断降低,车身的材料将更加环保、安全。

思考与练习

1. 暗适应与行车安全的影响有哪些?
2. 速度估计与行车安全有什么关系?
3. 情绪与安全有什么关系?
4. 谨慎驾驶的原则是什么?
5. 驾驶汽车如何正确节油?
6. 影响驾驶适宜性的因素有哪些?
7. 驾驶人适宜性检测的主要内容有什么?
8. 汽车排放污染物对人体的主要危害有哪些?
9. 简述新能源汽车基本概念。
10. 新能源汽车主要分为哪几类?
11. 目前新能源汽车发展很快,通过本课程的学习,请你谈谈对新能源汽车的认识以及分析一下未来汽车的发展趋势。

参考文献

[1] 郑军.发动机原理与汽车理论[M].天津:天津科学技术出版社.
[2] 尤俊凯.汽车驾驶人大全[M].南京:江苏科学技术出版社.
[3] 祁晓峰.汽车安全驾驶技术[M].天津:天津科学技术出版社.
[4] 马明芳.高级驾驶人全攻略[M].北京:机械工业出版社.
[5] 道路运输驾驶从业资格编写组组织编写.道路运输驾驶从业资格培训教材[M].北京:人民交通出版社.
[6] 罗俊杰.汽车驾驶技术教程[M].北京:金盾出版社.
[7] 莫雷.心理学[M].广州:广东高等教育出版社.
[8] 丁家永.现代教育心理学[M].广州:广东高等教育出版社.
[9] 中华人民共和国交通部.安全驾驶从这里开始[M].北京:人民交通出版社,2005.
[10] 吴浩然.基于驾驶意图与动态环境的车辆纵向碰撞预警研究[D].武汉:武汉理工大学,2013.
[11] 翟海朋.营运车辆驾驶人驾驶行为与驾驶适宜性检测单项指标相关性研究[D].西安:长安大学,2015.
[12] 吴剑锋.驾驶人的情绪状态对其驾驶行为的影响[D].杭州:浙江工业大学,2014.
[13] 交通运输部职业资格中心.道路客货运输驾驶人从业资格培训教材[M].北京:人民交通出版社,2012.
[14] 交通运输部职业资格中心.道路客货运输驾驶人继续教育教材[M].北京:人民交通出版社,2012.
[15] 交通运输部职业资格中心.机动车驾驶教练员职业资格鉴定培训教材[M].北京:人民交通出版社股份有限公司,2015.
[16] 黄敏雄.汽车驾驶与安全操作技术教程[M].北京:人民邮电出版社,2012.
[17] 中国石油天然气集团公司安全环保与节能部.大型客货车安全驾驶指南[M].北京:石油工业出版社,2014.
[18] 伍小敏.营运车辆驾驶人适宜性检测单项指标与交通事故相关性研究[D].西安:长安大学,2013.

人民交通出版社汽车类技工教材部分书目

一、全国交通技工院校汽车运输类专业规划教材（第五轮）

书　号	书　名	作者	定价	出版时间	课件
978-7-114-10637-8	汽车文化	杨雪茹	35.00	2016.08	有
978-7-114-10648-4	钳工工艺	李永吉	17.00	2014.08	有
978-7-114-10459-6	汽车机械基础	刘根平	22.00	2016.07	有
978-7-114-10458-9	汽车发动机结构与拆装	程　晟	27.00	2015.06	有
978-7-114-10456-5	汽车底盘结构与拆装	王　健	39.00	2015.06	有
978-7-114-10686-6	汽车电器结构与拆装	许云珍	30.00	2016.05	有
978-7-114-10604-0	汽车使用与日常维护	李春生	25.00	2016.02	有
978-7-114-10527-2	汽车发动机检修	王忠良	39.00	2015.06	有
978-7-114-10573-9	汽车变速器与驱动桥检修	戴良鸿	28.00	2016.05	有
978-7-114-10454-1	汽车转向、悬架和制动系统检修	樊海林	24.00	2015.05	有
978-7-114-10627-9	汽车实用英语	杨意品	17.00	2013.07	有
978-7-114-10518-0	汽车服务企业管理	应建明	19.00	2016.07	有
978-7-114-10536-4	汽车结构与拆装	邢春霞	40.00	2015.07	有
978-7-114-10457-2	汽车钣金基础	姚秀驰	32.00	2013.05	有
978-7-114-10444-2	汽车车身碰撞估损	石　琳	23.00	2017.07	有
978-7-114-10612-5	汽车美容	彭本忠	20.00	2015.06	有
978-7-114-10758-0	汽车装饰与改装	梁　登	32.00	2013.08	有
978-7-114-10580-7	汽车营销	郑超文	25.00	2016.05	有
978-7-114-10477-0	汽车配件管理	卫云贵	25.00	2015.02	
978-7-114-10597-5	汽车营销法规	邵伟军	23.00	2013.06	有
978-7-114-10528-9	汽车保险与理赔	刘冬梅	22.00	2016.05	有
978-7-114-10999-7	汽车电器与空调系统检修	潘承炜	45.00	2015.05	有
978-7-114-11135-8	汽车车身涂装	曾志安	32.00	2014.03	有
978-7-114-10881-5	汽车营销礼仪	吴晓斌	30.00	2015.08	有

二、全国中等职业技术学校汽车类专业通用教材

书　号	书　名	作者	定价	出版时间	课件
978-7-114-13417-3	汽车发动机构造与维修（第二版）	吕秋霞	43.00	2016.12	有
978-7-114-13818-8	汽车发动机构造与维修习题集及习题集解（第二版）	吕秋霞	15.00	2017.06	
978-7-114-13016-8	汽车底盘构造与维修（第二版）	徐华东	32.00	2016.07	有
978-7-114-13479-1	汽车底盘构造与维修习题集及习题集解	徐华东	21.00	2016.12	
978-7-114-13007-6	汽车电气设备构造与维修（第二版）	张茂国	42.00	2016.07	有
978-7-114-13521-7	汽车电气设备构造与维修习题集及习题集解	张茂国	23.00	2016.12	
978-7-114-13227-8	机械识图（第二版）	冯建平	25.00	2016.12	
978-7-114-13350-3	机械识图习题集及习题集解（第二版）	冯建平	25.00	2016.11	
978-7-114-12997-1	电工与电子技术基础（第二版）	窦敬仁	34.00	2016.07	有
978-7-114-12891-2	汽车专业英语（第二版）	王　蕾	15.00	2016.05	有
978-7-114-13014-4	汽车故障诊断与检测技术（第二版）	王　囤	36.00	2016.07	有
978-7-114-13169-1	汽车维修基础（第二版）	毛兴中	24.00	2016.08	有
978-7-114-13136-3	汽车运用基础（第二版）	冯宝山	29.00	2016.07	有

书 号	书 名	作 者	定 价	出版时间	课件
978-7-114-13200-1	汽车电路识图（第二版）	田小农	21.00	2016.09	有
978-7-114-13162-2	钳工与焊接工艺（第二版）	宋庆阳	22.00	2016.07	有
978-7-114-13296-4	汽车维修企业管理（第二版）	杨建良	19.00	2016.09	有
978-7-114-11750-3	汽车安全驾驶技术（第二版）	范 立	39.00	2016.05	有
即将出版	汽车故障诊断与综合检测（第二版）	杨永先			有
978-7-114-13738-9	发动机与汽车理论（第二版）	徐华东	16.00	2017.06	有
即将出版	汽车维修案例分析（第二版）	王 征			有
即将出版	汽车维修标准与规范（第二版）	杨承明			有
即将出版	汽车服务工程（第二版）	王旭荣			有
即将出版	公差配合与技术测量（第二版）	刘 涛			有
即将出版	新能源汽车概论	樊海林			有
即将出版	汽车单片机及车载网络系统（第二版）	林为群			有
即将出版	专业技术论文与科研报告撰写（第二版）	裘玉平			有

三、国家示范性中职院校工学结合一体化课程改革教材

书 号	书 名	作 者	定 价	出版时间	课件
978-7-114-11778-7	汽车电学基础	梁 勇、唐李珍	18.00	2016.05	有
978-7-114-11757-2	汽车检测与维修技术（初级学习领域一）	赵晚春、李爱萍	28.00	2016.05	有
978-7-114-11766-4	汽车检测与维修技术（初级学习领域二）	刘小强、黄 磊	21.00	2016.02	有
978-7-114-11779-4	汽车检测与维修技术（中级学习领域一）	梁 华、何弘亮	28.00	2015.01	有
978-7-114-11820-3	汽车检测与维修技术（中级学习领域二）	莫春华、雷 冰	32.00	2015.02	有
978-7-114-11933-0	汽车检测与维修技术（高级学习领域一）	潘利丹、李宜菏	23.00	2015.03	有
978-7-114-11944-6	汽车检测与维修技术（高级学习领域二）	张东山、韦 坚	34.00	2015.03	有
978-7-114-11880-7	汽车车身修复基础	冯培林、韦军新	42.00	2016.05	有
978-7-114-11844-9	汽车车身修复技术	冯培林、韦军新	39.00	2015.03	有
978-7-114-11885-2	汽车商务口语	郑超文、林柳波	23.00	2016.05	有
978-7-114-11973-6	二手车销售实务	陆向华	26.00	2015.04	有
978-7-114-12087-9	运输实务管理	谢毅松	22.00	2015.05	有
978-7-114-12098-5	仓储与配送	谢毅松、罗 莎	24.00	2015.05	有

四、全国交通中等职业技术学校通用教材（第四轮）

书 号	书 名	作 者	定 价	出版时间	课件
978-7-114-05244-6	汽车发动机构造与维修	张弟宁	45.00	2014.07	
978-7-114-05184-5	汽车底盘构造与维修	崔振民	32.00	2015.06	
978-7-114-05188-3	汽车电气设备构造与维修	张茂国	36.00	2015.04	
978-7-114-05176-0	汽车故障诊断与检测技术	杨海泉	30.00	2016.02	
978-7-114-05207-1	汽车运用基础	冯宝山	18.00	2015.07	
978-7-114-05243-9	汽车维修基础	毛兴中	18.00	2015.01	
978-7-114-05208-8	计算机应用基础	王骁勇	28.00	2008.03	
978-7-114-05190-6	机械识图	冯建平	18.00	2016.07	
978-7-114-05162-3	机械识图习题集及习题集解	冯建平	28.00	2016.06	
978-7-114-05193-7	钳工与焊接工艺	宋庆阳	19.00	2015.12	

咨询电话：010-85285962010-85285977. 咨询QQ：616507284；99735898